D1937771

Disertacije in razprave 28
Dissertationen und Abhandlungen 28

Inhaltsverzeichnis

Vorwort

Die Materialsammlung zu unserer Studie über Jörg Haiders Inszenierung auf der politischen Bühne Österreich mußten wir im Sommer 1991 beenden. Haiders Äußerung über die positiven Seiten an der nationalsozialistischen Beschäftigungspolitik und seinen darauffolgenden Sturz als Kärntner Landeshauptmann konnten wir gerade noch berücksichtigen. Nach einigen Monaten der Ungewißheit über das Ende oder einen Neubeginn von Haiders Karriere hat nun der Haider-Erfolg nach drei für die FPÖ so erfolgreichen Landtagswahlen einen neuen Höhepunkt erreicht. Haider hat das in unserer Kultur tiefverwurzelte Image des kriegerischen Helden erobert, der einer Hinrichtung (oder »Erschießung« O-Ton Haider) entronnen ist, seine Unverletzlichkeit bewiesen hat und damit zum Container für kindliche Unsterblichkeits-, Allmachts- und Rachephantasien geworden ist. Er wird von vielen als zurückkehrender Django empfunden, der stellvertretend die Demütigungen des Alltags ausgleicht. Einige Zeitungen haben ihn, passend zum aktuellen Filmereignis mit Arnold Schwarzenegger als »Terminator« vorgestellt, der – schon totgeglaubt – in unsere Welt zurückkommt: »und keiner kann ihn stoppen«. Das fasziniert Anhänger und Gegner. Die Personaliserung und Polarisierung der österreichischen Politik, die einige Monate von Sachthemen wie die Transit- und EG-Problematik überschattet zu werden drohte, ist wieder da. Sie schafft eine Integration auf beiden Seiten – in einer Gesellschaft, in der ansonsten Desolidarisierung, Individualismus und der Mißbrauch des Schwachen um sich greifen. – Auch viele Gegner sind mit Haider unterirdisch identifiziert. Das macht den Widerstand so lahm. Haider verkörpert am schamlosesten den Trend zu einer »Eurofitness«

der selbstgefälligen Erfolgstypen, der aggressiven Konkurrenten, der Verhöhnung von Schwäche, dem sich derzeit im Grunde fast alle verschrieben haben. Unsere Studie wurde auch zur Selbstanalyse. Uns ist im Verlauf der Arbeit immer klarer geworden, daß Haider nur die Speerspitze einer marktwirtschaftlichen Logik verkörpert, die bereits tief in uns allen steckt. Es wäre schön, wenn wir das nur außen, an einer exotisch-faszinierenden Monsterfigur bekämpfen müßten. – Haider tritt nicht nur als »Erfolgstyp«, als Protagonist der kapitalistischen Modernisierung und Privatisierung auf, sondern vollbringt bereits seit längerem das Kunststück, die dabei auf der Strecke gebliebenen sozialistischen und alternativ-antiautoritären Versprechen symbolisch zu befriedigen. Mit der gerade erfolgten Nominierung von Heide Schmidt als FPÖ-Präsidentschaftskandidatin wird von ihm sogar die Überwindung der »Männergesellschaft« angekündigt. Damit hat die Haider-FPÖ – auf der Ebene der schönen Bilder und medienwirksamen Inszenierungen – jetzt fast alle Erbschaften der alten und der neuen sozialen Bewegungen usurpiert. Wenn diese Tricks nicht beim Namen genannt werden, die hinter ihrer Wirksamkeit stehenden Bedürfnisse und Ängste nicht ernst genommen werden und wenn es nicht zu einem breiten Widerstands-Bündnis gegen den neuen Konkurrenz-Kapitalismus und seine Kulturzerstörung kommt, dann ist ein Ende des doppelten Erfolgsspiels von Haider noch lange nicht abzusehen.

Klagenfurt/Celovec Mitte November 1991

Einleitung

Die Idee zu dieser Studie entstand an einem kalten Spätwinterabend des Jahres 1990, als etwa zehn Kärntner Kolleginnen und Kollegen, die sich beruflich mit Gruppenpsychotherapie und der Methode des Psychodramas befassen, beisammen saßen und mehr oder weniger ratlos über ihren Landeshauptmann Jörg Haider diskutierten. Dieser schien die Kärntner Herzen im Sturm zu erobern und obwohl wir Haiders politische Ziele ablehnten, hatten wir das Gefühl, daß er uns als Psychodramatiker, als Experte für bedürfnisnahe, ans Unbewußte der Menschen rührende Inszenierungen weit überlegen war. Wir wußten nicht genau, wie das funktionierte, und ärgerten uns auch über das Stück Faszination und Aufregung, das wir beim Haider-Thema auch in uns selbst immer wieder spürten. Insbesondere die Figur des jungen Helden und Drachentöters, der dadurch attraktiv ist, daß er in alte verkrustete Strukturen hineinfährt und den egoistisch gewordenen Autoritäten Angst macht, kam uns auch aus den eigenen Arbeitszusammenhängen seltsam bekannt vor.

Etwas später bildete sich eine Dreiergruppe, bestehend aus den Autoren der vorliegenden Studie, die Haiders Inszenierungserfolge oder Erfolgsinszenierungen genauer erforschen wollte. Die beiden jüngeren Mitarbeiter, Hannes Krall und Harald Goldmann, begannen in das »soziale Feld« einzutauchen, dokumentierten Haiderauftritte mit Video und Tonband, machten intensive Interviews mit Besuchern von Haider-Veranstaltungen und Kärntnern, die von Haiders »Reformpolitik« betroffen waren, sammelten Haider-Äußerungen und Presseberichte und Material der FPÖ. Klaus Ottomeyer brachte eher seine Ressourcen und Erfahrungen als Sozialpsychologie-Professor an der Universität Klagenfurt ein und versuchte zumindest eine Teilfinanzierung zu organisieren. Das Wiener Dr.-Karl-Renner-Institut erklärte sich zu einer solchen bereit. Wir wußten zunächst nicht, ob und wie wir diesen Umstand in der Buchpublikation erwähnen sollten, weil wir FPÖ-Attacken wegen einer einseitigen Auftragsforschung oder gar »Bestechung« fürchteten. Später machte uns das kaum noch Kopfzerbrechen. Wir sehen unsere Befürchtungen eher als einen Reflex auf das Kärntner Klima zu der Zeit vor Haiders Sturz als Landeshauptmann, als noch die Phantasie von einem unbesiegbaren, gefährlichen und »aufdeckenden« Verfolger im Land herrschte. Die Befürchtungen wurden auch hinfällig, weil in unsere Studie eine Fülle von Kritikpunkten an der SPÖ hineingeraten ist. Uns wurde immer klarer, daß der Boden für den Haider-Erfolg von den anderen Parteien mitvorbereitet wurde, und daß Haider sehr viele österreichische Realprobleme, wie den halbfeudalen Charakter der Institutionen, in einer einfühlsamen, aber letztlich personalisierenden und bösartig-perspektivlosen Form angesprochen hat. Falls Haider wirklich einmal von der politischen Bühne abtritt, wäre ein tiefes Aufatmen der Kritiker zwar verständlich. Aber die ökonomischen, kulturellen und psychologischen Probleme einer unter Modernisierungszwang stehenden und sich zugleich in der »Festung Europa« einigelnden Gesellschaft, welche die Haiderschen Problemlösungen so verlockend machten, leben ganz sicher fort. Die nächsten Demagogen werden kommen.

Haider fasziniert sein Publikum durch die rastlose Aufführung eines mehrschichtigen Wunsch-Erfüllungs- und Angstabwehr-Theaters, das auf wechselnden Bühnen und in verschiedenen Kostümen aufgeführt wird. Er betreibt eine Art von ebenso massenwirksamer wie letztlich irreführender Großgruppenpsychotherapie. Wir untersuchen im folgenden die verschiedenen Teilinszenierungen und versuchen, sie in ihrem verwirrenden Wechselverhältnis besser zu verstehen. Dabei geht es uns nicht um ein Psychogramm der Person Haiders, sondern um die Logik der Inszenierung, die zwischen dem Protagonisten, dem Publikum, den Medien und auch den Haider-Kritikern abläuft.

Als erste Teilinszenierung untersuchen wir Haiders »Vergangenheitsbewältigung« anhand seines Auftritts bei der Ulrichsberg-Feier, wo er die Generation der Kriegsteilnehmer pauschal von Schuld freispricht. Dann betrachten wir den aggressiven Django-Haider, der in der Gegenwartsgesellschaft »aufzuräumen« verspricht. Danach geht es um die immer wiederkehrende Inszenierung der Kritik an den »Zwangskammern«, den Gewerkschaften und öffentlichen Einrichtungen, mit welcher Haider an sehr tiefliegende Befreiungswünsche und Ausbeutungsgefühle der Menschen anknüpft. Das wird dann am von Haider inszenierten Skandal um den Betriebsratsobmann Arbeiter konkretisiert. Im folgenden Kapitel geht es um die Utopie einer short-distance-society, einer symbiotischen Nähe und um die Wünsche nach einem narzißtischen Größenerleben, welche Haider gewissermaßen als »Wunschcontainer« seines Publikums geschickt in Szene setzt. Django-Aggressivität, dumpfe Gemeinschaftswünsche und narzißtische Selbststilisierung verdichten sich dann in Haiders Ethnopolitik und seiner völkischen Identitäts-Inszenierung. In diesem Kapitel zeigen wir, daß Haider auch an zahlreiche Modernisierungs- und Assimilationsängste auf dem Weg zur »Eurofitness« anknüpft. Nach einem Exkurs in die Kärntner Realpolitik, bei dem sich u. a. zeigt, daß die Erfolgsbilanz des Landeshauptmanns Haider bis zum Sommer 1991 eher mager war, gehen wir auf die um Haider herum abgelaufene Erotisierung der Politik als Grundlage einer faszinierten Massenbindung ein und auf seine Rolle als bedeutendster »Depressionstherapeut« für die Österreicher, um welche er - ohne es zu wissen - mit seinem Feind, dem Psychiater Erwin Ringel, konkurriert. Am Schluß betrachten wir noch einmal Haiders Teilinszenierungen vor dem Hintergrund einer zunehmend schwieriger werdenden Identitätssituation, eines Identitätsstresses für die Menschen in einer Gesellschaft, die einem neuen Schub in Richtung auf Individualismus und Karrierismus unterliegt.

Methodisch ist unsere Studie einer verstehenden Sozialpsychologie zuzuordnen, die einerseits von der gruppentherapeutischen Praxis des Psychodramas, andererseits von einer Psychoanalyse beeinflußt ist, welche außerhalb des therapeutischen settings Lebensäußerungen von Menschen zu verstehen versucht. Wir versuchen, den mehr oder weniger verborgenen Gehalt von **Szenen** zu entschlüsseln, die zwischen Akteuren ablaufen. (Vgl. die Anmerkungen zum »Szenischen Verstehen« im Anhang.)

In dieses Verstehen spielen freilich immer auch gesellschaftstheoretische Annahmen und Erfahrungen hinein (in unserem Falle vor allem solche der »Kritischen Theorie«). In unserem Herangehen ist das eigene Mitspielen in den dargebotenen Szenen, Gesprächen und Textfiguren eine zentrale Dimension. Die dabei auftretenden Irritationen, Identifikationen und Überraschungseffekte werden selbst wieder zum Gegenstand der Analyse gemacht und liefern uns Hinweise auf den verborgenen, oftmals tabuierten oder schambesetzten Gehalt der erforschten Szenen. Die so gewonnenen Vermutungen müssen dann freilich wieder an den Texten selbst, an deren Auffälligkeiten, Wiederholungen, Brüchen belegbar sein.

Obwohl man sich in der psychoanalytischen Diskussion darüber einig ist, daß die »Gegenübertragung« des Therapeuten oder Forschers, also seine eigene emotionale Antwortreaktion auf die Inszenierung, in die er hineingerät, keine auszuschaltende »Störung«, sondern ein wichtiges Forschungsinstrument ist, liegt natürlich die Gefahr des »blinden Mitspielens«, der Projektion oder das Übersehen von Problemen, die den Forscher zu sehr ängstigen, auf der Hand. Deshalb waren schon in unserem Forschungsplan mehrere Supervisionssitzungen mit einem außenstehenden Psychoanalytiker geplant. Es gelang uns, Dr. Josef Shaked, einen bekannten Wiener Psychoanalytiker und Spezialisten für Großgruppenprozesse als Supervisor zu gewinnen. Mit ihm konnten wir unsere eigenen Irritationen, Gegenübertragungsreaktionen, aber auch manches inhaltliche Problem im Forschungsprojekt besprechen.

Es gibt bereits gute Studien über die Haider-Politik, die z. B. deutlich machen, wie das rechtsradikale, die Menschenrechte unterhöhlende Gedankengut schon seit Jahren in die FPÖ einfließt,* und wie die Haidersche Politik der NS-Anspielung mit nachfolgender augenzwinkernd-folgenloser »Klarstellung« oder Distanzierung funktioniert.**

Wir stützen uns auf diese Arbeiten, versuchen aber über die notwendige politische und moralische Kritik an der Haider-Politik hinaus das Faszinierende und die »Bedürfnisnähe« der Haider-Inszenierung besser zu verstehen.

---

* Gero Fischer/Peter Gstettner (Hg.): »Am Kärntner Wesen könnte diese Republik genesen.« An den rechten Rand Europas: Jörg Haiders »Erneuerungspolitik«, Klagenfurt/Celovec 1990; Armin Pfahl-Traughber: Der Rechtspopulismus des Jörg Haider. In: Vorgänge, Heft 12/1990, S. 26–34.

** Franz Januschek: Rechtspopulismus und NS-Anspielungen am Beispiel des österreichischen Politikers Jörg Haider, vervielf. Manuskript 1990.

DER JÖRG HAIDER IM BRAUNEN ANZUG –

Analyse einer »Friedensfeier« am Ulrichsberg

Im folgenden soll es um das Miterleben und die Analyse einer Rede gehen, die Jörg Haider als Landeshauptmann am 7. 10. 1990 am Ulrichsberg gehalten hat. Auf dem Ulrichsberg nördlich von Klagenfurt befindet sich eine Gedenkstätte für Soldaten des Zweiten Weltkrieges. Die Teilnahme von Mitgliedern der Waffen-SS an den alljährlichen Treffen hat in den vergangenen Jahren zu Protesten geführt. Höchste Würdenträger und Politiker des Landes Kärnten haben gleichwohl dem Ulrichsberg immer wieder ihre Referenz erwiesen.

Die Bühne für die rhetorische Inszenierung, die wir dann in Ausschnitten gleichsam mit dem Mikroskop und in Zeitlupe betrachten wollen, sieht folgendermaßen aus: Jörg Haider steht hinter einem Rednerpult vor einem gewaltigen, schlichten Kreuz, welches das Hauptelement der Gedenkstätte ist. Wohl mehr als tausend Menschen sind versammelt. Eine deutlich sichtbare Gruppe sind einheitlich gewandete alte Männer im braunen »Kärntner Anzug« mit Hüten auf dem Kopf. Das sind die Mitglieder des »Abwehrkämpferbundes« und verwandter Vereine; einige sehr alte überlebende Teilnehmer des erfolgreichen »Kärntner Abwehrkampfes« gegen die jugoslawischen Gebietsansprüche nach dem Ersten Weltkrieg sind noch darunter. Auch viele andere sowie der Redner selbst tragen den »Kärntner Anzug«. Allerdings ist Haider barhäuptig. Eine Abordnung des Bundesheeres, ein Musikcorps sind anwesend. Vor dem Rednerpult steht in strammer Haltung eine Gruppe von Verbindungsstudenten mit Säbel und Uniform, wie man sagt »in vollem Wichs«.

Stilles Gedenken und Mut zur Versöhnung

Die Rede beginnt ruhig. Haider begrüßt die Frau Landtagspräsidentin, den Militärkommandanten, den Klagenfurter Bürgermeister, die Festgäste. »Immer dann, wenn in Kärnten die Blätter sich verfärben und der Herbst ins Land zieht, sind es tausende Menschen, die aus ganz Europa und wie wir heute gesehen haben, aus der ganzen Welt gekommen, um ein würdiges und stilles Gedenken als Dank für die Heimkehr nach einem fürchterlichen Völkerringen abzugeben.« Neben dem stillen Gedenken gehe es um den »Handschlag zwischen den Feinden von einst« oder »über die Gräben des Krieges«. So geht es einige Minuten dahin. Nichts Aufregendes passiert. Haider zitiert das »Vermächtnis des Ulrichsbergs«: »Siehe Vaterland, das haben wir Dir zurückgebracht: Unsere Treue, unsere Tapferkeit, unsre Liebe, geweiht durch das Opfer von Zehntausenden. Es wird Dir viel bedeuten müssen, heute und für alle Zukunft.« Durch die aktuelle Veränderung der europäischen Landschaft, das »klägliche Scheitern des Sozialismus« scheine dieses Vermächtnis nun wirklich erhört worden zu sein.

> »Europa hat erstmals nach dem Ende des Zweiten Weltkrieges im wahrsten Sinne des Wortes zu sich selbst gefunden. Man hat aus der Geschichte gelernt, man hat gelernt, daß nicht die Angst, der Zweifel und das Mißtrauen zwischen den Völkern die Grundlage für einen dauerhaften Frieden sein kann. Oder sagen wir es, wie es Präsident Havel sehr eindrucksvoll formuliert hat, wenn er meint: ›Angst vor der Geschichte ist bei uns nicht nur Angst vor der Zukunft, sondern auch Angst vor der Vergangenheit.‹ Ich würde sogar sagen, daß diese zwei Ängste sich gegenseitig bedingen. Wer das fürchtet, was sein wird, der fürchtet sich gewöhnlich auch davor, dem ins Gesicht zu sehen, was gewesen ist.«*

Vaclav Havel, der unerschrockene Vorkämpfer für »ein Leben in Wahrheit« soll also unser Begleiter sein bei der furchtlosen Konfrontation mit der Geschichte, die uns Haider verspricht. Havel ist als selbstkritischer Intellektueller bekannt. Wer et-

---

* Transkription der Ulrichsbergrede 1990 von Karin Prucha und Helmut Guggenberger.

was von Havel gelesen oder gehört hat, könnte annehmen, daß Selbstkritik, die Auseinandersetzung mit der eigenen aktiven Verstrickung ins Unheil eines Gesellschaftssystems, Teil des Mutes zur Vergangenheitskonfrontation sein soll. Der Fortgang der Rede zeigt aber etwas anderes:

> »Und das ist der entscheidende Schritt in Richtung Versöhnung der Ereignisse, in Richtung Versöhnung auch der Heimkehrer mit jener Geschichte, für die sie gestanden sind: Wenn es die Chance gibt, auch stärker als bisher der historischen Wahrheit über die wirklichen Vorgänge des Krieges und der politischen Entscheidungsfindung Rechnung zu tragen. Denn wir müssen zur Kenntnis nehmen, daß nicht alles, was in den letzten Jahrzehnten hier an angeblicher historischer Wahrheitsfindung produziert worden ist, auch dem entspricht, was wirklich das Schicksal, der Schicksalsgang Europas gewesen ist.«

Es geht offenbar um Versöhnung, zunächst in einer etwas diffusen Richtung: »Versöhnung der Ereignisse« und dann: »Versöhnung auch der Heimkehrer mit jener Geschichte, für die sie gestanden sind.« Die vorher noch angesprochene Versöhnung zwischen den Völkern, »der Handschlag über die Gräben des Krieges«, ist hier einem anderen Schwerpunkt gewichen: der Versöhnung mit der eigenen Geschichte, dem Handschlag mit sich selbst.

Die Anspielung auf Havel hatte offenbar den Sinn, daß Sprecher und Angesprochene sich als mutige Kämpfer gegen ein Unrecht fühlen können, welche zudem noch jetzt rehabilitiert werden und »auf der Höhe der Zeit« sind. Es deutet sich als Programm an: Es ist mutig (»wie Havel«) sich mit sich selbst, mit der eigenen Geschichte, zu versöhnen. Dazu müssen allerdings die »wirklichen Vorgänge des Krieges« gegen eine »angebliche historische Wahrheitsfindung« der letzten Jahrzehnte herausgefunden werden; die eigentliche »historische Wahrheit« soll zum Zuge kommen.

Damit ist ein hoher Anspruch gesteckt. Im folgenden Abschnitt geht es offenbar um seine Einlösung; also um mutige und richtige Geschichtsbetrachtung, die Versöhnung ermöglicht. Zugleich wird nun die Rede immer emotionaler, was sich am mehrfach einsetzenden Applaus des Publikums zeigt. Wir zitieren zunächst in einer größeren Passage:

»Der Erste Weltkrieg war eine Folge eines nicht mehr haltbaren südslawischen Nationalismus, der vor allem die große Vielvölkerfamilie in der österreich-ungarischen Monarchie auseinandergerissen hat. In der Folge wurde ein Fehler durch den anderen ersetzt, indem man in der Friedenskonferenz von Versailles und St. Germain der Zerstückelung und gegen jedes Selbstbestimmungsrecht verstoßenden Einteilung und Aufteilung Europas zugestimmt hat. Was dazu geführt hat, daß [ins] ideologische Maßlosigkeit und politischer Wahnsinn dieses Europa in eine nächste Katastrophe getrieben hat. Das Selbstbestimmungsrecht als die einzigen Grundlagen für eine dauerhafte friedliche Ordnung in Europa kam in dieser Zeit unter die Räder. Weil man nicht erkannte, daß es keinen Frieden, aber auch keine Freiheit für die Menschen - welches Volkes auch immer - geben würde, wenn nicht das Recht auf Selbstbestimmung die Grundlage der gemeinsamen Entwicklung sei. Und so ist es auch an uns, nach Jahrzehnten des Endes des Zweiten Weltkrieges, und vielleicht gerade auch an mir als einem Vertreter der noch jüngeren Generation, der es erspart geblieben ist, diese fürchterlichen Ereignisse der kriegerischen Auseinandersetzung selbst miterleben zu müssen, einmal hier festzuhalten, daß diese Soldatengeneration nicht nur nach 1945 in ganz Europa eine großartige Aufbauarbeit geleistet hat, sondern endlich, endlich einmal davon frei gemacht werden muß, daß ständig die falsche Geschichtsschreibung den Eindruck zu erwecken versucht, als gäbe es so etwas wie eine kollektive Schuld der Soldaten. (Beginn Applaus) Kollektive Schuld gibt es nicht!
(Applaus Ende)
Unsere Soldaten waren nicht Täter, sie waren bestenfalls Opfer, denn die Täter saßen woanders und haben zu keiner Zeit der historischen Entwicklung im zwanzigsten Jahrhundert jenen Mut, jene Tapferkeit, jene Ehre aufbringen müssen, die die Soldaten im grauen Feldrock draußen an der Front täglich zu beweisen hatten.
(Versuchter Applaus)

Diese Soldatengeneration hat wahrlich für ihr Vaterland Treue, Tapferkeit und Liebe zurückgebracht, wie es am Ulrichsberg festgeschrieben ist. Diese Soldatengeneration hat sich nichts vorzuwerfen, denn letztlich kann sie sich nur vorwerfen, in eine Zeit hineingeboren geworden zu sein, in der sie ihre schönste Zeit, die Jugend, an eine Katastrophe verloren hat und in der sie aus dieser Jugend vielfach in Unfreiheit alt und grau geworden ist.«

Die Geschichtsbetrachtung beginnt beim Ausbruch des Ersten Weltkrieges. Es ist immer wichtig, wo man beginnt (»interpunktiert«, wie die moderne Systemtheorie sagen würde); insbesondere, wenn es um Ursachen- und Schuldfragen in der Wahrnehmungswelt von kommunizierenden Menschen geht. Das vom Redner angebotene Bild ist das einer vergangenen Größe und einer harmonischen Familie, (»die große Vielvölkerfamilie in der österreich-ungarischen Monarchie«), in welche ein namentlich bekannter Störenfried eingreift. Der »südslawische Nationalismus« hat die Familie auseinandergerissen. Für viele Zuhörer dürfte sich an dieser Stelle das bekannte Bild des Attentäters von Sarajewo einstellen, der auf das österreichische Thronfolgerpaar schießt. Die Geschichte, deren Nachwirkung immer noch unsere Identität berührt, wird auf diese Weise zwar plastisch greifbar; aber sie wird zugleich personalisiert. Würde man den ersten Satz als die Kriegsursachenerklärung nehmen, als welche sie auftritt (»Der Erste Weltkrieg war Folge eines ...«), so erweist sie sich bereits nach kurzem Nachdenken oder Nachblättern als Unsinn. Denn man kann erstens einwenden, daß in der Formulierung, soweit sie eine Anspielung auf Sarajewo ist, Anlaß und Ursache verwechselt werden, und zweitens gab es neben dem »Südslawischen Nationalismus«, mindestens noch drei oder vier weitere Ursachenkomplexe: Frankreichs Bestreben, Elsaß-Lothringen zurückzugewinnen; Rußlands Expansionspolitik, u. a. in Richtung Meereszugang; die deutsch-englische Flottenrivalität; dahintersteckende wirtschaftliche Interessen usw. In der Formulierung Haiders wird etwas sehr Kompliziertes einfach gemacht. Das wirkt entlastend und gibt dem Zuhörer Orientierung. Eine klare Trennung zwischen Tätern und Opfern - »Auseinanderreißern« und »Auseinandergerissenen« - deutet sich an, wobei die

Täter deutlich »draußen«, außerhalb der Familie vorgestellt werden.

Die folgenden Sätze zeigen aus Haiders Sicht einen Fortgang der politischen Fehlentwicklung; die These daß Versailles und St. Germain eine Mißachtung des Selbstbestimmungsrechts bedeuteten, ist wenig umstritten. Auffällig ist das Bild der »Zerstückelung«, das auf der Körperebene Schmerzen beinhaltet und in gewisser Hinsicht das »auseinandergerissen« des Satzes davor wiederholt. Dann treiben bei Haider - als Folge der Mißachtung - »ideologische Maßlosigkeit« und »politischer Wahnsinn« Europa in die nächste Katastrophe; das Selbstbestimmungsrecht kommt dadurch weiter »unter die Räder«. Bemerkenswert an diesen Aussagen ist die Ungenauigkeit des treibenden Subjekts. Sind Hitler, der Faschismus, die Nazis gemeint? Es werden - anders als man es von einem mutigen Mann, dem es um historische Wahrheit geht, erwarten könnte - »Roß und Reiter« nicht genannt. Im Falle der Ursache für den Ersten Weltkrieg war Haider freilich nicht vor der Benennung eines Täters zurückgeschreckt. Die Zuhörer können offenbar diese Leerstelle im Umfeld des Zweiten Weltkrieges mit ganz verschiedenen Bildern von maßlosen und wahnsinnigen Tätern (z. B. Stalin, den Alliierten oder angreifenden Polen) auffüllen. Sollten sich Alt-Nazis im Publikum befinden, wären sie nicht notwendigerweise verprellt. Das durch »Maßlosigkeit« und »Wahnsinn« bewirkte »Unter-die-Räder-Geraten« des Selbstbestimmungsrechts setzt die Folge der qualvollen, folterartigen Bilder (Auseinandergerissenwerden, Zerstückelung) weiter fort. Läßt man als Zuhörer oder Leser diese Bilder auf sich wirken, so wird deutlich, daß die rhetorische Inszenierung von Haider einen Unterstrom von Zerstückelungs-Angst, Wut und Verwirrung hervorruft, der als Kehrseite wiederum Rettungswünsche produzieren muß. Interessanterweise ist alles so formuliert, daß die Frage nach der Schuld an dem heraufbeschworenen Zerstörungswerk zunächst nur ganz indirekt angesprochen, diffus und offengehalten bleibt. (Bisher hatten wir erst einen namentlichen Schuldigen, nämlich den »Südslawischen Nationalismus« ganz am Anfang der Passage kennengelernt). »Man« erkannte nicht, wie wichtig das Recht auf Selbstbestimmung ist.

Kollektive Unschuld

Der letzte lange Satz dieses Redeabschnittes - vor dem spontanen Applaus - wendet sich nun auf den ersten Blick eher zusammenhanglos der Schuldfrage zu. Das »Und so ist es auch an uns ...« knüpft in keiner Weise an den manifesten Sinn des Satzes davor an. Es kommt zu einer Art von dramatischem Ausbruch einer Spannung, die im bildhaften Unterstrom der zunächst etwas komplizierten zeitgeschichtlichen Ausführungen vom Redner aufgebaut wurde. In einem rhetorischen Überraschungsangriff wird die Konfusion in die erleichternde Klarheit eines pauschalen Freispruchs von Schuld gewendet. Als »Vertreter der jüngeren Generation«, der das Fürchterliche des Krieges erspart worden ist, hält Haider pathetisch fest,

> »daß diese Soldatengeneration nicht nur nach 1945 in ganz Europa eine großartige Aufbauarbeit geleistet hat, sondern endlich, endlich einmal davon freigemacht werden muß, daß ständig die falsche Geschichtsschreibung den Eindruck zu erwecken versucht, als gäbe es so etwas wie eine kollektive Schuld der Soldaten. Kollektive Schuld gibt es nicht!«

Der heftige Applaus, der hier aufkommt - und zwar entgegen der zuvor von den Veranstaltern ausgegebenen Bitte, auf der Gedenkveranstaltung nicht zu applaudieren - dieser Applaus zeigt, daß Haider sehr genau die emotionalen Bedürfnisse der Versammelten getroffen hat. Es geht weniger darum, der Toten zu gedenken als vielmehr die Überlebenden von Schuld freizusprechen. Diese Vermutung ist dadurch verstärkt, daß Haider die Entlastung der Soldatengeneration »von hinten her« aufzäumt. Er beginnt mit der großartigen Aufbauarbeit nach 1945, so als könnte diese nachträglich als ein Mittel gegen Schuldvorwürfe wirken - womit er übrigens ungewollt die These von Alexander und Margarete Mitscherlich vom deutschen Aufbaueifer als Ausweichen vor der Trauerarbeit bestätigt. Dann erst wendet sich die Satzkonstruktion der zeitlich früheren Rolle der Soldaten im Krieg zu. Sie werden freigemacht vom Eindruck einer kollektiven Schuld, die »ständig die falsche Geschichtsschreibung zu erwecken versucht«. Wir erfahren nicht genauer, wer die falschen Geschichtsschreiber sind. Jedenfalls wirken sie ständig, beherrschen vielleicht die Medien und die Schulbücher. Die Zuhörer können sich hier entsprechend ihrem unterschiedlichen Entlastungsbedarf recht unterschiedliche diffamierende Gegner und Verbreiter von Schuldvorwürfen vorstellen.

Die These von der Kollektivschuld wurde bekanntlich auch in der breiteren Öffentlichkeit, selbst der antifaschistischen, sehr kontrovers diskutiert. Die Bedenken gegen Pauschalurteile, welche über unterschiedliche Lebensgeschichten, Konfliktlagen, Verstrickungen hinweggehen, sind verständlich. Die Gefahr einer Selbstgerechtigkeit der Söhne und Töchter von Nazi-Anhängern wird inzwischen auch von jüngeren, »linken« Autoren durchaus angesprochen. Geht es Haider um eine solche Differenzierung? - Der Fortgang der Inszenierung zeigt, daß das eindeutig nicht der Fall ist.

> »Unsere Soldaten waren nicht Täter, sie waren bestenfalls Opfer, denn die Täter saßen woanders ...«

Bereits dieser erste Teil des Satzes nach dem Applaus ist voller Merkwürdigkeiten. Zunächst: was bedeutet »unsere Soldaten«? - Sind alle Kriegsteilnehmer, also auch die Alliierten, Sowjetsoldaten usw. gemeint, wie es der eingangs beschworene »Handschlag zwischen den Gegnern von einst«, der große Versöhnungsanspruch, nahelegen könnte? Wohl kaum. Dann hätte es »alle Soldaten« oder »die Soldaten aller Parteien« heißen müssen. Sind alle europäischen Soldaten gemeint, wie noch die kurz zuvor gemachte Aussage über die großartige Aufbauarbeit der Soldatengeneration »in ganz Europa« nahelegen könnte? Auch das hätte anders ausgedrückt werden müssen. Sind die Soldaten der deutschen Wehrmacht gemeint, Deutsche und Österreicher, oder alle, die auf deutscher Seite gekämpft haben, also etwa auch Angehörige von bestimmten flämischen, italienischen, ukrainischen, russischen, norwegischen Verbänden? Sind antifaschistische Einheiten inkludiert? - Wohl kaum - die Ehrung von ehemaligen »Titopartisanen« ist (wie später noch ausgeführt wird) für Haider so ziemlich das Abstoßendste, das er sich nur vorstellen kann. Es bleibt eigentlich nur übrig, daß »unsere Soldaten« die Soldaten auf der »deutschen Seite« bedeutet. Auf diese Perspektive ist mittlerweile die wohlklingende europäische Dimension und der Rehabilitationswunsch zusammengeschrumpft. Man könnte auch sagen, die alten Fronten sind weiter da.

Über diese »unsere Soldaten« heißt es also: sie »waren nicht Täter, bestenfalls Opfer«. Die Freisprechung vom Täterstatus schließt auf »unserer« Seite alle Soldaten ein. Es gibt für Haider zwar keine kollektive Schuld, aber offensichtlich kollektive Unschuld. Der emotionale Drang zur Unschuldsbeteuerung beginnt, logische Inkonsistenzen zu produzieren. (Denn kollektiv unschuldig können Menschen nur werden, wenn sie auch kollektiv schuldig werden können, also gibt es doch die Möglichkeit kollektiver Schuld, welche gerade bestritten wurde ...) Eine weitere Merkwürdigkeit ist das »bestenfalls« im zitierten Teilsatz. »Täter« und »Opfer« sind alltagssprachlich ein Gegensatzpaar wie »dunkel« und »hell, »schwarz« und »weiß«. Es müßte also eigentlich zwischen ihnen ein »sondern« stehen. Man sagt: Dieses Zimmer ist nicht dunkel, sondern hell. Zu sagen, das Zimmer sei »nicht dunkel, bestenfalls hell« ist unsinnig. »Bestenfalls halbdunkel« würde wieder einen Sinn ergeben, weil »halbdunkel« kein Gegensatz zu dunkel mehr ist. In der Rede von Haider könnten wir auf das »bestenfalls« ein Wort wie »Mitläufer«, »Verführte« oder »zur Mittäterschaft Gezwungene« erwarten, indem zumindest ein teilweiser oder untergeordneter Täter-Status der Soldaten eingestanden wird. Ein solches Eingeständnis wäre zwar (handlungstheoretisch und schuldtheoretisch) realistisch und wird vom Redner wahrscheinlich auch für einen Moment innerlich vollzogen, aber sogleich wieder mit einer völlig einseitigen, von Schuld entlastenden Opferthese überdeckt. Heraus kommt eine Formulierung, in der die Idealisierung so durchschlägt, daß man den Eindruck haben könnte, als ob die Soldaten überhaupt nicht am Täter-Opfer-Szenario der unmittelbaren Kriegshandlungen mit ihrer unausweichlichen Schuldproblematik beteiligt gewesen seien. Die sprachliche Fehlleistung ist ein Produkt der überschießenden Tendenz zur Verleugnung. Täter gab es ausschließlich »woanders«, so fährt der Satz fort; sie »saßen woanders und haben zu keiner Zeit der historischen Entwicklung im zwanzigsten Jahrhundert jenen Mut, jene Tapferkeit, jene Ehre aufbringen müssen, die die Soldaten im grauen Feldrock draußen an der Front täglich zu beweisen hatten«. Nachdem der Schuldvorwurf so völlig auf die außenstehenden Täter gelenkt worden ist, fehlt wieder die Bereitschaft (man könnte auch sagen der Mut), sie zu benennen. Waren es die Nazis, Bürokraten am Schreibtisch (darauf deutet ihre »sitzende« Position), die Gegner Deutschlands oder »gewisse Kreise«, die schon länger ihre Drähte gezogen haben, um die deutschen Soldaten in den mörderischen Krieg zu manövrieren. Klar ist in der Formulierung nur, daß sie schon länger »in der historischen Entwicklung des zwanzigsten Jahrhunderts« ihre feige Täterschaft ausgeübt haben. Das ist eine Anregung für die Produktion von spekulativen Verfolgungsideen, von paranoiden Konstruktionen bis hin zum Antisemitismus; die Nazis, die bekanntlich nur zwölf Jahre, in Österreich überhaupt nur sieben Jahre an der Macht waren, sind in der zeitlich diffusen Formulierung von der Täterschaft eher entlastet. Das zur paranoiden Täterkonstruktion parallel gelieferte Soldatenbild ist wiederum von einer edlen Unschuld. Die Soldaten haben nicht etwa getötet, verstümmelt, zerstört oder dies vielleicht tun müssen - sondern haben jeden Tag lediglich Mut, Tapferkeit und Ehre bewiesen. Sie hatten auch keine schmutzige, manchmal vielleicht sogar blutbefleckte Uniform an, sondern den »grauen Feldrock«, eine Art von ordentlicher Arbeitskleidung.

Jesus spricht zu den »ersten Europäern«

Immer wieder kommt Applaus auf. Die Schuldfreisprechungs-Dynamik scheint hier Haider und sein Publikum völlig erfaßt zu haben. Wie ist das möglich, daß ein Mensch so pauschal und machtvoll von Schuld freisprechen kann? Zudem einer, der die zur Debatte stehenden Ereignisse überhaupt nicht erlebt hat - eine Eigenschaft, die einen Kritiker an der Kriegsgeneration bekanntlich ganz leicht disqualifizieren kann. Und wir wissen doch, daß unser ganzes Alltagsleben und Lebensgefühl von teils unberechtigten, teils berechtigten Schuldvorwürfen gegen uns selbst und unsere Mitmenschen durchzogen ist. Wie kann da jemand eine ganze Generation für völlig schuldfrei erklären? Das funktioniert offenbar nur, weil es sich im Grunde um eine religiöse Inszenierung handelt. Ein junger Mann, der sich ausdrücklich zur Generation der Söhne zählt, hat ein großes Kreuz im Rücken und spricht aus dieser Position eine ganze Großgruppe von Menschen, die gläubig auf ihn schauen, von aller Schuld frei. Eigentlich müßten spätestens an dieser Stelle die höchsten Kirchenvertreter, die seit Jahren den Ulrichsbergfeiern ihren Segen geben, gegen Blasphemie und religiösen Größenwahn einschreiten. Dafür, daß die Medien in anderen Zusammenhängen gelegentlich Haider als eine Art Messias phantasieren, gibt es Belege, die wir später noch behandeln werden. Doch bevor wir zu moralisch werden, verfolgen wir weiter die rhetorische Inszenierung, in welcher die Ebene der religiösen Anspielungen eine unter mehreren ist. Haider stellt nochmals die Leistung der Soldaten im Sinne des Ulrichsberg-Gedenk-Spruchs als etwas eindeutig Positives hin: »... Treue, Tapferkeit und Liebe zurückgebracht, wie es am Ulrichsberg festgeschrieben ist.« Das »festgeschrieben« kann ein Hinweis darauf sein, daß der Redner selbst bereits spürt, daß es sich beim Ulrichsberg-Weltbild weniger um historische Tatsachen als vielmehr um ein normatives Gebilde, ein Gebilde von autoritären Vorschriften handelt, die uns sagen wollen, wie die Welt zu sehen ist. Nochmals wird betont, daß die Soldatengeneration sich nichts vorzuwerfen hat; sie ist nur Opfer, die ihre Jugendzeit »an eine Katastrophe verloren« hat. Der Schlußteil des Satzes »... vielfach in Unfreiheit alt und grau geworden ...« ist wohl eine Anspielung auf Kriegsgefangenschaft und Haft, die eine Anzahl der Teilnehmer erlitten hat. - So als könnte damit die letzte Spur einer zeitlich vorangegangenen Schuld getilgt werden.

Es beginnt nun ein neuer Abschnitt der Rede, in der sich Haider der Entwicklung des Friedens in Europa der Gegenwart und Zukunft zuwendet. Wir zitieren wieder eine längere Passage:

> »Meine Damen und Herren, nur wer die Friedlosigkeit selbst erlebt hat, weiß, wie notwendig es ist, Frieden zu halten. Nur wer selbst in Unfreiheit gelitten hat, weiß um den Wert der Erhaltung der Freiheit. Nur wer selbst Gewalt erdulden mußte, weiß um die Bedeutung der Menschenwürde als unverzichtbares Gut. Eure Opfer, Männer und Frauen der Soldatengeneration, sollen für dieses Europa daher nicht umsonst ge-

wesen sein. Eure Opfer werden erst in den nächsten Jahren in das richtige Licht gerückt werden, weil an der Gesamtentwicklung dieses Europas deutlich gemacht wird, daß die Grundlage von euch für Frieden und Freiheit gelegt wurde. Mit der Wiedervereinigung Deutschlands ist ein erster Schritt gesetzt worden, aus dem ersichtlich ist, daß die Geschichte es nicht nur mit den Deutschen, sondern auch mit Europa gut gemeint hat und daß jene letztlich ihre Meinung revidieren müssen, die davon gesprochen haben, ... das Ziel und die Forderung nach einer Wiedervereinigung auch der Deutschen in einem Staat sei die Lebenslüge der Bundesrepublik Deutschland gewesen. Wer die Grenzfragen offen läßt - und das ist Gott sei Dank nicht geschehen - hätte die Tür zum europäischen Frieden zugeschlagen. Daher war es klug und weise, diese Wiedervereinigung ohne neuerliche Diskussion über gegebene Grenzen zu führen, weil sonst die Chance für den dauernden Frieden verloren gewesen wäre. Jetzt ist eine Chance für einen Frieden in Freiheit für alle gegeben, weil jener trügerische Friede in Unfreiheit durch Jahrzehnte hindurch zu nichts geführt hat. Dafür haben Sie gekämpft, dafür hat auch Ihre Generation sehr viel gegeben. Dafür mußte Ihre Generation auch nach dem Ende des Zweiten Weltkrieges persönlich sehr viel einstecken. Und es ist vielleicht auch an der Zeit, hier klarzustellen, daß in der Zukunft auch die junge Generation und jene, die die Verantwortung in Europa zu tragen haben, gut beraten wäre, wenn man nicht zwischen guten und schlechten Soldaten der älteren Generation unterscheiden würde. Denn es kann doch nicht so sein, daß jene, die auf der Siegerseite gestanden sind, als Helden gefeiert werden, während jene, die auf der Verliererseite gestanden sind, zu Verbrechern gestempelt werden.«
(Applaus)

Das »nur« in den ersten beiden Sätzen ergibt rein logisch betrachtet eigentlich ein Eigentor für Haider. Denn er selbst hat weder Krieg noch Unfreiheit noch Gewalt erdulden müssen, zählt sich doch aber wohl auch zu denen, die Frieden, Freiheit und Menschenwürde für wichtig halten. Das »nur« ist wiederum als Ausdruck der überschießenden Idealisierungstendenz gegenüber den »Männern und Frauen« der Soldatengeneration zu verstehen, sie werden ehrfürchtig, fast unterwürfig zu etwas ganz Besonderem, Exklusivem stilisiert. »Eure Opfer«, so erklärt Haider dann in einer familiär wirkenden Anrede, »sollen für dieses Europa nicht umsonst gewesen sein ... und werden in den nächsten Jahren noch in das richtige Licht gerückt werden, weil an der Gesamtentwicklung dieses Europas deutlich gemacht wird, daß die Grundlage von euch für Frieden und Freiheit gelegt wurde«. Nachdem die Schuldfrage rhetorisch geklärt ist, geht Haider jetzt einen Schritt weiter und erklärt die Kriegsteilnahme, den »Opfergang« einer ganzen Generation, für sinnvoll. Es sind positive Bausteine, Grundlagen für ein freieres und friedliches Europa gelegt worden. Das ist offenbar bisher übersehen worden. Also nicht etwa ein sinnloses Gemetzel, nicht nur eine »Katastrophe«, wie es vorher hieß, sondern etwas Gutes; dafür muß die Soldatengeneration kollektiv gelobt werden (»von euch gelegt ...«). Plötzlich befinden wir uns in der Wiedervereinigung Deutschlands als dem vorläufig letzten Akt des deutschen und europäischen Dramas (Autor und Regisseur ist offenbar »die Geschichte«); das Stück ist gut ausgegangen. Die Ausführungen über die deutschen Grenzen wirken etwas umständlich und widersprüchlich. Man kann sich auch fragen, was hat das auf einer Gedenkfeier zu suchen? - Erst heißt es »Die Wiedervereinigungsforderung (d. h. nach Revision der »Unrechtsgrenze«) war keine Lebenslüge«, sondern richtig; dann: »Wer die Grenzfragen offen läßt ... hätte die Tür zum europäischen Frieden zugeschlagen«. Und schließlich: »Daher (?!) war es klug und weise, diese Wiedervereinigung ohne neuerliche Diskussion über gegebene Grenzen zu führen ...«. Der Hauptsinn dieser Ausführungen ist, daß der Zuhörer hier an staatsmännischen Überlegungen von beträchtlicher Größenordnung, gewissermaßen von Kohlschem Format teilhaben darf - und in der Tat erinnert das Hin und Her in Haiders Formulierungen an das Hin und Her in den anfänglichen Erklärungen Kohls zur neuen deutschen Ostgrenze. So wird auch von Kärnten aus eine Teilhabe am neuen deutschen Nationalgefühl möglich. Die Verwirrung um die Grenzfrage löst natürlich in Kärnten besondere Emotionen und vorwiegend deutsche Zugehörigkeitswünsche aus. Rückwirkend wird klar, daß die Soldaten des Zweiten Weltkrieges für etwas Sinnvolles gekämpft haben, für ein geeintes, größeres Deutschland in einem jetzt friedlichen Europa, gegen »jenen trügerischen Frieden in Unfreiheit«. »Dafür haben Sie gekämpft, dafür hat auch Ihre

Generation sehr viel gegeben. Dafür mußte Ihre Generation auch nach dem Ende des Zweiten Weltkrieges persönlich sehr viel einstecken ...« Die Vision »unserer« Seite im »fürchterlichen Völkerringen«, das leider zunächst katastrophal endete, hat eigentlich gestimmt. Verbrecherische Ziele des Krieges, Pläne zur Eroberung, zur Ausrottung von Nichtariern, zur Versklavung der slawischen Völker scheint es nicht gegeben zu haben, jedenfalls sind sie nicht erwähnenswert. Das stimmt gut überein mit neueren Geschichtsinterpretationen von rechts, die den Nationalsozialismus dadurch verharmlosen, indem sie ihn in der Hauptsache zu einem Projekt zur Bekämpfung des Kommunismus erklären. Erst später hätten auch die Amerikaner begriffen, daß der Hauptfeind im Osten steht. Der Wunsch nach einem Europa ohne kommunistische Systeme scheint in der Haiderschen Weltsicht nur fünfzig Jahre und einige bedauernswerte Umwege gebraucht zu haben, um jetzt endlich zum Zuge zu kommen.

Jeglicher Zwiespalt scheint aus dem Haiderschen Gefühlsleben in bezug auf die ältere Generation getilgt. Sie stehen da als Opfer ohne Schuld und als historisch Hellsichtige, als Visionäre. Auf niemanden - auch nicht auf die anwesenden Mitglieder von SS-Verbänden - soll ein Zweifel fallen; das betont Haider, wenn er der jungen Generation und den politischen Verantwortungsträgern in Europa anrät, »nicht zwischen guten und schlechten Soldaten der älteren Generation (zu) unterscheiden«. Aber wo soviel gute und großartige Menschen existieren, muß es auch Missetäter geben. Der narzißtische Geländegewinn, die kollektive Idealisierung können nur glaubhaft gehalten werden, wenn es böse Kontrastfiguren gibt, welche die andere Seite des Gefühlszwiespalts, die Aggression, abbekommen. Haider läßt sie, gefolgt von heftigem Applaus, auch prompt aufmarschieren; es gibt Kräfte, die »unsere« Soldaten völlig ungerecht zu Verbrechern abstempeln wollen. »Denn es kann doch nicht so sein, daß jene, die auf der Siegerseite gestanden sind, als Helden gefeiert werden, während jene, die auf der Verliererseite gestanden sind, zu Verbrechern gestempelt werden!« Hier wird die Unfähigkeit zur differenzierten Betrachtung, die Weigerung, das komplizierte Verhältnis von Gutgläubigkeit und Aggressivität, von Täter- und Opferstatus bei den

Soldaten zu untersuchen, die Gefühlsambivalenzen gegenüber der Kriegsgeneration auszuhalten, - eine Unfähigkeit, die gerade für die Haider-Inszenierung typisch ist - pauschal auf eine Gruppe von vorgestellten Kritikern projiziert und dort bekämpft. Dort sitzen die Stilisierer, Selbstbeweihräucherer - die eigene Selbststilisierung, kollektive Idealisierung der »Kriegsgeneration« kann nun - umso ungebrochener, ja geradezu erbittert - fortgesetzt werden. Das Reizwort »Verbrecher« hat weitere Verbitterung und Wut in die Versammlung getragen. Der Angriff muß abgewehrt, die Verfolgungskräfte müssen nach außen umgelenkt werden; und fast der gesamte Restteil der Gedenk- und Versöhnungsrede ist dann auch der Verbrecherjagd, der liebevollen Beschäftigung mit verschiedenen Feindbildern gewidmet. Es sind - in dieser Reihenfolge: die Kritiker von Soldatendenkmälern, insbesondere die Historikerin Weinzierl, der slowenische Dichter Janko Messner, halbgebildete Besserwisser, die in der BRD das Verbot von »Soldatentreffen« (von SS-Verbänden) durchgesetzt haben, »Feinde dieses Landes« in Gestalt von ehemaligen slowenischen Partisanen, die auf keinen Fall die (vom Bundespräsidenten vorgeschlagenen) Verdienstorden für die Republik Österreich erhalten sollen.

Wie aus dem Lehrbuch der Autoritarismus-Forschung

Bevor wir auf den Inhalt dieser Feindbilder ausführlicher eingehen, soll der psychische Grundkonflikt, für den die bisher schon sichtbar gewordene Haider-Inszenierung eine Lösung anbietet, rekonstruiert werden. Es handelt sich um ein Rebellionsdrama zwischen Vätern und Söhnen, das beiden Seiten weitgehend unbewußt ist. Haider führt sich auf wie ein lehrbuchartiger Vertreter des »autoritären Charakters«, den vor fast fünfzig Jahren eine Gruppe von emigrierten und amerikanischen Sozialwissenschaftlern in den USA sehr genau untersucht haben. Sie wollten herausfinden, wie die Anfälligkeit von Menschen für faschistische und ethnozentrische (ausländerfeindliche) Propaganda entsteht.

In der Inszenierung des autoritären Charakters ist die Rebellion gegen einen strengen, als kritikwürdig empfundenen Vater nicht zu Ende geführt; sie wurde abgebrochen und von einer auffälligen Idealisierung des Vaters überdeckt. Die Ambivalenz, ein Gefühlszwiespalt, das Nebeneinander von Zuneigung und Aggression in bezug auf die beeindruckende Vaterfigur dürfen aufgrund einer massiven Angst vor Vergeltung nicht mehr gespürt werden. Der autoritäre Charakter tritt zwar gerne als Dauerrebell auf, ist aber in bezug auf den eigenen Vater ängstlich und unterwürfig. Wir zitieren zur Veranschaulichung aus einer Einzelfallstudie, die über einen Interviewpartner namens »Mack« gemacht wurde:

> »Fremdgruppen werden als egoistisch und brutal aggressiv gehaßt. (Daß Fremdgruppen auch ›schwach‹ sind, mag ein logischer Widerspruch sein, ist aber kein psychologischer; Macks Denken über soziale und politische Zusammenhänge wird von unbewußten Vorgängen bestimmt, und man kann daher nicht erwarten, daß es mit den Gesetzen der Logik übereinstimmt.) Beides, die machtgierigen Züge in seiner Vorstellung von der Fremdgruppe und seine betonte Bewunderung der ›guten‹ Eigengruppe, kann man aus dem durch die Kindheit bedingten Vaterbild ableiten: aus dem Zwang, aus dem er sich ihm unterordnen mußte, entstand der Zwang, sich zu überreden, den Vater als ›gut‹ zu sehen; wodurch aber die ursprüngliche Feindseligkeit gegen ihn nicht überwunden war. Mack hat nie versucht, mit diesem Konflikt fertig zu werden, indem er bei sich selbst die Schuld suchte. Besonders fällt auf, daß er fast gar keine Selbstkritik kennt. Er verlegt die Feindseligkeit einfach auf Fremdgruppen oder besser ausgedrückt: die verfolgenden, strafenden Züge, die dem Vater nicht zugestanden werden dürften, werden den Fremdgruppen als Eigenschaften zugeschrieben, und so kann er sie ruhig hassen. Sie sind dann nicht gefährlich, und man hat ein gutes Gewissen, weil die Züge, die man ihnen zuschreibt, bestimmt verdammt werden. Jedem ›guten‹ Zug, dem Vater zugeschrieben, entspricht ein ›schlechter‹ im Bild des Juden: des Vaters größtes Verdienst war, ›sich jedes Vergnügen zu versagen, um für uns Kinder zu sorgen‹; dagegen ›kümmern sich die Juden nicht um Menschliches‹.«*

---

* Th. W. Adorno u. a.: Der autoritäre Charakter, Bd. 2, Amsterdam 1969, S. 26/27.

Haiders Idealisierung der Väter-Generation ist auffällig. Andererseits stattet er seine politischen Gegner regelmäßig mit elterlichen Attributen aus. Er inszeniert sich als junger Rebell gegen die »Altparteien« - eine Bezeichnung, die mit den historischen Verhältnissen wenig zu tun hat, dafür aber umso mehr mit den Wünschen des Publikums. Die große Koalition erscheint - ähnlich wie in manchen Karikaturen - wie ein Ehepaar, das die Kinder von der Macht ausschließt. Und zumindest in Kärnten ist es Haider bereits gelungen, den schwächeren und verachteteren Teil aus dieser Paarverbindung dem größeren abspenstig zu machen. Eine Rebellion, die psychisch riskant wäre, wird auf einer politischen Ersatzbühne aufgeführt. Wir werden das später noch genauer verfolgen. Das autoritäre Muster - ambivalenzverleugnende Unterwerfung unter die Väter bei gleichzeitiger haßvoller Verfolgung von Ersatzvätern - paßt gut zu dem, was wir über Haiders Biographie wissen. Haiders Vater, eigentlich Schuhmacher von Beruf, war schon früh ein überzeugter Nazi und stieg während der Naziherrschaft in die Machtstellung eines Funktionärs auf. Es sieht so aus, daß der Sohn, schon als Jugendlicher in rechten Verbänden aktiv, hier nie eine grundsätzliche Kritik oder einen größeren Bruch riskiert hat und eigentlich heute noch zu seinem Vater spricht, wenn er in seinen Reden eine ganze Generation so darstellt, als sei sie mit rücksichtslosem Machtstreben und Verbrechen aber auch nicht ansatzweise in Berührung gekommen. Als sich gegen Ende des Irak-Krieges 1991 der FPÖ-Politiker und Ex-Verteidigungsminister Frischenschlager bei einem Besuch in Israel für seinen spektakulären Handschlag mit dem wegen Kriegsverbrechen in Italien verurteilten SS-Führer Reder entschuldigte, mußte Haider sofort eine Meldung durch die österreichischen Medien schicken: Die Entschuldigung Frischenschlagers sei »eine unnötige Fleißaufgabe«. Außerdem sei Reder kein Kriegsverbrecher, sondern »der letzte Kriegsgefangene« gewesen. Wie ernst gemeint oder opportunistisch die Entschuldigung Frischenschlagers auch immer gewesen sein mag - Haider agiert hier voll im Rahmen seines eigenen autoritären Syndroms: Kein Ansatz von Zwiespalt oder Reflexion darf spürbar werden. In der Wortwahl erscheint Frischenschlager als ein Jugendlicher, als Schüler, der unterwürfig ist wie ein »Streber«. Die israelischen Politiker fungieren als eine Art Pädagogen, autoritäre Erwachsene, denen gegenüber man als wirklicher FPÖ-Politiker oder national gesonnener Österreicher Durchhaltevermögen, Mut zu beweisen hat. Dort ist der antiautoritäre Protest anzubringen. Unsere Väter sind eindeutig sauber geblieben, waren niemals Kriegsverbrecher.

Wo viel Licht ist, ist viel Schatten – Feindbilder dringend benötigt!

Die Einzelpsyche eines Jörg Haider soll uns hier aber nicht en détail interessieren. Wichtig ist, daß sie sich aktiv einfügt in eine Inszenierung, die für zwei Teilpopulationen unserer Gesellschaft höchst faszinierend ist: Für die Älteren, die in bezug auf ihre Vergangenheit im Krieg und im Nationalsozialismus mit schmerzender Kritik und Sinnlosigkeitsgefühlen konfrontiert wurden. Und für die Jüngeren, die die Auseinandersetzung mit den Vätern (oder Großvätern) nie wirklich gewagt haben, ihre Autoritäts-Angst manchmal spüren, aber dennoch gerne als mutig, als Rebellen erscheinen wollen. Die nach außen verschobenen Selbstvorwürfe der Älteren und der Mut der Jüngeren brauchen geeignete Ersatzobjekte.

Im Originaltext der Haider-Rede am Ulrichsberg geht das dann so weiter:

> »Und es kann auch nicht so sein, daß man in der Öffentlichkeit den Eindruck erweckt, wie das in unserem Land derzeit der Fall ist, daß es gegen den Zeitgeist wäre, Soldaten- und Kriegerdenkmäler auch weiterhin zu pflegen und ihnen die nötige Anteilnahme zukommen zu lassen. Wir erleben es, daß höchste Persönlichkeiten des öffentlichen Lebens, bis hinein in unsere Regierung, allen Ernstes die Meinung vertreten, man könnte Denkmäler, die an die Soldaten und Gefallenen der beiden Weltkriege erinnern, eigentlich schön langsam wegräumen. Das ist ein zweifelhafter Mut jener, die sich ohne ihr eigenes Zutun ins gemachte Nest der Demokratie und der Wohlstandsgesellschaft gelegt haben und nicht erkennen, wem sie das eigentlich zu verdanken haben. (Bravorufe) Das ist ...
> (Applaus)
> Das ist ein zweifelhafter Mut jener, die an ihren Schreibtischen

Gedankengebilde erfinden - wie etwa die Historikerin Weinzierl (Gelächter im Publikum), die allen Ernstes der Meinung ist, daß dies nicht mehr zeitgemäß ist (Unruhe im Publikum). Es wird die Zeit kommen, wo solche Historiker nicht mehr zeitgemäß sind, ...« (unverständlich, geht im Applaus unter, Bravorufe, Applaus).

Vor dem ersten Applaus deutet sich ein Feindbild an, bei dem die Zweifler am Sinn des (herkömmlichen) Soldatendenkmals Sozialparasiten sind voller Undank gegenüber der Leistung der Soldaten und Gefallenen. Es geht dann über in das Bild der Schreibtischtäter - die Täter »sitzen«, wie vorher schon in der zitierten Passage über die Schuld am Zweiten Weltkrieg; eine Historikerin, Frau Weinzierl, wird als Erfinderin überflüssiger Gedankengebilde namentlich genannt und dem Gelächter preisgegeben. Diese Haidersche Strategie, Personen rhetorisch »zum Abschuß« freizugeben, feiert hier einen ersten Höhepunkt. Es wird »solchen Historikern« das Überflüssigwerden durch Überalterung angedroht. Unsere Phantasie wird dahingehend angeregt, daß ihnen dasselbe passieren wird, wie sie es den Denkmälern gewünscht haben. Was nicht mehr zeitgemäß ist, das kann man dann auch »wegräumen«.

Obwohl es unter Historikern und Nichthistorikern auch viele junge Kritiker am Denkmalkult gibt, sind es interessanterweise mit den Attributen des Alters ausgezeichnete Figuren, an denen sich hier die verbalen Aggressionen festmachen. (Auch Frau Weinzierl ist eine ältere Dame). Das spricht für die zitierte These vom verschobenen Generationenprotest in der Haider-Inszenierung. Der nächste Feind, den es zu besiegen gilt, ist Janko Messner, ein slowenischer Dichter aus Kärnten, der vom Alter her ebenfalls Haiders Vater sein könnte:

»Den Toten und Gefallenen die Ehre zu erweisen, ist keine Modeerscheinung, meine Damen und Herren, sondern ist eine zeitlose Verpflichtung. Nur kulturlose Völker mißachten das Opfer ihrer Toten. Daher betrachten wir es als eine besondere Provokation, wenn vor wenigen Tagen in einer Broschüre, die anläßlich einer Schulfeier in Villach herausgegeben wurde, über den Ulrichsberg nachgedacht wird, und dies in einer Weise erfolgt, die einfach nicht hingenommen werden kann. An der HTL in Villach hat in dieser Schülerbroschüre der

allseits bekannte Janko Messner (Unruhe im Publikum, Murren) die Meinung vertreten, daß jenes Vermächtnis, das ich heute vorgetragen habe, und das in einer Schrift am Ulrichsberg niedergelegt ist, raschest beseitigt werden sollte (Unruhe im Publikum, Murren). Nicht das Vermächtnis der Heimgekehrten sollte als Treue und Tapferkeit und Liebe, die zurückgebracht worden ist, formuliert werden, sondern er formulierte uns gleich die Alternative dazu, wenn er sagt: ›Vermächtnis der Heimgekehrten - sollte heißen: Siehe, Vaterland, das haben wir Dir zurückgebracht: unsere angeschissenen Unterhosen, unsere wimmelnden juckenden Läuse, unsere heldenhaft bammelnden Stummelbeine, unsere lustig zuckenden Stummelarme, unser erloschenes Augenlicht, unsere infolge Schreckensstarre über Nacht ergrauten Haare, unsere zu frühen Kahlköpfe, geweiht durch irrsinnige Hektabomben, durch sauhatzmäßig geschlachtete Opfer des wahnsinnigen Gefreiten Hinkel, den der Kapitalismus Vorsehung und Schicksal hat spielen lassen.‹
Meine Damen und Herren, geistige Freiheit ist in einer Demokratie etwas Selbstverständliches, aber sie findet dort ihre Grenzen, wo Menschen jene geistige Freiheit in Anspruch nehmen, die sie nie bekommen hätten, hätten nicht andere für sie den Kopf hingehalten, daß sie heute in Demokratie und Freiheit leben können.«
(Bravorufe, Applaus)

Haider bannt unsere Auflösungs- und Verstümmelungsängste

Am Schluß dieser Passage wird Janko Messner in das schon bekannte Feindbild des Sozialparasiten im gemachten Bett eingereiht, der andere den Kopf hat hinhalten lassen. Das paßt allerdings zur Biographie von Messner überhaupt nicht. Er hat, im Gegensatz zu Haider, als Mitglied der deutschen Wehrmacht zwangsweise einige Jahre lang an der Ost- und Südfront »den Kopf hingehalten«; dürfte einigermaßen wissen, wie ein Gehirnaustritt, abgerissene Körperteile und vor Angst beschissene Hosen aussehen. Und er hat versucht, die katastrophischen Erfahrungen literarisch zu verarbeiten - z. B. in der Novelle »Rückkehr«. Mit dem unvermittelten Einbringen der Auflösungs- und Verstümmelungsbilder aus dem Messner-Text produziert der Redner massive Ängste, die an den schon erwähnten Unterstrom der Zerstückelungsangst anknüpfen. Wieder ist es ein Südslawe (»allseits bekannt«), der sie in die durch »Treue, Tapferkeit und Liebe« verbundene Gemeinschaft trägt.

Die Angst vor Zerstückelung, Auflösung, Erstarrung ist in bezug auf den modernen Krieg zweifellos eine realistische Angst, »Realangst« wie die Psychoanalyse sagen würde. Andererseits knüpft sie an lebensgeschichtlich sehr frühe Ängste um die eigene Integrität an und an unsere Vergeltungs- und Kastrationsängste in der Auseinandersetzung mit Vater- und Elternfiguren, die als sehr mächtig, potentiell existenzvernichtend erlebt wurden. Angeschissene Unterhosen, das Gewimmel von Läusen auf der Haut, das Abschlachten von Menschen produzieren Unsicherheit über die Abgrenzung unseres Körpers, Ängste vor Kontrollverlust und ein elementares Urmißtrauen, eine ins Mark der Identität greifende Unsicherheit darüber, ob die Welt uns feindlich oder wohlgesonnen ist. Das sind - grob gesagt - Ängste, die in der Identitätsentwicklung der ersten drei Lebensjahre mehr oder weniger bewältigt werden. Wo die Bewältigung ganz mißlingt oder z. B. durch ein späteres Kriegs- oder Foltertrauma nachträglich in Frage gestellt wird, droht ein psychotischer Kosmos. »Heldenhaft bammelnde Stummelbeine«, »lustig zukkende Stummelarme«, »erloschenes Augenlicht« sind aber auch Bilder, die über die frühen Integritätsängste hinaus die Angst vor dem Verlust spezifischer, wichtiger Körperteile und Lustorgane wachrufen, die für eine etwas spätere Entwicklungsphase typisch ist. Diese Angst treibt die Knaben nach Auffassung der Psychoanalyse in die Identifizierung mit dem Vater. Jedenfalls scheint es uns plausibel zu sagen, daß Männer angesichts solcher wiederholten Bilder von Kriegsopfern auch Kastrationsängste bekommen müssen. Diese Ängste können auf verschiedene Art abgewehrt werden. Es gibt eher bewußte Formen, wie z. B. bei den Soldaten, die den Stahlhelm zur Bedeckung des Unterleibes benutzt haben, oder auch literarische wie in Hemingways Roman »Fiesta«. Andere, eher unbewußte Formen, sind die Überbetonung der »strammen Haltung«, der makellosen, kompletten Uniform, das Fetischisieren von möglichst mächtigen Waffen, Gewehren, Geschossen, deren Verlust als Männlichkeitsverlust empfunden wird. Einige der angstmindernden Requisiten sind auch auf unserer Gedenkfeier anwesend. Die Verbindungsstudenten haben zweifellos eine besondere Technik entwickelt, die Verstümmelungsängste des soldatischen Mannes zu bannen, welche an ein wiederholtes Initiationsritual für Knaben bei archaischen Stämmen erinnert. Man setzt sich dem Säbel eines Gegners so aus, daß die Verletzung des Körpers mit ziemlicher Sicherheit noch im Vorfeld einer größeren Verstümmelung bleibt. Der Beweis für das Entronnensein, die Narbe, wird dann ebenso wie der eigene Säbel Teil einer phallisch-exhibitionistischen Ausstaffierung. Die jungen Burschen, mit denen Haider sich am Ulrichsberg, aber auch manchmal andernorts bevorzugt umgibt, haben vielleicht keine Gesichtsnarben mehr, stehen aber durchaus in der Tradition jener überaufgerichteten Dennoch-Männlichkeit.

Haider inszeniert Unvollständigkeits- und Verstümmelungsängste, die er dann wieder im deutschnationalen Projekt zu beruhigen verspricht. Das ist auch der versteckte Sinn in Haiders vielzitiertem Spruch, die österreichische Nation sei eine Mißgeburt. Das Bild der Mißgeburt konfrontiert uns auf der körperlichen Ebene mit der Möglichkeit unseres Verstümmelt-Seins, der Unvollständigkeit von Gliedmaßen und Körperteilen. Wer möchte da nicht in einen größeren, schöneren, strafferen Körper flüchten? (Die bekannte Äußerung über Lech Walesa, der schon »mehr breit als hoch geworden ist« zeigt eine weitere Variante des Haiderschen Spiels mit unserer Körperangst in der Gesellschaft des Fitness-Kultes.)

In der Dynamik der hier untersuchten Haider-Rede werden die mit dem Krieg verbundenen angstmachenden Auflösungs- und Verstümmelungsbilder dadurch gebannt, daß so getan wird, als seien sie lediglich von einem verantwortungslosen Literaten erfunden worden. Der Überbringer der Botschaft erscheint als Beschmutzer und als die kastrierende Macht, der sich der Landeshauptmann als Verteidiger der Grenzen geistiger Freiheit mutig entgegenstellt. Statt gegen die wirklichen Initiatoren und Propagandisten des mörderischen Krieges darf sich die entfesselte Angst und Wut an einem slowenischen Intellektuellen austoben, der zu diesem Zwecke auch noch mit den Eigenschaften eines Drückebergers oder sozialen Parasiten ausgezeichnet wird.

Rückgabe des »Selbstbewußtseins« und die Sensibilität des Agitators

Nach anhaltenden Bravorufen und Applaus betont Haider noch einmal den kollektiven Stolz auf die Ulrichsbergbegegnungen. Die Forderung, die Organisatoren »mögen sich von bestimmten Waffengattungen ehemaliger Armeen abgrenzen«, sei unsinnig. Es können nur die Verbände der Waffen-SS gemeint sein. Wieso reicht der vielzitierte Mut des Landeshauptmannes nicht aus, die, zu denen er stehen möchte, beim Namen zu nennen? - Es gäbe keinen Grund, sich zu distanzieren. »Alle sind uns herzlich willkommen.« Und nach Bravorufen und Applaus fährt Haider fort:

> »Wir wollen nicht jene Zustände haben, wie sie in manchen europäischen Staaten an der Tagesordnung sind, leider auch in den vergangenen Jahren in der Bundesrepublik Deutschland, wo durch linke Demonstrationen von halbgebildeten Besserwissern Soldatentreffen verboten wurden, weil man sich dafür geniert hat, daß es diese ältere Generation noch gibt.«

Hier wird die doch wohl sehr spezifische Begründung für das Verbot von Treffen ehemaliger SS-Angehöriger mit einer viel allgemeineren Altenfeindlichkeit in unserer Gesellschaft in eine ursächliche Verbindung gebracht. Man habe sich eben »dafür geniert (...), daß es diese ältere Generation noch gibt«. Die Ulrichsbergtreffen scheinen - wie die zahlreichen Ehrungen der greisen Abwehrkämpfer - u. a. auch als eine Art symbolischer Altenbetreuung in einem Land zu fungieren, das die Alten sonst eher ausstößt und dessen öffentliche Altersheime teilweise in einem menschenverachtenden Zustand sind. Haider geht dann noch würdigend und unter Applaus auf die 70. Wiederkehr der Kärntner Volksabstimmung und den Kärntner Abwehrkampf »mit der Waffe in der Hand« ein. »Dieses Kärnten ist vorbildlich gewesen in einem stürmischen und in sich zerrissenen Europa.« Endlich habe man vor wenigen Tagen den überlebenden Abwehrkämpfern die gebührende Auszeichnung der Republik Österreich verleihen können.

> »Meine Damen und Herren, die Geschichte erfordert langsam ihre Anerkennung und es ist notwendig, daß manches erst in

die Hirne der Entscheidungsträger hineinkommt, was dort an Bildung noch nicht vorhanden ist. (Gelächter, Applaus) Daher werde ich auch - das habe ich immer deutlich gemacht -, daher werde ich auch in der Zukunft mich weigern, so wie man das in der Vergangenheit von mir haben wollte, die sogenannte Befreiungsmedaille der Republik Österreich an ehemalige Angehörige der Titopartisanen zu verleihen (Zurufe: Ho!), weil auf Kärntner Boden kein Feind dieses Landes ausgezeichnet werden wird, solange ich Landeshauptmann bin. (besonders starker Applaus, Bravorufe).«

Diese Wendung gegen die Kärntner Slowenen, die am Partisanenkampf gegen die Nazis teilgenommen hatten, hat Haider im Umfeld des Wahlkampfes vom Sommer und Herbst 1990 häufiger ausprobiert. Vom stillen Gedanken, Versöhnungsgefühlen, vom »Handschlag zwischen Feinden von einst« ist gegen Ende der Inszenierung nicht mehr viel übrig geblieben.

Die allerletzten Sätze glätten die Wogen wieder etwas. Haider geht noch einmal mit pathetischen Worten auf den Kärntner Patriotismus als Vorbild für die ganze Republik ein. Wir sollten

»... Frieden auch mit einer falsch verstandenen Geschichtsschreibung ... machen. Der Ulrichsberg hat vielen Menschen Selbstbewußtsein zurückgegeben ...
Der Ulrichsberg möge daher seine Aufgabe auch in Zukunft wahrnehmen und ausstrahlen, von hier durch jene Menschen, die tä-jährlich zu ihm kommen und jene erfassen, die bisher noch der Botschaft des Ulrichsberges für ein friedliches und freies Europa ihr Herz verschlossen haben.«

Unter starkem, nicht enden wollenden Applaus ist die Rede von Jörg Haider zu Ende gegangen. Es scheint ihm gelungen zu sein, die angesprochene gruppentherapeutische Funktion des Ulrichsberges optimal zu nutzen und auf seine Art zu steigern. Er hat den älteren wie den jüngeren Zuhörern zumindest kurzfristig ein hohes Maß an Selbstbewußtsein vermittelt, brüchige Männer-Identität stabilisiert, verbliebene Schuldgefühle für nichtig erklärt; er hat das Gefühl vermittelt, zu einer Gruppe mutiger Rebellen zu gehören, die mit den Kriegsbildern verbundenen Chaosängste kanalisiert und der verwirrenden Aggression eine klare Orientierung, Zielscheiben in Gestalt identifizierbarer Außengruppen und Personen geboten. Müssen wir annehmen, daß er die psychologischen Mittel, die Inszenierungstricks in seiner faszinierenden »Identitätspolitik«, die wir teilweise rekonstruiert haben, selber kennt oder gar bewußt einsetzt? - Es handelt sich wohl eher um ein intuitives Erspüren und Erraten dessen, was das Publikum hören will, verbunden mit der Fähigkeit, es »ohne Hemmungen«, bündig und bildhaft auszudrücken.

> »Um die unbewußten Dispositionen seines Publikums richtig zu treffen, kehrt der Agitator gewissermaßen einfach sein eigenes Unbewußtes nach außen. Sein besonderes Charaktersyndrom ermöglicht ihm dies, und durch Erfahrung hat er gelernt, diese Fähigkeit bewußt auszunutzen und - ähnlich wie der Schauspieler und ein bestimmter Journalistentyp, der seine Innervationen und seine Sensibilität zu verkaufen weiß - seine Irrationalität rational zu gebrauchen. Er kann, ohne es selbst zu wissen, der psychologischen Theorie entsprechend reden und sich gebärden aus dem einfachen Grunde, weil die psychologische Theorie wahr ist. Er braucht nur seine eigene Psychologie geschickt einzusetzen, um die Psychologie seiner Zuhörer in Gang zu bringen«.*

Es ist kein Zufall, daß die solcherart psychologisch begabten Agitatoren in früheren Lebensabschnitten oftmals schauspielerische oder künstlerische Ambitionen hatten. Haider hat sich als Schauspieler versucht.

Eine Inszenierung wie die auf dem Ulrichsberg besteht aus einer begrenzten Menge standardisierter Figuren, die von Haider auch bei ähnlichen Anlässen, wo es um das Verhältnis zur Kärntner und deutsch-österreichischen Geschichte geht, in variablen Kombinationen eingesetzt werden können. Vor einem anderen Publikum, in dessen Unbewußtem sich gerade andere Konfliktschwerpunkte, Wünsche und Ängste bewegen, vermag Haider aber auch durch ganz andere, intuitiv passende Inszenierungen zu faszinieren. Er eilt, wie wir sehen werden, höchst flexibel von einer Bühne zur anderen. Dazu muß er sich rechtzeitig umkleiden, z. B. den Kärntner Anzug gegen einen schwarzen Anzug oder krawattenlosen Sakkolook oder eine Sportbekleidung tauschen, aber vor allem auch

---

* Th. W. Adorno: Die Freud'sche Theorie und die Struktur der faschistischen Propaganda. In: ders., Kritik - Kleine Schriften zur Gesellschaft, Frankfurt 1971, S. 59.

rasch genau die richtigen Worte finden. Trotzdem ist die autoritäre Inszenierung, die wir so ausführlich untersucht haben, nicht nur eine von vielen. Sie stellt in gewisser Hinsicht die Grundlage für die anderen dar. Schon von der Geschichte der FPÖ her ist das autoritäre Syndrom grundlegend. Die ehemaligen österreichischen Nationalsozialisten haben sich nach Aufhebung des politischen Betätigungsverbots bekanntlich zunächst schwerpunktartig im »Verband der Unabhängigen«, dann in der FPÖ organisiert. In der FPÖ selbst wird das Potential der Stammwähler aus dem »nationalen Lager« auf ein Viertel des Gesamtwählerpotentials eingeschätzt. Auch biographisch dürfte bei Haider, wie bei vielen FPÖ-Funktionären und FPÖ-Wählern, die nicht durchgeführte Rebellion gegen die Väter der »Kriegsgeneration«, verbunden mit der Verschiebung der Rebellionsimpulse auf andere »Alte« als Ersatzobjekt, ein sehr grundlegendes Muster sein.

»DJANGO« – GEWALTPHANTASIEN ALS POLITISCHES SCHAUSPIEL

Gewalt und Aggression sind in unserer Gesellschaft sehr widersprüchlich diskutierte Themen. Frustrierende, demütigende Lebens- und Arbeitsbedingungen (strukturelle Gewalt) führen bei den Menschen zu einer hohen Aggressionsbereitschaft und zur Tendenz, die Lebenschancen anderer zu beeinträchtigen (personale Gewalt). Die Individuen wissen nicht, wie sie mit dem Gewaltpotential um sie herum und in ihnen umgehen sollen. Gibt es so etwas wie befreiende Aggression? Jörg Haider scheint hier ein Modell anzubieten, das das Leben leichter macht. Er betätigt sich nicht nur als Lebenshelfer, »Großgruppentherapeut« mit Vergangenheitsbezug, sondern zeigt auch eindrucksvoll, wie das aktuelle Problem gesellschaftlicher Gewalt leicht und lustvoll zu handhaben ist: »Wien darf nicht Chikago werden.« Dabei werden die Probleme der Gewalt, die (z. B. als gnadenloser Zwang zur Konkurrenz) zum großen Teil strukturell, unsichtbar sind, erstens konsequent personalisiert, also vereinfacht an Personen sichtbar gemacht und mit einer Sündenbockjagd verknüpft. Und die Antworten werden zweitens mit einer Gewaltlust, einer Freude an der Schädigung, Beleidigung der deklarierten Gegner verknüpft, die bisher als Teil der öffentlichen Kultur als unzulässig und verpönt galt. Hier mitzumachen, etwas »herauszulassen«, wird von den Haider-Anhängern als befreiend erlebt. »Es stimmt ja« sagen sie; es handelt sich um psychologische »Wahrheiten« im Sinne des Adorno-Zitats aus unserem vorangegangenen Kapitel. Haider »braucht nur seine eigene Psychologie geschickt einzusetzen, um die Psychologie seiner Zuhörer in Gang zu bringen«. Haider verhält sich u. a. mediengerecht.

Die mediale Produktion von Gewalt erregt die Gemüter und mobilisiert auch Kritik an der Gewaltfaszination, andererseits verweisen die Medienvertreter auf die bestehende

Nachfrage. Das ist ihre Wahrheit. Bernhard Rathmayr vertritt die These, daß der in unserer Gesellschaft erzwungene reale Gewaltverzicht erst durch die fortlaufende Produktion fiktiver Gewaltphantasien als Kompensation ermöglicht wird. Gleichzeitig soll dabei die grundlegende gesellschaftliche Gewalt tabuiert bleiben:

> »Durch die Verteilung phantastischer Gewaltsymboliken an ein erzwungenermaßen gewaltloses Publikum üben die Medien tatsächlich eine gewaltige stabilisierende Wirkung in der Richtung der Aufrechterhaltung und Unkenntlichmachung gesellschaftlicher Gewaltstrukturen aus.«*

Darüberhinaus verweist der Autor auf die »quantitative Ausweitung medialer Gewaltdarstellung«, in der die Grenzen zwischen »real erlebter und medial inszenierter Gewalt« zunehmend verschwimmen und dadurch einem möglichen Kippen fiktiver Handlungen in reale Vorschub geleistet wird.

> »Über die immer stärkere Stilisierung medialer Gewalt als ›live‹ stattfindender realer Gewalt könnte es dazu kommen, daß unerzogene Gewaltwünsche des Publikums der Tendenz der Medien nach einer immer effektiveren Identität real erlebter und medial inszenierter Gewalt in einer Weise entgegenkommen, die ein ursächliches Verhältnis zwischen medialer und realer Inszenierung von Gewalt in Gang bringt.«**

Angeregt von diesen Gedanken möchten wir anhand der politischen Inszenierung Jörg Haiders verfolgen, wie sich das Bedürfnis nach »phantasierten Gewaltproduktionen« im Zusammenspiel von politischer und medialer Inszenierung verwirklicht und darüberhinaus für bestimmte politische Ziele instrumentalisieren läßt.

---

* B. Rathmayr: Krieg der Phantome. In: Erziehung heute. Heft 2/1989, S. 10 ff.

** Ebenda.

Politik als Kriegsschauspiel

Wir gehen in Anlehnung an Lloyd de Mause von der Überlegung aus, daß die in der Wortwahl der Politiker und der Medien sich ständig wiederholenden Metaphern in gewisser Weise »kollektive Phantasien« der Menschen widerspiegeln.* In den von Jörg Haider verwendeten sprachlichen Bildern findet man häufig solche, die Phantasien der Gewaltanwendung zum Ausdruck bringen. So will er zum Beispiel die wenigen Günstlinge des Systems »vom hohen Roß holen«, »vor sich hertreiben«, oder vielleicht sogar auf einer Jagd abschießen (»Keine Schonzeit für Rot- und Schwarzwild«). Besonders beliebte Metaphern in der Wortwahl Jörg Haiders sind solche, die politische Auseinandersetzungen in ein symbolisches Kriegsschauspiel verwandeln und kollektive Zerstörungsphantasien zulassen. So verwendet Jörg Haider in politischen Auseinandersetzungen sprachliche Bilder, wie zum Beispiel den aus der NS-Zeit vorbelasteten Begriff »totaler Krieg« (AZ 25. 11. 88) zur Veranschaulichung des laufenden Wahlkampfes. An anderer Stelle wird der Streit um die Bestellung eines Schuldirektors für Jörg Haider zum Anlaß, der zuständigen Bundesministerin den Krieg zu erklären: »Bin bereit mit Hawlicek einen Krieg zu führen« (Kleine Zeitung 26. 10. 90, S. 8). Den Krieg erklärt bekommen hat auch der ehemalige FPÖ-Bundesparteiobmann Norbert Steger: »Der Jörgl aus Kärnten putzte den Generalhelm blank und erklärte dem Norbert aus Wien den Krieg« (Profil Nr. 38/15. 09. 86, S. 24/25). Durchwegs kriegerische Szenarien und Zerstörungsphantasien finden sich auch in einem Interview des Profil mit Jörg Haider (»... komplett zertrümmert ... radikal abgetragen ... die Schlagkraft erhöht«):

> »Ich würde die Kammern nicht auflösen, sondern die Zwangsmitgliedschaft aufheben. Das ORF-Monopol fällt sicher auch ohne die FPÖ, noch sicherer - und schneller - aber mit der FPÖ. Und das Sozialversicherungssystem würde komplett zer-

---

* Lloyd de Mause: Reagans Amerika. Eine psychohistorische Studie, Basel-Frankfurt/M. 1984. Zur kritischen Relativierung vgl. J. Berghold: Krieg als Gruppenphantasie. Ein Briefwechsel mit Lloyd de Mause. In: Graf/Ottomeyer/ÖIF (Hg.), Szenen der Gewalt. Wien 1989.

trümmert. Die Funktionärsschichten würden radikal abgetragen, die Anstalten total modernisiert, die 28 Tintenburgen zusammengelegt, das korrupte Interventionssystem vor allem bei Frühpensionen abgeschafft und die Schlagkraft erhöht. Ganze Familienclans, die sich jetzt, wie wir aus den Berichten des Rechnungshofes wissen, über mehrere Generationen hinaus ins warme Nest der parteipolitisch verfilzten Sozialversicherungen eingenistet haben, müßten sich neue Jobs suchen.« (Profil Nr. 32/06. 08. 90, S. 32)

In der ständigen Umwandlung politischer Auseinandersetzungen in Kriegsschauspiele versteht es Jörg Haider, aktuelle Kriegsschauplätze immer wieder in seine verwendete Metaphorik einzubauen. War er vor seiner Abwahl als Landeshauptmann noch der »Kurde« und »Palästinenser« Österreichs - Jörg Haider: »Dann weiß man wenigstens, wer bei uns der Saddam Hussein ist« (Basta Nr. 6/91, S. 55) -, beschuldigte er nach seiner Abwahl den ORF, sich von der sozialistischen Partei für einen »Krieg« gegen ihn mißbrauchen zu lassen.

»Der Pressesprecher des Herrn Vranitzky (braucht) nur mehr anzurufen, und alle stehen am Küniglberg ›habt-acht‹ und wissen, daß sie nach dem Golfkrieg den nächsten Großeinsatz im Krieg gegen Jörg Haider haben und leisten dabei Erfüllungsgehilfendienste.« (Solidaritätskundgebung am Neuen Platz 19. 06. 91)

Und in einem Inlandsreport wußte er in Anlehnung an die Krise in Jugoslawien davon zu berichten, daß in Österreich ein »politischer Bürgerkrieg« gegen ihn geführt werde, dessen Ziel seine »politische Hinrichtung« (ORF-Inlandsreport 19. 07. 91) sei. Auf die Frage des Journalisten, warum Jörg Haider immer Worte wie »politisches Komplott«, »Putsch« oder »Bürgerkriegserklärung« verwendet, sagt Jörg Haider kurz:

»Politischer Bürgerkrieg - ich glaube, das versteht jeder, der es verstehen will - das heißt, eine Partei soll um jeden Preis vernichtet werden durch die Macht, die die beiden alten Parteien haben.« (ebd.)

Wie sehr die Bilderwelt des Krieges bei der Klientel von Jörg Haider auf fruchtbaren Boden fällt und aggressive Wunschphantasien in der Bevölkerung anspricht, wird anhand der von den Medien gewählten Darstellungsform deutlich. So betitelt zum Beispiel der Kurier einen Bericht über einen Wahlkampfeinsatz Jörg Haiders: »›Fly Jörg‹: Der Luftkampf des blauen Chefpiloten« (Kurier 30. 09. 90). Metaphern des Krieges durchziehen auch einen anderen Artikel des Kurier, der den FPÖ-Parteitag in Feldkirch zum Thema hat und folgenden Titel trägt: »Blauer Bombenhagel gegen große Koalition« (Kurier 20. 05. 90, S. 2). In diesem Artikel kann man lesen, daß die FPÖ zum »Generalangriff« auf die große Koalition antrete und mit der SP-VP-Koalition »abgerechnet« werde. Jörg Haider, der schon vorher mehrmals verkündet hatte, er werde »die Altparteien vor sich hertreiben«, prophezeit an diesem Parteitag, daß es »keine Schonzeit für Rot- und Schwarzwild« geben werde. Das Bild der Treibjagd, die ja gewöhnlich mit dem Abschuß endet, zeigt deutlich die dahintersteckende, in Spaß und Unterhaltung gehüllte Phantasie des Tötens.

»Haiders Programm kommt wie aus der Pistole geschossen ...«

Jörg Haider scheint die Schlagkraft der FPÖ durch bewußtes Aufrüsten mit schußkräftigen Sprachfiguren in der Öffentlichkeit erhöhen zu wollen. Dafür werden auch vorgefertigte kulturindustrielle Helden eingesetzt, wie »Django«, dessen Filmmelodie die FPÖ Wahlwerbung untermalt »Die blauen Musketiere« (Jörg Haider) oder »Die Unbestechlichen«. Und damit die Transformation von Realität in Filmwirklichkeit vollendet ist, bekämpfen »Die Unbestechlichen«, dem einschlägigen Muster von Verbrecherjagden folgend und dem Wahlkampfmotto »Wien darf nicht Chikago werden« entsprechend, ein Ansteigen der Kriminalität in Wien. Angesichts der von Jörg Haider durch seine politische Inszenierung ausgelösten Phantasien des Schießens, kann die von der FPÖ-Bleiburg initiierte und mit zwei überkreuzten Gewehren angekündigte Vorwahlveranstaltung »Preisschießen mit Landeshauptmann Dr. Jörg Haider. Mach auch Du mit beim ›Schuß ins Blaue‹« (Freiheitlicher Gemeindekurier Nr. 38/5/90, S. 7) durchaus als unbewußte Botschaft verstanden werden.

Dieses schußkräftige Image Jörg Haiders soll wohl dessen vielzitierte Gefährlichkeit in bildlich anschaulicher Weise untermalen. Wie zum Beispiel seine ›Django-Mentalität‹ in einem Artikel des Wiener (Titel: »Haiders große Kampfansage: Die Dritte Republik«) angesprochen wird, soll folgendes Zitat vermitteln:

> »Haiders Programm für eine Dritte Republik kommt wie aus der Pistole geschossen und klingt wie eine gefährliche Drohung gegenüber all jenen, die in Österreich in irgendeiner Weise Machtträger sind.« (Wiener 4/1989, S. 13)

Ebenso wie in den einschlägigen Kinoproduktionen lebt Jörg Haider auf der politischen Bühne als Vertreter des »Guten« und stellvertretend für den »kleinen Mann« die im Alltag aufgestaute Aggression gegenüber den Repräsentanten des »Bösen« aus. Wer kennt diese Phantasien nicht, in denen man seinem Chef, Vorgesetzten, Lehrer oder vielleicht dem autoritären ›Familienoberhaupt‹ endlich einmal seine Meinung sagt, während man in der konkreten Situation wegen des ›sozialen Friedens‹ wieder einlenkt und auf die Abrechnung verzichtet. Hat man da nicht auch manchmal Lust, wie Django mit ›coolem‹ Lächeln seinem Widersacher gegenüberzutreten und ihn kaltblütig zu erledigen?

Wie im letzten Kapitel über Haiders Ulrichsbergrede bereits angedeutet, repräsentieren die vom jugendlichen Rebellen Jörg Haider ins Visier genommenen verhaßten Autoritäten zumeist ein negatives Vaterbild, das auf symbolischer Ebene immer wieder vernichtet werden soll. Das Gegenstück zu dieser abgespaltenen ›bösen Vaterfigur‹ sind die idealisierten ›guten Väter‹, verkörpert durch die Soldaten des Zweiten Weltkrieges, und die Kärntner Abwehrkämpfer, die jeglicher Kritik enthoben sind, da sie ihr Leben ausschließlich für unser Wohl, unsere Freiheit und für die Demokratie geopfert hätten. Psychoanalytisch gesehen deutet dies auf eine stark ambivalente Haltung gegenüber der ›väterlichen Autorität‹ hin, wobei die vereinfachende Aufspaltung in eine ›gute‹ und eine ›böse‹ Autorität eine momentane psychische Entlastung bringt.

›Vatermordphantasien‹ finden auch an anderen Stellen mögliche Anknüpfungspunkte. So zum Beispiel in einem Artikel der Wochenpresse (Wochenpresse Nr. 22/03. 06. 88, S. 14/15), in dem Jörg Haider als blutrünstiger ›Dracula‹ (Titel: »Bis zum letzten Biß«) dargestellt wird . Neben den üblichen Bildern des Schießens (»Haiders national eingefärbtes Trommelfeuer«, »Hüftschüsse« ...) werden darin die »Haider-Opfer« im Stile Graf Draculas »brutal hinausgebissen«. Zu Tode gebissen wurde dabei der »Ziehvater« Jörg Haiders: Mario Ferrari-Brunnenfeld. Eine den Text begleitende Zeichnung zeigt einen finster blickenden Jörg Haider als ›Dracula‹, von dessen überlangen Eckzähnen Blut auf sein Hemd tropft, das die Schriftzüge »Ferrari« und »Steger« erkennen läßt. Die an die Zähne Jörg Haiders geknüpften oral-aggressiven Phantasien finden sich auch in anderen Karikaturen, wie zum Beispiel einem Bild in der Kronen Zeitung, wo Jörg Haider als aggressives kleines Kind hinter dem Brautpaar Franz Vranitzky und Josef Riegler herläuft und mit seinen Zähnen ein Stück Stoff aus dem Brautkleid fetzt.

Ödipale Dreiecksbeziehungen und Vater-Sohn-Konflikte sind beliebte Themen: Das geht auch aus einem weiteren Artikel des Profil hervor, in dem geschildert wird, wie sich Jörg Haider mit einem anderen »Ziehvater« überworfen hat. Jörg Haider dazu: »Das passiert, wenn einem der Vater zu unduldsam wird« (Profil Nr. 19/07. 05. 90). Haider selbst verwendet hier eine Familiensprache und verrät uns, wie sehr er die politische Bühne dafür benützt, die andere, bösartige Seite der Vaterbeziehung auszuagieren.

Mediale Inszenierung eines Mordes – »Der Fall Steger«

Anhand der medialen Aufbereitung des Konfliktes zwischen Jörg Haider und seinem Vorgänger in der Funktion als Parteiobmann, Norbert Steger, möchten wir uns eingehender mit den kollektiven Gewaltphantasien und der Rolle Jörg Haiders beschäftigen. Der Konflikt der beiden Kontrahenten beschäftigte längere Zeit vor und nach der Übernahme der FPÖ-Führung durch Jörg Haider am Innsbrucker Parteitag 1986 die Medien und somit wohl auch die Phantasien vieler Österreicher. Beliebteste Metapher der medialen Aufbereitung dieses Konfliktes war das bereits bekannte ›Django-Szenario‹: Das »Duell«. Dazu der Titel einer Reportage des Basta: »Endlich: Das große Duell. Haider contra Steger.«

> »An einen Tisch waren Jörg Haider und Norbert Steger nicht zu bringen. Die Wunden sitzen zu tief. Basta ließ die beiden im Fernduell aufeinanderprallen. Es wurde zur gnadenlosen Abrechnung.« (Basta Nr. 7/8 1988, S. 54 ff.)

Und beinahe zwei Jahre später beschäftigt diese Auseinandersetzung offensichtlich noch immer die Phantasie vieler Österreicher. Dazu der Titel einer weiteren Reportage des Basta: »Steger gegen Haider: Das Duell geht weiter.« (Basta Nr. 3/1990, S. 5) Unter sechs Zentimeter hohen und rot eingefärbten Lettern (»Duell«) sieht man Norbert Steger und Jörg Haider einander gegenüber abgebildet, was den Charakter einer Duellszene noch zusätzlich unterstreicht.

Um die im Zusammenhang mit diesem politischen Konflikt produzierten kollektiven Phantasien weiter zu ergründen, wenden wir uns nun einem Artikel des Profil zu, der sich mit der direkten Konfrontation der beiden Widersacher am Innsbrucker Parteitag auseinandersetzt. Auch hier orientieren wir uns an der von Lloyd de Mause vorgeschlagenen Methode, die stark gefühlsbesetzten Begriffe und Formulierungen im manifesten Text hervorzuheben, um die dahinterliegende »fantasy message« herauszufiltern.

»Norbert, du mußt es machen«, lautet der Titel des Profilberichtes über die beiden »Putschisten« Norbert Gugerbauer und Jörg Haider, die auf dem Innsbrucker Parteitag 1986 den damaligen Parteiobmann der FPÖ, Norbert Steger, stürzten. Haider befand sich damals in einer doppelten Oppositionsrolle, da er sowohl innerhalb der FPÖ als auch gegen die mit der FPÖ koalierende SPÖ opponierte. Im ersten Fall spitzte sich die Auseinandersetzung am Innsbrucker Parteitag zu einem persönlichen Zweikampf zu, die sich für Norbert Steger zu einem Schauprozeß entwickelte, der noch lange Zeit die Medien und somit die Phantasien vieler Menschen beschäftigte. Liest man das Drehbuch dieses Krimis aufmerksam, so läßt sich das zugrundeliegende Skript recht leicht herausarbeiten. Bereits lange vor dem Innsbrucker Parteitag sei die »geheime Kommandosache gestartet (worden): der

Fall Steger«. Dem ursprünglichen Plan folgend sollte Jörg Haider »gegen Steger putschen«. »Die Gruppe um Haider entwickelte zwei Szenarien, ein sanftes und ein brutales, die Vorzugsvariante.« Dies bedeutete, »Haider gegen Steger in eine Kampfabstimmung (zu) schicken«:

> »Doch ausgerechnet Jörg Haider zeigte im darauffolgenden Innsbrucker Kampfgetümmel Schwächen. (...) Gugerbauer: ›Jörg Haider war schon bereit aufzugeben.‹ Da marschierte der damals 36jährige ans Rednerpult. ›Wie ein Panzer ist er da auf das Ziel losgefahren‹, so Volker Winkler ...« (Profil Nr. 19/07. 05. 90, S. 14 ff.)

Abschließend wirft der Autor in diesem Artikel noch einen Blick auf die Freundschaft bzw. Rivalität zwischen den beiden Verschwörern in ihrer Jugendzeit. Dabei werden Gemeinsamkeiten aber auch Gegensätze der jugendlichen Politiker herausgearbeitet. Sie werden als Kontrahenten in mehreren Redewettbewerben dargestellt, wo sie abwechselnd als Sieger und Verlierer hervorgingen. Diese mediale Aufarbeitung der »Rededuelle« diente dem Autor dazu, dem Leser den Kitzel eines weiteren Zweikampfes in Aussicht zu stellen, bei dem es wahrscheinlich neuerlich ums politische Überleben gehen würde.

> »Die Jugend im nationalen Oberösterreich verbindet Norbert Gugerbauer mit Jörg Haider (...) Sie turnten gemeinsam und ritterten etwa 1966 gegeneinander in Redewettbewerben des Turnerbundes. (...) Irgendwann könnte das ungleiche blaue Duo - hier der Stimmungspolitiker, dort der Kalkulant - auch gegeneinander zu marschieren beginnen. (...) Norbert Gugerbauer wird sich auf Dauer sicherlich nicht mit dem Part des zweiten Mannes im freiheitlichen Staat zufrieden geben.
> Jörg Haider versucht gleichzeitig, zu blocken und zu locken. ›Wenn sich das abzeichnen würde‹, meint der Kärntner Landeshauptmann, ›wenn das realistisch wäre, dann hätte ich mich sicher nicht für die Gugerbauer-Lösung entschieden.‹ Andererseits: Sollte sich die Nachfolgefrage einmal stellen, dann ginge sie ›in diese Richtung‹.«
> (Profil Nr. 19/07. 05. 90)

Der Autor spielt mit der Lust des Lesers, nach der »geheimen Kommandosache: Der Fall Steger«, ein neuerliches politisches Gemetzel miterleben zu dürfen. Nach dem Motto: Wer ist Haiders nächstes Opfer? Ganz in diesem Sinne endet der

Artikel mit dem Zitat Haiders, der dieses Duell für den Fall ankündigt, falls Gugerbauer die erste Position in der FPÖ anstreben würde: »Sollte sich die Nachfolgefrage einmal stellen, dann ginge sie ›in diese Richtung‹.«

Ähnliche Phantasien eines sehr ›kriegerischen Duells‹ zwischen Jörg Haider und Norbert Steger findet man auch in einem Artikel der Wochenpresse - Titel: »Der Putsch« (Wochenpresse Nr. 38/16. 06. 86). Darin kann man von einer »mörderischen Schlacht« lesen, die zu einem »totalen Umsturz« führte: »Das Präsidium war leergefegt. Einzig Jörg saß auf dem Sessel von Norbert Steger und festigte seinen in einem vierzehnstündigen Kampf eroberten Sieg binnen Minuten.« Weiter unten kann man lesen, daß »der ums politische Überleben Kämpfende (Steger) Jörg Haider anfleht ...«, was aber nichts half, da der »Steger-Liberalismus« mitsamt seinem Freundeskreis »weggesprengt« wurde.

Die hinter diesem Schauspiel stehende Faszination (oder Abscheu) an diesen Szenen ist die Faszination am Töten, das auf der politischen Bühne mithilfe medialer Unterstützung symbolisch ausagiert wird. Diese ›Lust an der Gewalt‹, die Lust, in der Phantasie daran teilzuhaben, erleben wir allabendlich vor unseren TV-Bildschirmen und in den Kinos. Jörg Haider gelingt es mittels medialer Unterstützung, diese Bilderwelt der Gewalt auf die politische Bühne zu zaubern und dort seinen Interessen dienlich zu machen.

»Spiel mir das Lied vom Tod ...«

Wir möchten dies nun anhand eines weiteren Artikels im Profil veranschaulichen, in dem der Autor die ausweglose Situation des ehemaligen ÖVP-Landesparteiobmannes Harald Scheucher gegenüber Jörg Haider vor der Landtagswahl in Kärnten schilderte. Harald Scheucher

> »möchte so gerne ein flotter Mundwerksbursche und so selbstbewußt wie Jörg Haider sein. Und wirkt doch nur wie ein angestrengter Epigone, ganz gewiß aber nicht wie ein Durchreißer, der gegen den mächtigen Mitbewerber bestehen kann.« (Profil 23. 01. 89, S. 22)

Was für unsere Arbeit aber noch wichtiger ist, kommt am

Beginn des Artikels zur Sprache. Dabei wird auf ein Video aus der Wahlwerbung der ÖVP Bezug genommen, in dem die Tötungsphantasie wie in einem Ausschnitt aus einem Kriminalfilm geschildert wird. In dramatischer Weise verdichtet sich hier bis ins Detail ein Szenario, das wir zur Untermauerung der These vom Vorhandensein der Tötungsphantasien nicht besser arrangieren hätten können. Das Stück mit dem Titel »Scheuchers Lied vom Tod« handelt von einem Menschen mit der Aufschrift »Parteibuch«, der kaltblütig erschossen wird.

> »Aus den Lautsprechern dröhnt die Titelmelodie aus ›Spiel mir das Lied vom Tod‹. Ein Mann mit der Aufschrift ›Parteibuch‹ rennt über die Bühne und bricht zusammen, als ein Schuß knallt. Blutrote Farbe spritzt, das Opfer wird weggezerrt.
> Einige tausend Menschen haben diese makabre Szene knapp eineinhalb Jahre nach dem Attentat auf Leopold Wagner beim Wahlkongress der Kärntner Volkspartei Mitte Jänner in der Klagenfurter Messehalle mit gemischten Gefühlen verfolgt. Gemeint war mit dem Abschuß die rote Vorherrschaft, aber ›Das Lied vom Tod‹ könnte durchaus auch für Harald Scheucher gespielt worden sein.« (Profil Nr. 4/23. 01. 89, S. 22 ff.)

Die Formulierung »... als ein Schuß knallt« läßt darauf schließen, daß der Täter nicht gezeigt wurde, was dem Zuseher erleichtern würde, sich in diese Rolle zu versetzen. Höchst interessant hinsichtlich der Beziehung von fiktiver und realer Gewalt ist die Assoziation zum Attentat an Leopold Wagner. Auch im Zusammenhang mit der bereits formulierten These vom ›symbolischen Vatermord‹ gewinnt die assoziative Verbindung mit dem Attentat auf den ehemaligen ›Landesvater‹ Leopold Wagner an Interesse. Die zwiespältige Haltung vieler Menschen in bezug auf das Attentat und den darauffolgenden Prozeß, der für den Attentäter ein überraschend mildes Strafausmaß erbrachte, wurde beispielsweise in einem unserer Forschungsinterviews angesprochen. Die Gesprächspartnerin von Hannes Krall, die ihrer Aussage nach vorher Leopold Wagner gewählt hat und nun auf der Seite Jörg Haiders steht, vergleicht die beiden Politiker und hebt Haiders Jugend hervor:

> »Der Wagner, schau: Was war denn mit dem Wagner? Warum ist er denn ang'schossen worden? Muß doch was nicht gestimmt haben mit die Parteibüchl oder was man so hintennach ... Ich hab zum Beispiel g'sagt, mein Gott, daß man den

> Landeshauptmann Wagner - der ist mir echt sympathisch -, daß man den gleich so anschießt. Ja, der hat das schon ... dem hat das gebührt, dem Wagner. Nein, der Haider ist schon richtig.«

Obwohl in der Öffentlichkeit das Attentat an Landeshauptmann Wagner verurteilt wurde, schien es doch so etwas wie eine Zustimmung und heimliche Freude von großen Teilen der Bevölkerung zu geben, welche ein Nährboden für die später noch offenere Attraktivität von Django- (oder »Robin-Hood«-) Inszenierungen gewesen ist. Es gab einen Witz, der zu dieser Zeit erzählt wurde. Darin wurde Leopold Wagner für das Attentat selbst verantwortlich gemacht, da er Bittsteller zumeist mit dem Satz begrüßt haben soll: »Schieß los!« Rieser habe das nur etwas zu wörtlich genommen.

Das Bedürfnis vieler Menschen, erfahrene Unterdrückung auf eine Person zu konzentrieren, an der man sich gewaltsam rächen kann, ist dabei auch eine wesentliche Grundlage für die von Jörg Haider auf der politischen Bühne inszenierte Gewalt, mit der er symbolisch zu vollziehen scheint, was Franz Rieser in die Tat umsetzte.

Auffällig ist die seltsam-offene, aber für viele sozialdemokratische Anhänger in Kärnten sehr typische Ambivalenz gegenüber dem langjährigen Landesfürsten im obigen Zitat. Dieselben Leute, die Wagner mehrheitlich wählten, ihn »echt sympathisch fanden«, hassen ihn - und wohl auch sich - wegen der damit offensichtlich verbundenen Unterwerfung. Die »Identifizierung mit dem Angreifer« war nur sehr bruchstückhaft gelungen. Man wartete gewissermaßen auf die befreienden Schüsse. Dieses politische Klima wird in dem oben zitierten Artikel sehr deutlich, in dem sowohl die kollektive Tötungsphantasie als Rache für die durch das »Parteibuch« (Jörg Haider: »Folterwerkzeug«) symbolisierte Unterdrükkung, als auch das von Jörg Haider geliebte Westernszenario (»Spiel mir das Lied vom Tod«) angesprochen werden. Obwohl die kollektive Phantasie vom Schuß-Attentat von den ÖVP-Werbestrategen auf die Leinwand gebracht wurde, meint der Autor des Artikels, daß das Lied vom Tod durchaus auch für Harald Scheucher gespielt worden sein könnte. Dazu ein ÖVP-Funktionär, der an anderer Stelle zitiert wird: »Scheucher wird als Einzelkämpfer ohne Hausmacht alleingelassen. Die meisten warten im sicheren Schützengraben darauf, bis er erschossen wird.« (Profil Nr. 4/23. 01. 89, S. 22 ff.). Wo der Täter zu finden ist, wird nicht nur am Schluß des Artikels dargelegt: »Setzt sich Haiders FPÖ am 12. März vor die Volkspartei (...). Dann werden wohl Scheuchers Tage gezählt sein.«

In seiner politischen Inszenierung schafft Jörg Haider eine Bühne, auf der viele Menschen über Identifikation mit einem politischen Vorbild ihre aggressiven Triebwünsche gegen Autoritäten, denen sie sich ansonsten unterwerfen, stellvertretend agieren lasssen können. So betrachtet haben die Auftritte Jörg Haiders als »Robin Hood«, der die Mächtigen vom hohen Roß holen will, auch stabilisierende Wirkung für viele im grauen Alltag Frustrierte, deren direkte Aggressivität ihr reibungsloses Funktionieren im Geflecht beruflicher und privater Anforderungen und Zwänge beeinträchtigen würde. Es werden andere Möglichkeiten der Artikulation gesucht. Die ständige Aufforderung zur Selbstdisziplin und Selbstkontrolle und das Tabu der Aggressivität in unserer Gesellschaft - es sind immer die anderen aggressiv - bewirken auch, daß die Diskussion über dieses Thema meist moralisierend am Beispiel von Randgruppen - Fußballrowdies, Skinheads usw. -, problematisiert wird, die wir uns dafür umso ausführlicher anschauen dürfen. Wie Jörg Haider in plastischen Bildern unsere Aggressivität zum Ausdruck bringen kann, läßt sich auch sehr anschaulich in einem Artikel des »Römer« verfolgen, aus dem wir abschließend zitieren möchten. »Jörg Haider, der Politschreck«, lautet der Titel.

> »Seine Fans vergöttern ihn. Seine politischen Gegner fürchten und hassen ihn und fragen sich verzweifelt: ›Blaue Hunde wollt ihr ewig siegen?‹ (...) Mit harter psychologischer Hand versteht es der Mann aus dem Bärental seine Meute in Schach zu halten und das - UND NUR DAS - zu tun, was er für gut und richtig hält.« (Römer Nr. 2 4/5 1990, S. 18 ff.)

Jörg Haider als »der Herr der Hunde«, wie er in diesem Artikel genannt wird, erinnert ein wenig an die Besitzer der gefährlichen Kampfhunde, die seit etwa zwei Jahren nicht nur in Österreich für Aufregung sorgen. Die Killerhund-Debatte in den Medien ist teilweise auch eine symbolische Verschiebung der Debatte darüber, wie in einer Gesellschaft des freigesetzten Sozialdarwinismus, der rücksichtslosen »Besitzer«, mit der Aggressivität und unseren Tötungsimpulsen umgegangen werden soll.

»Apokalypse blau ...«

Wir haben versucht darzulegen, daß sich die Faszination von Jörg Haider zu einem beträchtlichen Teil auf seine Fähigkeit gründet, personenbezogene Gewaltphantasien (Tötungsphantasien) der Menschen auf der politischen Bühne zu inszenieren. Wir gehen nun einen Schritt weiter und zeigen anhand von einigen Zitaten, daß es Jörg Haider gelingt, noch globalere destruktive Wünsche in der Psyche des Menschen anzusprechen und in der Phantasie zu entladen. Dabei gehen wir gemeinsam mit dem Psychohistoriker Lloyd de Mause von der Auffassung aus, daß die in der politischen Öffentlichkeit stehenden Personen, die »Führer« als »Container«* für die Gefühle der Menschen benützt werden. Dementsprechend hat Lloyd de Mause am Beispiel Ronald Reagan dargestellt, wie dieser mit seiner Politik der Kürzungen im Sozialbereich bei gleichzeitiger militärischen Aufrüstung und der damit verbundenen aggressiven Außenpolitik die Selbstreinigungswünsche einer sich von Konsumismus »vergiftet« fühlenden Bevölkerung und den Ruf nach sichtbaren Opfern inszeniert hat.

Seit dem Sturz Norbert Stegers am Innsbrucker Parteitag und der Übernahme seines Amtes durch Jörg Haider kam es im Fernsehen und in den Zeitungen mehrmals zu Berichterstattungen, die Jörg Haider mit Hitler und dem Nationalsozialismus in Verbindung brachten. Diese Assoziationen tauchen in den Medien oft als Schreckensvisionen auf, in denen Jörg Haider bildlich in die Nähe von Szenen aus dem Zweiten Weltkrieg gebracht wurde.

In einem Artikel des Profil, der den Titel »Apokalypse blau« trägt und über den Wahlsieg Jörg Haiders am Innsbrucker Parteitag berichtet, steht die Anlehnung an den Titel des Vietnamfilms »Apocalypse now« noch im Dienste der Parodie.

> »Begonnen hatte Apokalypse blau am Montag der Vorwoche, als der von Jörg Haider lange herbeigeredete Ruf der Partei an ihn in Gestalt des Salzburger Landtagsabgeordneten An-

---

* Lloyd de Mause, a. a. O., S. 18.

dreas Eisl erging. Der Milchbauer forderte den lieben Jörgl brieflich auf, gegen Norbert Steger zu kandidieren.« (Profil Nr. 38/15. 09. 86, S. 25)

Im folgenden Beispiel eines Artikels im Wiener wird es mit der Ankündigung des Untergangs durchaus ernst. »Unglaublich - Haider plant die Dritte Republik« liest man auf der Titelseite, und im Inhaltsverzeichnis folgt der Zusatz: »Der FPÖ-Chef verrät, wie er das jetzige System zerschlagen will.« Im ersten Moment läßt der Ausruf »Unglaublich« und die Assoziation zum Dritten Reich aufschrecken. Keineswegs beruhigend wirkt die Überschrift im Blattinnern: »Haiders Kampfansage - Die Dritte Republik.« Am Beginn des Artikels wird ein Zusammenhang zwischen dem 12. März 1989 (Landtagswahlen in Kärnten) und dem 12. März 1938 (Einmarsch deutscher Truppen) hergestellt.

> »Seit seinen gigantischen Wahlerfolgen am 12. März ist der FPÖ-Chef nicht mehr zu bremsen. Für ihn ist die Zweite Republik zu Ende. (...) ›Dieser 12. März 1989 ist ein historisches Datum. An diesem Tag hat die Dritte Republik begonnen.‹ Ein braungebrannter Jörg Haider, dem man die Strapazen des vergangenen Superwahlkampfes so gar nicht ansieht, lehnt sich zurück und spricht ein großes Wort gelassen aus. Immerhin war der 12. März schon einmal ein historisches Datum, ein sehr trauriges noch dazu, als nämlich an diesem Tag im Jahr 1938 die deutschen Truppen in unser Land einmarschierten. (...) Haiders Dritte Republik ›ist eine Kampfansage an die Großparteien, an die Kammern, an die Verbände und Institutionen, an den Staat schlechthin und zum Teil auch auf dessen Verfassung‹.« (Wiener 4/1989, S. 13)

Diesem Spiel mit der Angst vor dem Dritten Reich bei nachfolgender Beruhigung, daß es noch nicht so weit sei, begegnet man auch in einem Artikel des Profil, dessen Titel mit einem in Klammern gesetzten Fragezeichen versehen ist: »Weimar in Wien (?).« In diesem Artikel findet eine ständige Pendelbewegung in der Frage statt, ob Jörg Haider nun eine Art Nachfolger Hitlers sei oder nicht. Einmal wird Jörg Haider mit Joseph Goebbels verglichen, dann wird gesagt, daß sich dort, wo Jörg Haider spreche, sofort eine Hetzmasse bilde, deren Ziel es gemäß einem Zitat von Elias Canetti sei, gemeinschaftlich zu töten. Auch andere Vergleiche werden gezogen und schließlich immer wieder entkräftet nach folgendem Muster:

»Schießt doch eine Weimarer Analogie nicht weit über das Ziel, greift man hier nicht zu Kanonen, um Spatzen zu erlegen? Mag sein. Der junge Draufgänger Jörg Haider und die Totengräber der Weimarer Demokratie haben sicherlich nicht allzuviel gemeinsam. Dennoch, das Traktat aus dem Jahre 1931, befreit von seinem verstaubten Pathos, zeigt, tendenziell, erschreckende Ähnlichkeit zur österreichischen Revolte des Jahres 1986. Haider plant bestimmt nicht jene ›Revolution von rechts‹, er könnte allerdings einer verhängnisvollen Wende entgegenkommen.« (Profil Nr. 49/1. 12. 86)

Das gleiche Muster findet sich in einem weiteren Profilartikel. Darin werden die von einem Historiker gezogenen Vergleiche mit Hitler zitiert, die sofort wieder abgeschwächt werden: »Natürlich ist ›der Mann, mein Gott, kein Hitler‹.« Trotzdem wird aber wieder in Aussicht gestellt, daß eine ähnliche Katastrophe wieder passieren könnte:

»Man kann den Niedergang eines in seiner Legitimität verunsicherten politischen Systems so lange herbeireden, bis es in den Augen der Mehrheit tatsächlich brüchig ist. Das war so vor bald 60 Jahren in Weimar. ›Armes System‹, hatte Joseph Goebbels 1932 ironisch in sein Tagebuch notiert. Und das scheint nun auch wieder der Fall zu sein.« (Profil Nr. 20/16. 05. 89, S. 18 ff.)

Wir wollen hier nicht die Nähe der Wortwahl Jörg Haiders zur NS Diktion (»Am Kärntner Wesen könnte diese Republik genesen«, »Schädlingsbekämpfungsmittel«, »ordentliche Beschäftigungspolitik« im Dritten Reich usw.) bagatellisieren und übersehen, daß dies willkommene Stichworte sind, hinter denen sich politische Gruppierungen formieren könnten, die unter der von Jörg Haider proklamierten »Erneuerung Österreichs« durchaus ihre eigenen Vorstellungen haben. Worauf aufmerksam gemacht werden soll, ist ein Phänomen im Umfeld dieser Inszenierung. Wir glauben, daß mit den NS-Assoziationen sowohl bei Anhängern als auch bei Gegnern von Haider eine Art ›Angstlust‹ verbunden ist, die sich durch ein ›NS-Gespenst‹, mit dem man sich selbst und andere erschrekken kann, leicht stimulieren läßt. Mit dem durchaus auch lustvollen Gruseln spekuliert z. B. der Autor des angesprochenen Artikels, wenn er schreibt:

»Am Höhepunkt seiner Macht, in den späten dreißiger Jahren, höhnte Adolf Hitler einmal in Richtung jener, die lange Zeit

> seine Welteroberungspläne als lächerliche Luftschlösser eines Münchner Don Quichotte abgetan hatten: ›Wer hat nun recht gehabt? Der Phantast oder die anderen? Ich hab recht gehabt.‹ Fünfzig Jahre später triumphiert Jörg Haider, zugeschnitten auf die österreichischen Verhältnisse. ›Alle haben gelacht, als ich 1984 in Kärnten gesagt habe, wir werden die zweitstärkste Partei werden.‹ (...) Mit der Hartnäckigkeit, mit der er in Kärnten seinen Traum verwirklichte, wird er sich wohl bald der Machtergreifung auf Bundesebene zuwenden.« (ebd.)

Das Spiel mit der ›Angstlust‹, bei der vorgestellten Rückkehr des ›Bösen‹ findet in der alltäglichen Filmwelt in Titeln wie »Graf Dracula kehrt zurück« seine Entsprechung. In der Welt der Karikatur wurde uns ja Haider auch schon als Dracula vorgestellt. Der doppelte Aspekt der ›Angstlust‹ - einerseits fürchtet man sich vor dem bedrohlichen Ereignis, andererseits wünscht man es sich als Erregungsquelle herbei - liegt vielen erfolgreichen Kinofilmen zugrunde. Der Doppelaspekt wird etwa am Beispiel des bekannten apokalyptischen Filmdramas der 80er Jahre »Der Tag danach« ersichtlich, in dem ein atomarer Weltkrieg und dessen Folgen in liebevollen Details auf die Leinwand projiziert wurden. »›Tag danach‹ in der Kärntner Arbeiterkammer« lautet auch der Titel eines Artikels, der sich mit der von Jörg Haider in die politische Diskussion eingebrachten »Zwangskammer« auseinandersetzt. Während die FPÖ für die unbedingte Abschaffung der »Zwangsmitgliedschaft« eintrete, warnt der Fraktionssprecher des ÖAAB: »›Das System nicht zu zerschlagen, sondern zu verbessern ... Die lautlose Katastrophe im Kammerstaat‹ dürfe sich nicht fortsetzen.« (Kleine Zeitung 1. 11. 1990, S. 6)

Standen der Schock und die Fassungslosigkeit des Kinopublikums bei der Rezeption jenes Weltuntergangsfilmes im Vordergrund, so konnte doch die Faszination durch die totale Zerstörung, die sich in der Ästhetik der farbenprächtig nacheinander aufkeimenden Atompilze niederschlug, kaum geleugnet werden. Natürlich ist man dann wieder froh, wenn man während des Schweigemarsches beim Verlassen des Kinos feststellen kann, daß außerhalb des Kinos der Alltag in gewohnten Bahnen verläuft und auch das Gedränge und Gehupe an der Straßenkreuzung angesichts der ›miterlebten‹ totalen Katastrophe beinahe beruhigend wirkt.

Die vorgeschobene kritische Position gegenüber dem atomaren Rüstungswettlauf, der drohenden Katastrophe entlarvt sich als lukratives Geschäft mit der ›Angstlust‹ und bietet eine ausgezeichnete Rationalisierung dafür, beim Untergang einmal ›live‹ dabei sein zu dürfen. So sind die nukleare Aufrüstung der 80er Jahre und der Film »Der Tag danach« psychologisch gesehen nur zwei verschiedene und keineswegs gegensätzliche Spielarten desselben Phänomens: eines lustvollen und gleichzeitig angstauslösenden Spiels mit der eigenen verdrängten Aggressivität, die sich sowohl in der realen Bedrohung durch Atomwaffen als auch in den Bildern auf der Leinwand ausdrückt. In dem scheinbaren Widerstreit von ›Antiatomkriegsfilm‹ und realer Bedrohung durch Kernwaffen ist die Frage nach den Ursachen der so reich bebilderten Aggressivität verdeckt. Unsere Kultur ist, wie der Philosoph Sloterdijk sagt, durch und durch katastrophil. Die katastrophilen Wünsche sind nur stark zensuriert, etwa nach dem Muster eines Traumes, in dem ein emotional positiv besetztes Objekt, sagen wir das Elternhaus, zerstört wird. Im Traum kann das so erlebt werden, daß das Elternhaus von außen, von anderen in Brand gesteckt wurde und man selbst aufgrund irgendwelcher Behinderungen »leider« nicht in der Lage ist, den Brand zu löschen oder die Feuerwehr zu verständigen. Dies drückt aber nur die eigenen aggressiven Anteile gegenüber dem im Traum zerstörten Objekt aus, die der Träumer sich nicht eingestehen darf.

In vergleichbarer Weise sprechen die im Zusammenhang mit Jörg Haider in den Medien ausgesprochenen Untergangsphantasien eigene destruktive Wünsche an, deren mögliche Umsetzung in die Realität zwar lustbesetzt ist, gleichzeitig aber auch Ängste auslöst, die abgewehrt werden. Und auch hier kann der betonte Gegensatz zwischen Jörg Haider, der von ihm verkörperten angeblichen Bedrohung durch ein mögliches Wiederauferstehen des Dritten Reiches und seinen ›kritischen Betrachtern‹, die in der Phantasie ebenso lustvoll am Untergang basteln, die Frage nach den Ursachen dieser anschaulich gewordenen Aggressivität verdecken. Diese entstammt den überschießenden Rache- und Vernichtungsimpulsen im ›Überlebenskampf‹ des von Jörg Haider so oft zitierten ›kleinen Mannes‹. Wenn diese Welt uns schon so demütigt und enttäuscht, dann soll »der ganze Laden in die Luft gehen«.

Die Dämonisierung Haiders ist selbst Ausdruck der katastrophilen Tendenz in der österreichischen (und europäischen) Kultur, die ihm eher in die Hände arbeitet. Mit unserer Studie wollen wir darauf hinweisen, daß die Wirksamkeit von Haider nicht auf unbegreiflichen dämonischen Qualitäten, sondern auf eher banalen psychologischen Mechanismen beruht.

»DIE ZWANGSKAMMERN« – KAMPF DEN ÖFFENTLICHEN INSTITUTIONEN

In diesem Kapitel möchten wir jenen Teil der politischen Inszenierung von Haider darstellen, in dem er in der Rolle des »kleinen Mannes« den übermächtigen öffentlichen Institutionen gegenübertritt und ihnen verbal kräftigen Widerstand bietet. Der von ihm dabei inszenierte ›symbolische Sozialismus‹ entspricht dem Befreiungswunsch, nicht länger Diener unterdrückender, anonymer Strukturen zu sein. Darüberhinaus soll deutlich werden, daß der »totalen Kampfansage an die Großparteien, an die Kammern, an die Verbände und Institutionen« (Wiener 4/1989, S. 13) der Versuch zugrunde liegt, die in anderen gesellschaftlichen Bereichen tabuierte Unterdrückung, Ausbeutung und Kontrolle des Individuums ausschließlich am Beispiel der öffentlichen Institutionen zu verdichten und stellvertretend abzuhandeln. Die überzeichnete Kritik an den öffentlichen Institutionen und die damit verbundene Tabuisierung des privaten Unternehmertums und der in die Marktwirtschaft eingebauten Korruptions-, Ausbeutungs- und Überlistungsmechanismen sind somit zu einem großen Teil Resultat einer Verschiebung, die es erlaubt, stellvertretend an den öffentlichen Einrichtungen, die im Arbeits-, Wohn- und Wirtschaftsalltag erfahrenen Demütigungen zu kompensieren.

»Die Gauner der Republik unter dem Deckmantel der Universität und Wissenschaft oder sonstiger Institutionen ...«

In seinen Wahlreden bekräftigt Haider, daß sich das »System« ändern müsse, da es den »Normalbürger« gegenüber einigen wenigen »roten und schwarzen Funktionären« benachteilige. In diesem Staat sei von der Vergabe der Stellen und Wohnungen bis hin zur Kultur und dem Sport alles »parteipolitisch durchsetzt« und von einer »exzessiven Parteibuchwirtschaft« der »alten Parteien« bestimmt. Alleinige Nutznießer dieses »Systems« seien die »roten und schwarzen Funktionäre«, die aus der Nation einen »Selbstbedienungsladen zum Nulltarif« gemacht hätten. Aber nicht nur den »alten Parteien«, sondern auch anderen Institutionen hat Jörg Haider den Kampf angesagt: Arbeiterkammer, Sozialversicherungsanstalten, ORF, Universität, Schiverband, um nur einige zu nennen.

Im folgenden Zitat aus der Antrittsrede von Jörg Haider wird den »Gaunern der Republik«, »die unter dem Deckmantel der Universität und Wissenschaft oder sonstiger Institutionen« agieren würden, »das Handwerk gelegt«.

> »Jenen, die die Volksgruppenfrage immer als Vehikel für ihre radikalen Ideologien und ihren extremistischen Wanderzirkus mißbrauchen wollen, oder die unter dem Deckmantel der Wissenschaften oder sonstiger Institutionen Zwietracht zwischen Mehrheit und Minderheit bringen wollen, werden wir das Handwerk legen.« (Profil Nr. 23, Juni 1989, S. 26)

Die Drohgebärde, die in diesem »werden wir« ausgedrückt wird, kommt auch im nächsten Zitat vor, bei dem der Landesschiverband kritisiert wird:

> »Daß die vom Landesschiverband bei uns in Kärnten die Subventionen kassieren und dann nach Salzburg zum Training fahren, werden wir uns einmal genauer anschauen ...« (Profil Nr. 51/52, 18. 12. 1989, S. 22)

Am Beispiel des von Jörg Haider in die politische Diskussion eingebrachten Begriffes der »Zwangskammer« und der damit verbundenen Kritik an den Berufsvertretungen in Österreich, die in sogenannten »Kammern« organisiert sind, soll die von Jörg Haider angebotene Verschiebung des im Alltag erfahrenen Zwanges auf diesen Bereich nachgegangen und das in der politischen Inszenierung enthaltene Versprechen der »Befreiung« genauer analysiert werden.

»Die Zwangskammern«

Die in dem von Jörg Haider inszenierten ›Kampf den öffentlichen Institutionen‹ enthaltenen Drohungen antworten auf die im Alltag erfahrene Benachteiligung, Unterdrückung und Ausbeutung der »kleinen Leute«. Das läßt sich am Thema des »Zwangs« in der politischen Auseinandersetzung leicht nachvollziehen. Das Wort »Zwang« wurde in den letzten Jahren von unterschiedlichen Gruppen an verschiedenste politische Themen geknüpft, die auf diese Weise emotionalisiert wurden. So spitzte sich zum Beispiel der Streit um das sogenannte »Pädagogenmodell« in Kärnten, demzufolge deutschsprechende Kinder von den zumeist zweisprachigen Kindern (slowenisch-deutsch) in den wesentlichsten Unterrichtsfächern getrennt unterrichtet werden sollen, auf die vom KHD und der FPÖ Kärnten in ihrem Volksbegehren gebrauchten Formel zu: »Kärntner unterschreibst Du nicht, droht slowenischer Zwangsunterricht!« Als Alternative zum »Zwangsunterricht« wird das sogenannte »Elternrecht« befürwortet, wonach die Entscheidung, ob ein- oder zweisprachig unterrichtet werde, den Eltern allein obliegen solle. Die Gegner dieses »Trennungsmodells« hingegen sprachen von dem aus diesen Ideen resultierenden »Bekenntniszwang«, da man sich nun über den Unterricht für die Kinder entweder der zweisprachigen Minderheit oder der einsprachigen Mehrheit zuordnen müsse. Darüberhinaus befürchten sie einen einsprachigen »Zwangsunterricht«, was schon im Titel eines zu diesem Thema erschienenen Buches von Peter Gstettner »Zwanghaft Deutsch« ausgedrückt wird.

Wir wollen uns hier nicht auf die Schuldebatte einlassen, sondern nur auf die Rolle des »Zwangs« in diesem Streit hinweisen. Angesichts der erlebten Erfahrung des »Zwangs« in der eigenen Schulzeit, im nachfolgenden Berufsleben oder bereits vorher als Kind in der eigenen Familie, wird diese eigenartige Zuspitzung in der Frage ›Wer darf wen wozu zwingen?‹ am Beispiel des »Pädagogenmodells« endlich einmal zu einem Thema. Wenigstens hier kann man gegen den sonst so subtilen und alltäglichen (Selbst-) Zwang zur Anpassung und Unterordnung in unserer Gesellschaft aufbegehren und sein Recht (»Elternrecht«) einfordern. Da die dahinterliegenden vielfältigen Ursachen unserer »Zwangserfahrung« nur schwer beim Namen zu nennen sind oder tabuiert bleiben sollen, ist es verführerisch, den komplizierten und teilweise ›stummen‹ Zwang zu personalisieren und damit auf übersichtliche Täter-Opfer-Bilder zu reduzieren. Wenn also Haider vom »Zwang der rot-schwarzen Machtaufteilung« spricht oder vorschlägt, »den Zwang eines viel zu teuer gewordenen bürokratischen Sozialversicherungssystems zurechtzustutzen«, so sind das nicht mehr oder weniger verunglückte Zufallsprodukte hitziger Wahlkampfdebatten, sondern Elemente, die sich in das faszinierende Schauspiel der von Jörg Haider inszenierten, ganz umfassenden ›Befreiung vom Zwang‹ einfügen. Die wollten wir doch schon immer.

»Jeder ist zwangsverpflichtet ...«

Hauptkritikpunkt Haiders am System der Kammern ist die verpflichtende Mitgliedschaft, die Haider in seiner Terminologie als »Zwangsmitgliedschaft« bezeichnet. Der Zwang ist dabei das zentrale Thema, das sich auch in vielen anderen Wortschöpfungen wiederfindet, wie zum Beispiel »Zwangssystem«, »Zwangsbeiträge«, »Zwangsverbände« und ähnliche.

Am Beginn dieses Abschnittes möchten wir einige Zitate aus den Reden Jörg Haiders zu dieser Thematik bringen. Wir beginnen mit einem Ausschnitt aus der Wahlrede in Grafenstein:

> »Wir haben ein perfektes Kammersystem in Österreich: Kein Land hat so viele Zwangskammern wie Österreich. Wir haben für die Bauern eine Landwirtschaftskammer, ob's dich freut oder nicht, weil das ist automatisch von Gesetz her vorgesehen. Und je höher die Einheitswerte sind, umso mehr freuen sich die Kammerfunktionäre, weil dann kriegen sie mehr Kammerumlage in ihre Kassen (...).
> Und das gleiche ist also in der Handelskammer, wo wir das auch wissen, daß keiner heute als Jungunternehmer seinen Betrieb aufstellen darf, bevor er nicht einmal 10.000 Schilling an die Handelskammer bezahlt hat, um eine sogenannte Einverleibungsgebühr zu entrichten, damit er überhaupt wirtschaftlich tätig sein darf. Und daß er, wenn er Arbeiter ist, auch zwangsweise verpflichtet ist, bei der Arbeiterkammer zu sein, und dort brav monatlich von seinem Gehalt die Schilling abzuliefern hat, damit dann die Bonzen und Privilegienritter dieses Geld wieder in die eigenen Taschen hineinfließen lassen können. Und die Rechtsanwälte haben eine Kammer, und die Notare haben eine Zwangskammer. Wo immer man

hinschaut in Österreich, mit Außnahme der Arbeitslosen, der freien Journalisten und der Prostituierten in Österreich, sind alle in Zwangskammern organisiert und es gibt also kein Entrinnen (Gelächter, Applaus).« (Grafenstein 1. 10. 90)

Im Klagenfurter Konzerthaus nahm Haider zu dieser Thematik folgend Stellung:

»Wir sind das einzige Land Europas, das sich den Luxus leistet, Zwangsmitgliedschaften für jeden Staatsbürger zu organisieren. Das ist nicht eine ›Spintisiererei‹ von uns Freiheitlichen, sondern wohin das führt, hat uns in jüngster Zeit der Arbeiterkammerskandal bewiesen. Da brauchen wir keine Argumente mehr. Zwang macht träge, und zwar die Funktionäre träge, und macht sie überheblich, weil sie müssen sich überhaupt nicht anstrengen. Und das ist das, was zu Mißbrauch von Macht führt: In diesem Land muß jeder von Ihnen zwangsweise Mitglied bei irgendeiner Berufsvertretung sein, ohne daß er je gefragt wurde, ob er dort dazutreten will, Mitglied sein will oder Beiträge zu zahlen bereit ist. Jeder ist zwangsverpflichtet mit Ausnahme der Arbeitslosen, der freien Journalisten und der Prostituierten, ist jeder Zwangsmitglied bei irgendeiner Kammer (Gelächter, Applaus).
Und diese Kette der Argumentation läßt sich herunter fortsetzen bis in unseren privatesten Bereich herein. (...) Meine Damen und Herren, in Osteuropa sind die mündigen Bürger mit jenen Funktionären, die sie ausbeuten schon längst abgefahren, nur bei uns sitzen sie noch immer in den Funktionen und haben das große Wort zu führen. (Einige Zuhörer rufen mehrmals »abfahren«) Und daher ist es auch unsere Aufgabe, am 7. Oktober darüber nachzudenken und vielleicht einmal die klare Entscheidung zu bekunden, daß am 7. Oktober den Funktionären von rot und schwarz gesagt wird: Liebe Freunde, der Fasching ist aus, der Ernst des Lebens beginnt für euch ... (Gelächter, Applaus).« (Konzerthaus 18. 9. 90)

»Der Fasching ist aus, der Ernst des Lebens beginnt für euch ...«

In dem Land, das die meisten »Zwangskammern« Europas hat, gäbe es also kein Entrinnen. Alle werden sie ausgebeutet von den »Kammerfunktionären«, »Bonzen« und »Privilegienrittern«: die Bauern, die Jungunternehmer und die Arbeiter, die brav monatlich ihren Beitrag abzuliefern hätten.

In diesem Szenario wird das Bild der »Zwangskammern« in eine Art ›Folterkammer‹ verwandelt, in der die »Funktionäre von rot und schwarz« die Menschen knechten und ausbeuten würden. »Zwangsmitgliedschaft« und »Zwangsbeiträge« gehören somit gemeinsam mit dem »Parteibuch« zum »Folterwerkzeug« der verhaßten »alten Parteien« und ihrer Repräsentanten »von rot und schwarz«. Haider: »Das Parteibuch ist Folterwerkzeug im Land«. (Kärntner Nachrichten 9. 2. 1989, S. 1) Noch schlechter als den »Zwangsverpflichteten« ergeht es aber jenen, die in keinem ordentlichen Beschäftigungsverhältnis stehen und den üblichen Bedingungen der beruflichen »Zwangskammern« nicht unterliegen: den Arbeitslosen, freien Journalisten und den Prostituierten. Besonders im Falle der an den Rand gesellschaftlichen Lebens gedrängten »Arbeitslosen« und »Prostituierten« führt die Tatsache, daß sie nicht den täglichen beruflichen Zwängen ausgeliefert und in »Zwangskammern« organisiert seien, zur Verhöhnung und neuerlichen Ausgrenzung. Die wie nebenbei vollzogene Plazierung der »Journalisten« zwischen den beiden genannten Gruppen zeigt, was Haider und sein Publikum von dieser Art Stand der Intellektuellen halten. Diese Art von unseriöser ›Freiheit‹ will natürlich keiner, daher geht die Botschaft Haiders an die »Zwangsverpflichteten« in eine andere Richtung: Sie können sich befreien und mit ihren Gegnern (»Bonzen«, »Funktionäre« ...) »abfahren«, den Fasching für beendet erklären und den Ernst des Lebens ankündigen.

In diesen Reden gelingt es Haider auf ein tatsächlich bestehendes Problem einer reformbedürftigen Institution hinzuweisen und gleichzeitig diese als Aufhänger zu benützen, um daran das viel grundlegendere Thema das Zwanges in einer hoch organisierten und zur Anpassung zwingenden Gesellschaft abzuhandeln.

Angesichts der Tatsache, daß wir in unserem täglichen Leben oft »gezwungen« werden, irgendwelche Abgaben oder verpflichtende Beiträge zu zahlen, mag es zuerst fragwürdig erscheinen, daß gerade diesen Kammern und speziell der Arbeiterkammer so viel Aufmerksamkeit gewidmet wird. In einem Interview, in dem ein Gesprächspartner unseres Interviewers Hannes Krall auf den »Arbeiterkammerskandal«

zu sprechen kommt und sich über die »Zwangsmitgliedschaft« und die Ausbeutung durch die Funktionäre beklagt, kommt dies sehr schön zum Ausdruck.

H. K.: Sind Sie Zwangsmitglied?
Huber: Nein, weil ich bin Beamter.
H. K.: Dann sind Sie gar nicht davon betroffen?
Huber: Ja, macht ja nichts. Ich seh' ja nicht ein, daß die Arbeiter bezahlen sollen für etwas oder für Leute, die sie gar nicht vertreten und die immer nur auf den eigenen Sack schauen.
H. K.: Was glauben Sie, was da ein Arbeiter fühlt, wenn er da Zwangsmitglied sein muß?
Huber: Meiner Meinung nach nicht wohl, weil ... aber komischerweise hat sich bis jetzt noch kein Arbeiter aufg'regt. Bei der Kirchensteuer, da regen sich alle auf, weil das abgezogen wird. Aber da hat sich bis heute eigentlich noch keiner aufgeregt.

Wenn er schon selbst kein »Zwangsmitglied« ist und sich auch die betroffenen Arbeiter nicht als solche fühlen, kann angenommen werden, daß sich seine Erregung in dieser Sache auch hier aus einer anderen Quelle nährt. Konfliktstoff aus anderen gesellschaftlichen Bereichen, der aus irgendwelchen Gründen nicht wahrgenommen werden kann und abgewehrt werden muß, wird hier auf den »Zwangsverein« Arbeiterkammer verschoben. Bei der genaueren Betrachtung dieses von Jörg Haider im öffentlichen Bewußtsein aufgebauten Szenarios der »Zwangskammern« muß man sich konkret mit jenen Erfahrungen der Menschen in unserer Gesellschaft auseinandersetzen, auf deren Basis es Jörg Haider gelingt, dieses Thema so zu emotionalisieren. Darüberhinaus muß die Rolle jener »Bonzen« in der Arbeiterkammer, »die immer nur auf den eigenen Sack schauen«, eingehender betrachtet werden.

»Ich hab mich immer unterdrückt gefühlt, immer!«

Der Zusammenhang von Zwang und einer privilegierten Funktionärsschicht soll durch folgendes Interview (St. Filippen 24. 09. 90) noch zusätzlich veranschaulicht werden, indem dafür die Begriffe »Diktatur« und »Volksbestehlung« verwendet werden:

H. K.: Was halten Sie von der heutigen Parteiveranstaltung, von der ...?

Rath: Super, also ich hab noch nie sowas Vernünftiges gehört ...

H. K.: Was speziell?

Rath: Überhaupt die ganzen Punkte, die er gesagt hat. Ich muß ehrlich sagen, sowas hat man in Österreich noch nie g'hört. Wirklich, bis jetzt hat man ja immer nur viel ›Wau Wau‹ g'hört ... und das mit dem Stehlen, das hat er ja wirklich ... das sind ja alles Tatsachen (...). Ich meine die Volksbestehlung, was die machen. Sich selber die Privilegien geben und sich selber da die Gehälter aufbauen und so weiter, in der Richtung. Ich meine, ich muß ehrlich sagen, das ist der erste Landeshauptmann oder der erste Politiker in Österreich in die 61 Jahre, aber sowas habe ich noch nicht erlebt. Bis jetzt haben wir immer nur Diktatur erlebt: Nationalsozialismus, dann Sozialismus, und jetzt haben wir endlich einmal Freiheit, das ist alles.

Haider zeige nur die Fehler auf, die gemacht würden. Auch bei der Jugend erkenne man den Wunsch, endlich die Freiheit zu erlangen, jeder wolle frei reden und entscheiden können.

H. K.: Wie erleben Sie persönlich die Diktatur in Österreich?

Rath: Ich, also ich zum Beispiel, ich hab mich immer unterdrückt gefühlt, immer!

H. K.: Können Sie da ein Beispiel nennen?

Rath: Ja, wie soll ich denn sagen, ich war zum Beispiel zehn Jahre in der Landesregierung ang'stellt, habe ich müssen das Parteibuch haben zum Beispiel, und wenn ich da nur irgendein Wort gegen die SPÖ gesagt hätte, dann bin ich schon draußen auch, da war ich natürlich schon draußen ...

Auch dieses Interview spiegelt eine sehr emotionale Auseinandersetzung mit dem Thema Zwang (»Diktatur«) und der Ausbeutung (»Volksbestehlung«) wider. Die Politik von Haider vermittelt dem Gesprächspartner das Erlebnis der Befreiung aus der durch das »Parteibuch« symbolisierten Abhängigkeit in seinem beruflichen Alltag. Haider durchbricht für ihn das Verbot der Rebellion (»... wenn ich da nur irgendein Wort gegen die SPÖ gesagt hätte ...«), die für ihn mit dem Verlust seines Arbeitsplatzes verbunden gewesen wäre (»... da bin ich natürlich schon draußen auch«). Wir glauben zwar, daß diese extremen Formulierungen etwas mit der Verschiebung und Verdichtung einer Fülle von Zwangserfahrungen zu tun haben - sie sollten aber auch jeden Politiker und Anhänger der SPÖ nachdenklich stimmen. Sie spiegeln auch reale Kärntner Verhältnisse wider.

»Ich muß ja der Tradition treu bleiben ...«

Eine andere Quelle des erlebten und auf die Berufsvertretungen verschobenen Zwanges neben den Erfahrungen am Arbeitsplatz, vermittelt das Interview mit einem pensionierten Gewerbetreibenden. Dieser fühle sich zwar auch nicht persönlich betroffen (er sei kein »Zwangsmitglied« in irgendeiner Kammer), hat aber doch die »Errungenschaften der vielfachen Kontrolle, der Zwangsmitgliedschaft« »alle am eigenen Leib bitter verspürt«.

H. K.: Was halten Sie von Jörg Haider und von dem, was er heute gesagt hat?

Gaber: Überwältigend, mitreißend, überwältigend.

H. K.: Was hat Ihnen besonders gefallen?

Gaber: Besonders hat mir die Auslegung der ganzen Funktionäre, der Kammerfunktionäre und der Zwangswirtschaft der schwarzen und roten Regierung gefallen.

H. K.: Sind Sie da persönlich auch irgendwie betroffen?

Gaber: Nein, keineswegs. Ich bin pensionierter Gewerbetreibender und hab diese Errungenschaften, die wir bis heute noch haben, alle am eigenen Leib bitter verspürt.

H. K.: Welche Errungenschaften meinen Sie jetzt?

Gaber: Die Errungenschaften der vielfachen Kontrolle, der Zwangsmitgliedschaft bei den Kammern usw. Alles, was heute erwähnt wurde, habe ich am eigenen Leib mitgemacht, und ich kann die Rede von Haider nur befürworten. Beim Haider eine Versammlung mitzuerleben, ist wirklich ein Erlebnis.

H. K.: Was ist das Besondere an ihm, wenn er spricht? Warum sind die Leute so fasziniert?

Gaber: Die Schlagfertigkeit, die er hat. Er hat eine derartige geschickte Auslegung und mit Humor gewürzt, natürlich auch mit Kraftausdrücken unterstützt, aber das zieht, das kommt an, das kommt beim Durchschnittsbürger wunderbar an, besonders bei denen, die von diesem System bis heute irgendwie mitgenommen wurden oder mitgelitten haben und schwer betroffen sind.

Haider sei eine »Persönlichkeit«, aber trotzdem »locker und leger«, »wie mit einem Freund«. Er werde bewundert, »weil er eine derartige Reife als junger Mensch an den Tag legt«.

H. K.: Er ist Ihnen persönlich nicht zu jung?

Gaber: (Lacht) Nein, durchaus nicht. Sie brauchen ja bloß schauen, die jungen Funktionäre, er reißt damit die Jugend mit. Er reißt überall die Jugend an sich, und er hat ja alles junge Funktionäre drinnen. Und die jungen sind ja die, die wir brauchen, die eine Zukunft erwarten, denn bei den alten Herrschaften ist's ja so: Wenn sie heute einen Roten oder Schwarzen überzeugen wollen, dann sagt der, na ja bittschön, besonders bei den Roten und einfachen Arbeitern ist es so, sagt er: ›Schau, was willst denn, mein Großvater war ein Roter, mein Vater war ein Roter, ich kann ja auch nur ein Roter sein, ich muß ja der Tradition treu bleiben.‹ Da hilft kein Argument und gar nichts, da ist Tradition: Er muß rot sein, weil er, weiß ich, den Beruf hat. Das zieht da nicht mehr bei dieser neuen jungen Organisation.

Die persönliche Einschätzung der Rede Jörg Haiders als »überwältigend, mitreißend, überwältigend« und die starke Emotionalität bei der Schilderung der »vielfachen Kontrolle« und der »Zwangsmitgliedschaft«, was er alles »am eigenen Leib bitter verspürt« habe (vgl. »Folterkammer«), hängen natürlich zusammen. Seine Begeisterung für Jörg Haider leitet sich aus dem Gefühl der Befreiung ab (»Das zieht da nicht mehr bei dieser neuen jungen Organisation«), die Jörg Haider für ihn symbolisch auf der politischen Bühne vor der Kulisse der Berufsvertretungen inszenieren kann. Hinter dem Bild der Zwangskammer wird aber kurzzeitig noch ein anderes Zwangsverhältnis sichtbar:

> »... besonders bei den Roten und einfachen Arbeitern ist es so, sagt er: ›Schau, was willst denn, mein Großvater war ein Roter, mein Vater war ein Roter, ich kann ja auch nur ein Roter sein, ich muß ja der Tradition treu bleiben.‹ Da hilft kein Argument und gar nichts, da ist Tradition: Er muß rot sein, weil er, weiß ich, den Beruf hat. Das zieht da nicht mehr bei dieser neuen jungen Organisation.«

Der im Szenario von Herrn Gaber vorgestellte Zwang erweist sich als ein über die Tradition und die patriarchale Familienstruktur vermittelter. In seinem Beispiel einer Familie, bei welcher der Zwang zur Konformität über die politische Orientierung läuft, mag man aufgrund der auftretenden Emotionen auch eigene biographische Elemente vermuten. Der Sohn müsse so sein wie der Vater und vor ihm der Großvater. Sogar mit guten Argumenten (»Da hilft kein Argument und gar nichts, da ist Tradition«) sei es unmöglich, diesen über Familientradition vermittelten Zwang zur Anpassung zu umgehen. Die Begründung für den Zwang »er muß rot sein, weil er (...) den Beruf hat« hat möglicherweise weniger mit der politischen Ausrichtung des Vaters als mit der Übernahme des Gewerbes vom Vater und der erlebten Abhängigkeit (»vielfachen Kontrollen«) bei Herrn Gaber zu tun. In ähnlichen Abhängigkeitsverhältnissen kann die Ursache für die FPÖ-typische Verdrängung und Verschiebung des Rebellionswunsches gegen den Vater begründet liegen, dessen Realisierung oftmals mit dem Verlust der materiellen Basis von jungen Gewerbetreibenden oder Unternehmern verbunden wäre.

Das mag etwas spekulativ klingen. Aber es ist sicher so, daß die teilweise berechtigte Kritik an den öffentlichen Institutionen erst dadurch so emotional und leidenschaftlich wird, daß es Haider gelingt, die vielfältigen und biographisch hochspezifischen Zwangserfahrungen der Individuen, die sonst kaum einen Namen haben, auf dieses noch relativ ungefährliche thematische Feld zu verschieben. Um sie dort stellvertretend und aggressiv zu bewältigen. Da so die vielen Ursachen der Zwangserfahrung verdeckt bleiben, wird kaum nach einer wirklichen strukturellen und biographisch greifenden Veränderung gefragt, sondern nur nach neuen Themen gesucht, die eine momentane »Befreiung« aus der aufgestauten Wut unter Zuhilfenahme der erlaubten Kritik an den öffentlichen Institutionen ermöglichen.

Der Soziologe Norbert Elias hat in seinem bekannten zweibändigen Werk »Über den Prozeß der Zivilisation«* überhaupt die Entwicklung des modernen Individuums als eine in Richtung auf den »homo clausus«, also eine Art »Zwangskammer-Individuum« beschrieben. Es kommt etwa

---

* Norbert Elias: Über den Prozeß der Zivilisation. 2 Bde, Bern 1969.

mit Beginn der Renaissance zur Entwicklung eines »Selbstzwanges« als Korrelat zur historischen Entwicklung des staatlichen Gewaltmonopols. Elias behandelt anhand von reichem historischen Material den jahrhundertelangen Prozeß der Verinnerlichung von Normen der Sinnlichkeits- und Aggressionskontrolle, welche vor allem als Gebot der Höflichkeit auftreten. In Österreich ist man noch besonders höfisch und höflich und es ist sicher kein Zufall, daß das Haidersche Projekt zur Menschenbefreiung vor allem auch als Unhöflichkeit auftritt. Haider kann sich auf ein sehr breites »Unbehagen in der Kultur« (S. Freud) stützen, ein tiefsitzendes Unbehagen von Menschen über äußere und innere Zwangskammern, in welche ihr Leben eingesperrt ist. Er tritt auf als ein Heiler, der endlich dem eingesperrten Leben gegen die Zwangskammern zur Revolte verhilft.

Nachdem wir versucht haben, die Symbolik der »Zwangskammern« als einen auf die Berufsvertretungen verschobenen Diskurs über den Zwang und die damit verbundene Behinderung individueller Entfaltung zu verstehen, möchten wir uns nun den sogenannten »alten Parteien« zuwenden, deren beliebtestes »Folterwerkzeug« neben dem Instrumentarium der »Zwangskammer« das »Parteibuch« ist.

»Wir scheitern überall dort, wo sich die ›alten Parteien‹ zuviel in unser persönliches Leben einmischen ...«

In der von Jörg Haider inszenierten Verdichtung negativer gesellschaftlicher Erfahrungen auf die unterdrückenden und ausbeutenden öffentlichen Institutionen bieten sich die »alten Parteien«, die schlicht für alle gesellschaftlichen Probleme verantwortlich gemacht werden können, als wiederum optimale Projektionsfläche an. Sollte also der »kleine Mann« irgendwelchen Schwierigkeiten im Leben gegenüberstehen oder Mißerfolg erleben, so weiß Jörg Haider die Ursachen dafür bei den »alten Parteien« und deren Politik zu orten.

> »... es geht darum, zu erkennen, in welcher Situation wir uns befinden: Dieses Österreich ist ein so wunderbares Land, hat so viele Möglichkeiten, hat so tüchtige Menschen, so erfolg-

reiche Betriebe, so großartige Facharbeiter, eine so begabte Jugend, aber wir scheitern überall dort, wo sich die ›alten Parteien‹, die Funktionäre und die Parteibuchwirtschaft zuviel in unser persönliches Leben einmischt und glaubt, dort die Menschen in Abhängigkeit versetzen zu können. Und das ist es, was wir wollen: das Zurückdrängen des Zuviel an Macht, des Zuviel an Einfluß und des zuviel Hineinregierens der politischen Parteien in unser persönliches Leben.«

Weiter unten eine Kritik an der »Bürokratie der großen Koalition«:

»... man hat oft das Gefühl, daß in unserem Land immer an der falschen Stelle bürokratische Kontrollen und Erschwernisse eingeführt werden. (...) Bei unseren Betrieben wird permanent ein neuer Kontrollmechanismus erfunden, und die große Koalition macht da ordentlich mit. Wir haben's heuer wieder erlebt in der Saison: Immer wenn am meisten zu tun ist, wenn die meisten Gäste da sind, wenn die Produktion voll läuft, dann kommt überfallsartig auf einmal die Betriebsprüfung des Finanzamtes daher und filzt den Betrieb durch, dann kommt als nächstes die Gebietskrankenkasse und filzt den Betrieb durch, dann kommt der Arbeitsinspektor, dann kommt der Gewerbeinspektor, jetzt kommt auch noch die Arbeitsmarktverwaltung. Und alle schnüffeln sie in unseren Betrieben herum, so als ob das eine Wärmestube für beschäftigungslose Bürokraten wäre, und nicht ein Bereich, wo man arbeitet und Geld verdienen kann (›Bravo‹, Applaus).« (Grafenstein 01. 10. 1990)

Die zentralen Themen in diesen beiden Zitaten sind die Abhängigkeit und die totale Kontrolle bis in den privaten Bereich. Das aufgrund dieser Umstände erlebte Scheitern der Menschen findet in den »alten Parteien« den willkommenen Sündenbock, auf den die Wut der Menschen gefahrlos projiziert werden kann. Auf diese Weise ermöglicht Haider seinen Anhängern, ihre infantilen Allmachtsphantasien aufrechtzuerhalten. Die Zuhörer werden narzißtisch gekitzelt. Wer zu den »so tüchtigen Menschen«, »so erfolgreichen Betrieben«, zu den »so großartigen Facharbeitern«, zur »so begabten Jugend« gehört, braucht nicht mehr über eigene Anteile am Scheitern von Lebensprojekten oder etwa über das Unsinnige im Projekt der modernen Industriegesellschaft nachzudenken. Am Scheitern und der Vergeblichkeit der Anstrengungen sind andere schuld. Im Gegensatz zu den »alten

Parteien«, die allein Abhängigkeit und totale Kontrolle repräsentieren würden, schildert Jörg Haider ein idealisiertes privates Unternehmen am Beispiel der Fremdenverkehrsbetriebe, die genauso wie die Individuen von den verschiedenen staatlichen Institutionen unterdrückt und kontrolliert würden. Arbeiter, Betriebe, begabte Jugend - alle in einer Kampffront gegen staatliche Kontrollen und Parteienwillkür. Es ist bezeichnend, daß Jörg Haider das Thema der Abhängigkeit und der Kontrolle bis in den persönlichen Bereich nicht am Beispiel des Fremdenverkehrsbetriebes selbst thematisiert, in dem der geregelte Acht-Stunden-Tag und das freie Wochenende wohl zu den seltenen Ausnahmen zählen. Wird hier nicht die erzwungene Anpassung an die Rolle eines ›immer freundlichen und zuvorkommenden‹ Personals und die ständige Kontrolle durch die Vorgesetzten (oder die Gäste selbst) als besonders drückend erlebt? Gibt es hier keinen Druck, Unterwerfung, das Gefühl des Korrumpiertwerdens? Die Frage nach den Arbeitsbedingungen im Fremdenverkehr würde ein zentrales martkwirtschaftliches Tabu brechen und käme daher einem Sakrileg gleich. Bezeichnend dafür ist die Haltung Haiders in bezug auf Forderungen der Gewerkschaft nach einer 5-Tage-Woche im Fremdenverkehr. Diese werden von Haider in ein Verbot uminterpretiert, das die Gewerkschaft gewissermaßen als Diktat den »Tüchtigen« und »Fleißigen« auferlegt: »Es muß wieder erlaubt sein, mehr zu verdienen, und die Leistung muß wieder entdiskriminiert werden«. (Kleine Zeitung 17. 03. 1991) Ebenso in ein Arbeitsverbot uminterpretiert wird die Kritik, die mit dem Begriff der »Zwei-Drittel-Gesellschaft« verbunden ist. Die ursprünglich von »linker« oder »alternativer« Seite problematisierte Ausgrenzung eines großen Teiles der Gesellschaft aus dem Erwerbsleben hört sich bei Jörg Haider so an: »Österreich entwickelt sich zu einer Gesellschaft, in der ein Drittel immer mehr arbeiten muß, während zwei Drittel verboten wird, tüchtig zu sein« (Standard 18. 03. 1991). Ähnlich ›revolutionär‹ wendet sich Jörg Haider »gegen eine willkürliche Schaffung von zwei Klassen von Arbeitnehmern, dies sei der Fall, wenn der Sozialminister eine Krisenregion festlege« (Kurier 9. 04. 1991). Weitere Beispiele für Uminterpretationen sozialpolitischer Forderungen lassen sich leicht finden. Beliebtes Thema war die Forderung nach einem Mindestlohn, der Jörg Haider mit geradezu grotesker Argumentationsweise begegnet:

> »Mindestlohn, Mindestpension ... Ich warte nur, daß man hergeht und uns verspricht, daß alle Österreicher eine Mindestgröße von 1,80 haben werden, daß es eine Mindestlebensdauer von 80 Jahren geben wird, daß es mindestens eine Zweitleber für jeden Trinker geben wird, und daß es ein Mindesthaarkontingent für jeden Glatzkopf in Österreich geben wird, damit also auch diese Dinge alle garantiert werden von der Regierung.« (Villach 01. 05. 1990)

Was auf der bewußten Ebene wie Unsinn anmutet, macht für das Unbewußte der Zuhörer durchaus einen Sinn, der unter die Haut geht. Es wird in der Aufzählung der »Versprechungen«, die Haider von weltfremden Sozialpolitikern erwartet, die Minderwertigkeits- und Stigma-Angst von Leuten angesprochen, die, gemessen an bestimmten Normen, zu klein sind, zuviel Alkohol trinken, nicht genug Haare auf dem Kopf haben - also Minderwertigkeitsängste, unter denen wir tendenziell alle leiden. Die Bedürftigkeit von Mindestlohnbeziehern und Mindestpensionisten bekommt dadurch den Charakter von etwas Minderwertigem, Verachtenswerten, Lächerlichen. Hier wird der emotionale Gehalt des Haiderschen Sozialdarwinismus besonders deutlich; es geht um das »survival of the fittest«; wer dabei als Gewinner gilt, darf nicht nur stolz auf sich sein, sich »großartig« und »begabt« finden, sondern über die Schwachen, Zurückgebliebenen auch noch herzlich lachen. Haider verbündet sich mit unserem Sadismus.

Der von Jörg Haider mit Hilfe eines sinnentfremdeten revolutionären Vokabulars betriebene ›symbolische Sozialismus‹ weiß, wohin man die Themen der Ausbeutung und Unterdrückung verdichten muß, um die heilige Kuh des privaten Unternehmens zu schützen. »Vehemente Kritik« übt Jörg Haider eben nur an der »asozialen Haltung der öffentlichen Hand«: »Es werde niemand der über 40 ist, aufgenommen« (Kurier 09. 04. 1991). Solche Fragen dürfen eben am ›freien Markt‹ erst gar nicht gestellt werden. Um derlei Tabus aufrechterhalten zu können, muß der tägliche berufliche ›Kleinkrieg‹ auf andere Schauplätze verlegt werden, was wir nun anhand einiger von Jörg Haider verwendeten sprachlichen Bilder deutlich machen möchten.

»Nicht Diener von Parteisekretariaten ...«

Unter dem Titel »Haider steigt Abgeordneten auf die Zehen« schreibt die Kärntner Krone, daß Haider mittels einer Weisung gegen Privilegien der Landtagsabgeordneten vorgehen werde, die noch aus der Zeit der »SPÖ-Alleinherrschaft« stammen und den »Normalbürger« benachteiligen würden. Er wolle, um »den Mißbrauch der öffentlichen Einrichtungen« abzuschaffen, nun endlich der »Gleichheit vor dem Gesetz näher kommen«. Dazu Landeshauptmann Jörg Haider, der diesen »Unfug« abstellen wolle: »Auch wenn andere Politiker das Land und seine Einrichtungen weiter für ihr Eigentum halten - die Beamten sind nicht die Diener von Parteisekretariaten!« (Kärntner Krone 11. 06. 90, S. 8)

Das in diesem Artikel steckende Schema ist leicht zu erkennen: Der aufgrund bestehender Gesetze unumschränkt herrschenden Macht, die einige wenige bevorzuge und den »Normalbürger« benachteilige, wird von Jörg Haider, der auf der Seite des »kleinen Mannes« außerhalb dieser Machtstrukturen stehen soll, der Kampf angesagt. Jörg Haider inszeniert den Befreiungswunsch, nicht länger Diener anonymer, unterdrückender Strukturen (»Parteisekretariate«) zu sein. In der medialen Aufbereitung läuft dieser Befreiungsversuch über die Phantasie körperlicher Gewaltanwendung (»den Abgeordneten auf die Zehen steigen«), die Jörg Haider stellvertretend für den »Normalbürger« ausführt.

Das gleiche Grundmuster findet sich in einem Artikel der Wochenpresse, in dem Haider die Rolle des schlecht behandelten »kleinen Mannes« inne hat, der sich nicht »ständig Grobheiten nachschmeißen« und dann noch als Mittel zum Zweck mißbrauchen läßt. In der Phantasie der Vergeltung würde er nun endlich einmal jene »aufs Trockendock legen«, die sonst immer auf dem »hohen Roß« sitzen würden. Inhaltlich geht es um die Frage, ob er als Vizekanzler bereit wäre, eine Koalition zu bilden.

> »Ich garantier, daß es keine kleine Koalition mit der SPÖ gibt, solang der Jörg Haider Parteiobmann ist. Ich bin nicht bereit, daß ich mir von einem Vranitzky ständig Grobheiten nachschmeißen laß' und dann auf einmal als Mehrheitsbeschaffer zur Verfügung stehen soll. (...) Die FPÖ ist dazu

ausgezogen, (...) die Sozialisten (...) aufs Trockendock zu legen. Dort können sie sich regenerieren, wieder demokratisch werden und vom hohen Roß herunterkommen.« (Wochenpresse, Nr. 13/März 1989, S. 19)

Ähnlich rebellische Töne finden sich in einem Artikel der Kleinen Zeitung, in dem Haider betont, daß er sich »von niemandem den Mund verbieten« lasse. Und er ergänzt:

»›Wir sind nicht zu dressieren. Wir werden niemals im rotschwarzen Staatszirkus im Kreis gehen‹ (...). Er werde niemals den Fehler Stegers begehen, sich von der SPÖ ›umarmen‹ zu lassen: ›Vorher müsse sie sich für ihre Gemeinheiten entschuldigen.‹« (Kleine Zeitung 14. 01. 1991, S. 15)

Dressieren lasse sich anscheinend schon vielmehr die ÖVP, deren Spitzenkandidat von Haider in die Rolle eines »Lehrlings« gebracht wird, der »zu allem ja und Amen« sage. Der Koalitionsregierung prophezeit Jörg Haider eine Überlebenszeit von längstens zwei Jahren,

»... ›wenn die ÖVP den Prozeß der Selbstaufgabe fortsetze‹ und endgültig zu einem ›Filialbetrieb der SPÖ werde‹. Haider: ›Wenn der Lehrling Riegler weiterhin zu allem ja und Amen sagt, dann wird diese Regierung gewiß länger dauern.‹« (Kleine Zeitung 21. 12. 1990, S. 5)

Jörg Haider wolle hingegen kein »Vizekanzler-›Lehrbub‹« (Kleine Zeitung 30. 05. 1990, S. 3) sein, sondern nur die erste Position im Staate einnehmen.

»Weder Befehlsempfänger noch Lehrbub ...«

In den folgenden Zitaten inszeniert Haider in der Flüchtlingsfrage den Widerstand des »kleinen Mannes«, der die »Befehlsausgabe« verweigert und nicht »Lastesel« (Kleine Zeitung 20. 05. 1990, S. 6) sein wolle. Die Kärntner Nachrichten berichteten unter dem Titel »Haider fordert Rücktritt Löschnaks«:

»Der Innenminister soll zur Kenntnis nehmen, so Haider, daß die Landeshauptleute weder die Befehlsempfänger noch die Lehrbuben des Innenministers seien, denen er etwas anschaffen könne. Wenn Löschnak glaube, daß er ohne konstruktive Verhandlungsvorschläge mit Druck etwas erreichen könne,

> werde er an diesem Problem scheitern und als ein weiterer rücktrittsreifer Minister der großen Koalition in die Geschichte eingehen.« (Kärntner Nachrichten 03. 05. 1990, S. 3)

Die Kleine Zeitung schreibt zum gleichen Thema:

> »Eine klare Kampfansage gab es hingegen an die Landeshauptmänner. Als Kärntner Landeshauptmann nehme er (Haider) keine Befehlsausgabe von schwarzen Parteisekretariaten entgegen.« (Kleine Zeitung 20. 05. 1990, S. 6)
> Jörg Haider: »Die Landeshauptleute sind nicht die Laufburschen des Innenministeriums.« (Kurier 26. 04. 90, S. 2)

Hier findet man die Verknüpfung der Rolle des unterdrückten »Lehrbuben«, »Laufburschen« und »Befehlsempfängers« verbunden mit der Ankündigung des Scheiterns jener, die an der Spitze stehen und »Druck« auf die ›kleinen Leute‹ ausüben würden. Im »Lehrbuben« verdichtet sich die biographische Demütigungserfahrung der meisten Lohnabhängigen. Gleichzeitig läßt sich über dieses Bild das adoleszente Rebellionsdrama ansprechen, welches Haider (wie aufgezeigt) ebenfalls zu lösen verspricht. Das Reizvolle am Widerstand Haiders steckt in der Rache-Phantasie, die Autorität an der Spitze des Staates für »rücktrittsreif« zu erklären und zu entmachten.

Auffallend in diesem Schauspiel der Rebellion gegen erfahrene Unterdrückung und Ausbeutung ist auch hier wieder, daß der Sektor des privaten Unternehmens ausgespart bleibt und stattdessen die Kritik an den öffentlichen Einrichtungen stark überzeichnet wird, um das Tabu des privaten Unternehmens bei der Thematisierung der Unterdrückung, Benachteiligung und Ausbeutung aufrechtzuerhalten. Die täglich in den Betrieben erfahrenen Demütigungen werden zwar in den von Jörg Haider verwendeten sprachlichen Bildern (»... weder die Befehlsempfänger noch die Lehrbuben ...«, »Diener von Parteisekretariaten«, »Laufburschen« usw.) angesprochen, jedoch ausschließlich am Beispiel öffentlicher Einrichtungen und bestimmter »Willkür-Politiker« abgehandelt. Die durch das Demütigungsbild, bloß »Lehrling« zu sein, der sich noch dazu »Grobheiten nachschmeißen« lassen muß, zunächst ins Ungleichgewicht gebrachte narzißtische Balance, wird durch die phantasierte und von Haider symbolisch vollzogene Rache des »kleinen Mannes« an den mächtigen »Bonzen« und

»Privilegienrittern« kompensiert. Die Projektion der negativen Erfahrungen aus der eigenen Arbeitswelt auf die politische Bühne und die in der Inszenierung Jörg Haiders angebotene Rebellion regulieren so das Affektleben des unterdrückten »kleinen Mannes« und meiden gleichzeitig den unangenehmen Konflikt mit dem eigenen Arbeitgeber oder Vorgesetzten, der schließlich in die Frage nach einer am Menschen orientierten Organisation von Arbeit führen und strukturelle Veränderungen zur Folge haben müßte.

Ebenso wird die Benachteiligung durch bestehende Eigentumsverhältnisse über das Feindbild »Politiker« und das der öffentlichen Institutionen abgehandelt (»Auch wenn andere Politiker das Land und seine Einrichtungen weiter für ihr Eigentum halten ...«). So leitete Haider eine Rede vor der Gemeinderatswahl in Klagenfurt mit einem Lob für die ÖVP-FPÖ-Koalition in Klagenfurt und mit dem Schreckbild der drohenden Besitznahme der Landeshauptstadt durch die Sozialisten ein.

> »Daher ist es völlig klar, daß die Sozialisten derzeit alles unternehmen, um dieses Klagenfurt wieder in Besitz zu bekommen. Das ist sozusagen das Faustpfand, das sie haben möchten, um auch wieder mit einem roten Bürgermeister von der Landeshauptstadt aus, dem nicht mehr sozialistischen Landeshauptmann Schwierigkeiten in der Landespolitik zu bereiten.« (Klagenfurt, Messehalle)

An anderer Stelle werden bestehende Eigentumsverhältnisse am Beispiel des ÖGB thematisiert, der in Krumpendorf eine Lehrwerkstätte betreibt. Haider, der selbst einer der größten Grundbesitzer Kärntens ist, verschiebt die Angst vieler Menschen, reiche Investoren, womöglich noch ausländische Urlaubsgäste oder Unternehmer könnten die schönsten Grundstücke um den Wörthersee aufkaufen und dadurch den einheimischen Gast ausschließen, auf die Gewerkschaft.

> »Der ÖGB ist gerade in Kärnten der größte Grundbesitzer am Wörthersee und hat es wirklich nicht notwendig, von uns Jahr für Jahr mit Millionen-Subventionen ausgestattet zu werden, damit er sich seine Lehrwerkstätte in Krumpendorf leisten kann. Viel wichtiger ist es, daß wir das Geld, das wir für die Berufsausbildung einsetzen, unseren Kärntner Betrieben zur Verfügung stellen ...« (Villach 01. 05. 1990)

Dieses Zitat macht deutlich, wie Jörg Haider die bestehenden Eigentumsverhältnisse an der erzeugten Gegenüberstellung von »unseren Kärntner Betrieben« und dem ›Besitz‹ einer privilegierten, ausbeutenden Funktionärsschicht‹ am Beispiel des ÖGB thematisiert und bekämpft, dessen Lehrwerkstätte in Krumpendorf von Jörg Haider als eine Variante privater Exklusivität interpretiert wird, die man »sich leistet«. Und auch in der Arbeiterkammer wollte die »feine Gesellschaft unter sich« bleiben.

> »... dort, wo was zu kontrollieren wäre, dort schaut man nicht hinein, wie etwa in der Arbeiterkammer. Da hat vierzig Jahre lang kein Rechnungshofbeamter hineinschauen dürfen in die Bücher, da ist die feine Gesellschaft unter sich geblieben. Das war eine geschlossene Gesellschaft, Milliarden Schillinge kassieren sie jährlich an Arbeiterkammerumlage vom kleinen Arbeiter ...« (Grafenstein 01. 10. 90)

Der hinter dieser Inszenierung stehende ›symbolische Sozialismus‹ trägt stellvertretend den in der Gesellschaft bestehenden Interessenskonflikt von Besitzenden und Besitzlosen am Beispiel der öffentlichen Einrichtungen aus. Dieser ›Wirtshaussozialismus‹ Haiderscher Prägung setzt sich auch ›kritisch‹ mit bestehenden Arbeitsbedingungen auseinander. Wie Jörg Haider das ausschließliche Interesse an der Ausbeutung menschlicher Arbeitskraft gegenüber den dahinterstehenden menschlichen Schicksalen anprangert, ohne dabei den Unternehmer oder das zugrundeliegende System kapitalistischer Produktion ins Schußfeld möglicher Kritik geraten zu lassen, läßt sich anhand des folgenden Beispiels leicht zeigen. Was am Beispiel des Fremdenverkehrsbetriebes noch ein Tabu war, kann dem ungeliebten »Betriebsratskaiser« im Landeskrankenhaus Klagenfurt angelastet werden, dem Haider Gleichgültigkeit gegenüber der Überbelastung und der Ausbeutung der Krankenschwestern und -pfleger nachsagt.

> »Jetzt auf einmal haben wir die Demonstrationen da, weil sie (die roten Betriebsräte) plötzlich die Mißstände der Krankenanstalten zur Diskussion stellen. Und auf einmal muß man sich mit einem Herrn Arbeiter auseinandersetzen, dem bisher seine Mitarbeiter ziemlich egal gewesen sind. Er hat sich noch nie aufgeregt, daß Krankenschwestern 30, 35 Stunden durcharbeiten müssen. Er hat sich noch nie aufgeregt, daß

> Krankenpfleger bis zu 48 Stunden unentwegt im Dienst gestanden sind. Zehn Jahre ist ihm das nicht aufgefallen, aber sobald er einen Druck spürt, als Bonze und Privilegienritter auf seine Privilegien zu verzichten, dann organisiert er eine Solidaritätskundgebung, bei der niemand hingeht, weil man will ja nichts zu tun haben mit ihm. Und ich sage Ihnen: Ich nehme diese Kündigung nicht zurück!« (Jubel, Applaus). (Alter Platz 06. 10. 1990)

Unabhängig davon, ob Haider mit dieser Kritik am Verhalten des »Herrn Arbeiter« recht hat oder nicht, scheint der emotionale Gehalt dieses Zitates für das Publikum in einer Verschiebung der eigenen Erfahrung am Arbeitsplatz (Überbelastung, erlebte Gleichgültigkeit gegenüber dem Menschen im modernen Produktionsprozeß ...) auf die Situation im Krankenhaus zu liegen. Die eigenen unbearbeiteten Erfahrungen und die daraus resultierende Aggression, die möglicherweise aufgrund der Angst vor dem Verlust des Arbeitsplatzes nicht zugelassen werden können, finden in der Inszenierung Jörg Haiders einen geeigneten Anknüpfungspunkt und gleichzeitig einen willkommenen Bösewicht (»... dem bisher seine Mitarbeiter ziemlich egal gewesen sind«), an dem sich die aufgestaute Wut stellvertretend und gefahrlos entladen kann.

In dieses Strickmuster ›sozialrevolutionärer‹ Inszenierung paßt auch der von Jörg Haider betriebene ›Antifeudalismus‹, der einen ersten medialen Höhepunkt in der Abschaffung der aus der Monarchie stammenden Hofratstitel fand. Aber auch dieser gelungen inszenierte ›antifeudale Kreuzzug‹ richtet sich in erster Linie gegen die Repräsentanten der von ihm bekämpften staatlichen Instanzen, die meist generalisierend mit feudalen Etikettierungen versehen werden, was sich bereits in der von Jörg Haider bevorzugten Wortwahl ausdrückt: ›Privilegienritter‹, ›Proporzritter‹, ›Betriebsratskaiser‹, ›fürstliche‹ Gehälter. Ende August 1991 entdeckte Haider sogar die Österreichische Nationalbank als eine ›Privilegienburg‹, die angesichts des kommenden EG-Anschlusses überflüssig sei.

»DER BETRIEBSRATSBONZE« – EIN REBELLIONSDRAMA

In dem von Jörg Haider auf der politischen Bühne inszenierten Schauspiel verdichten sich Erfahrungen vieler Menschen aus dem familiären oder beruflichen Alltag mit seinen allgegenwärtigen stillen Zwängen und Frustrationen. Die im vorangegangenen Abschnitt erarbeitete These, wonach diese Erfahrungen ausschließlich an den öffentlichen Einrichtungen problematisiert und zugleich radikal personalisiert werden, soll anhand des folgenden Fallbeispiels um einen von Jörg Haider bekämpften »Betriebsratsbonzen« im Landeskrankenhaus Klagenfurt konkretisiert werden. Darüberhinaus soll wiederum dieser Abschnitt deutlich machen, wie hinter dem Konflikt, den Jörg Haider mit den »Funktionären«, »Bonzen«, »Privilegienrittern« und ähnlichen ausficht, ein unbewältigter Autoritätskonflikt steht. Die in bezug auf die väterliche Autoritätsfigur und in bezug auf die Unternehmer-Autorität verhinderte Rebellion, bei der das Ausleben der Aggressivität durch rigide (Selbst-) Kontrolle unterbunden und in den Bereich der Phantasie verbannt werden mußte, wird von Haider anhand der im Landeskrankenhaus Klagenfurt erlebten Unterdrückung neuerlich aufgerollt und einer ›Lösung‹ zugeführt: Der »unmögliche Betriebsratsbonze« soll von Jörg Haider »aus dem Betrieb entfernt« werden.

Das Landeskrankenhaus Klagenfurt als Bühne für ein politisches Schauspiel

Das Landeskrankenhaus Klagenfurt eignet sich aus mehreren Gründen als Kulisse für Haiders politische Inszenierung. Erstens hat ein Krankenhaus in einer Gesellschaft immer eine zentrale Stellung, da wohl jeder früher oder später mit dieser Institution als Patient oder Besucher in Berührung kommt.

Dem Aufenthalt im Krankenhaus kommt eine besondere Bedeutung zu, da dieser meist hoch emotional besetzt ist.

Zweitens möchten wir auf den zumeist rund um die Uhr versorgten Patienten hinweisen, der von der Logik der Institution her keine andere Aufgabe hat, als sich als Objekt der Versorgung, Pflege und Beobachtung für einen begrenzten Zeitraum zur Verfügung zu stellen. Diese Situation hat für den Patienten eine regressive Wirkung, in der er zum versorgten, bemutterten Kleinkind wird, das oft den ganzen Tag im Bett verbringt; er kann zwar nicht durch Schreien, dafür aber durch Läuten die Krankenschwester herbeiholen, um einen Mangel zu beheben oder einfach ein bißchen aufgemuntert zu werden. Das Krankenhaus kann auch als Metapher dienen und erleichtert die Projektion von Kindheitserlebnissen und -wünschen, in denen die »gute«, umsorgende Mutter von ihrer »bösen« Umgebung, vielleicht auch von kinderfeindlichen väterlichen Rivalen in ihrer Liebe zum Kind gehindert wird. Das Bild der idealen Mutter wird gewahrt, indem das »Böse« irgendwelchen dunklen Kräften zugeschanzt wird. Jörg Haider: »Da gibt's viele fleißige und gute Ärzte, hervorragende Krankenpfleger und Schwestern, aber es gibt auch einen großen politischen Sumpf in diesem Landeskrankenhaus.« Hier sehen wir wieder die bewährten Mechanismen der Ambivalenzspaltung am Werk.

Drittens repräsentiert ein Krankenhaus als Institution eine streng hierarchisch gegliederte, hoch organisierte, arbeitsteilige, fabrikähnliche Gesellschaft, die jedem darin Handelnden eine vorgeschriebene Position mit genauen Rechten und Pflichten zuweist. Auch jemand, der nicht unbedingt mit der Organisation in einem Krankenhaus vertraut ist, erkennt sehr schnell die dort herrschende Rollenaufteilung und den damit verbundenen Status, die sich täglich in verschiedenen Ritualen, der Sprache, der Kleidung etc. ausdrücken. Am Krankenhaus ist die Entfremdung der Arbeitswelt besonders leicht thematisierbar.

Jörg Haider kontra Gebhard Arbeiter

Vor dem Hintergrund dieser Institution, deren Struktur einerseits entfremdete gesellschaftliche Verhältnisse widerspiegelt und andererseits als Projektionsfläche für frühkindliche Erfahrungen dient, interessiert uns die in den Konflikt mit dem Zentralbetriebsratsobmann eingebettete politische Inszenierung Jörg Haiders. Da der Zugang der Öffentlichkeit zu dieser Thematik in erster Linie über die lokalen Medien erfolgt, wird zuerst die Berichterstattung in den lokalen Zeitungen in aller Kürze zusammengefaßt.

Jörg Haider hatte in der Öffentlichkeit den Namen Gebhard Arbeiter im Zusammenhang mit der sogenannten Parteibuchwirtschaft bereits mehrmals negativ hervorgehoben. Als Gebhard Arbeiter, Landtagsabgeordneter und Betriebsratsobmann im Landeskrankenhaus Klagenfurt, den Tod eines Verunglückten zum Anlaß nahm, um auf den Personalnotstand im Landeskrankenhaus Klagenfurt aufmerksam zu machen*, entzündete sich der schwelende Konflikt. Mit der Begründung der Rufschädigung verfügte Jörg Haider die fristlose Entlassung von Gebhard Arbeiter. In der Folge wurde diese Auseinandersetzung mit großem Medieninteresse verfolgt und Jörg Haider nützte die Wahlkampfauftritte, um seine Entschlossenheit gegenüber dem »Bonzen« Gebhard Arbeiter unter Beweis zu stellen. Jörg Haider: »Wir deportieren jeden Bonzen.« Bezugnehmend auf diesen Konflikt weiß das Profil über die Hintergründe der in der Bevölkerung so lustvoll aufgenommenen »Deportation« zu berichten.

> »Haiders Abgesang: ›Wir deportieren jeden Bonzen.‹
> Ein Land, in dem die Bürger jahrzehntelang unterm roten Parteibuch stöhnten, in dem Lehrer, Beamte, Bezirkshaupt-

---

* »Intensivstation ›voll‹: Patient tot.
Hätte Verunglückter gerettet werden können? ... Für den Patienten gab es auf der Intensivstation keinen Platz. Sieben Betten waren gesperrt, die restlichen zehn ›ausgebucht‹. Der zuerst in den Operationssaal der Chirurgie eingelieferte Mann mußte danach auf die Station überstellt werden, wo der Tod festgestellt wurde. Zentralbetriebsratsobmann Gebhard Arbeiter: ›Die Sache wird untersucht! Kein Platz auf der Intensivstation, trotz Haiders Ankündigung, der Notstand auf dieser lebenswichtigen Abteilung sei beseitigt? Wen trifft es als nächsten ...?‹« (KTZ 10. 09. 1990, S. 10)

leute, Ärzte und Putzfrauen nur nach dem Parteibuch und/oder nach ihrer Mitgliedschaft zu Freimaurerlogen bestellt wurden, applaudiert der Abservierung Gebhard Arbeiters heftigst zu.« (Profil Nr. 41/10/1990, S. 14)

Da »Gebhard Arbeiter ein Musterfall von SP-Bonzentum« darstelle (Kleine Zeitung 02. 10. 1990, S. 7), soll er stellvertretend für viele andere Bonzen »deportiert« werden. Eine mögliche Folgewirkung beschreibt der ÖGB-Vorsitzende: »Wenn das Beispiel Schule mache, bekämen es auch andere Betriebsräte mit der Angst zu tun.« Wie ernst es Jörg Haider mit seinen Drohungen ist, wird bereits in dem Titel dieses Artikels ausgedrückt: »Haider bleibt im Fall des ›Bonzen Arbeiter‹ hart.«

Das Wort »Deportation« ist eindeutig eine NS-Anspielung, über welche sich damals aber kaum jemand aufgeregt hat. Ähnlich wie die Nazis verspricht Haider strukturelle und institutionelle Probleme durch die Ausschaltung, Liquidation einer Personengruppe zu lösen.*

Trotz Haiders demonstrativer Entschlossenheit fand die »Deportation« schließlich nicht statt, da Gebhard Arbeiter Beamter ist und von Jörg Haider gar nicht gekündigt werden konnte. Nach der Nationalratswahl mündete dieser Konflikt in einem Vergleich: »Der LKH-Betriebsratsobmann und Landeshauptmann Jörg Haider zogen ihre Äußerungen mit dem Ausdruck des Bedauerns zurück.« (Kleine Zeitung 30. 10. 1990, S. 7) Auch eine Anzeige, die Haider bei der Disziplinarkommission des Landes gegen Gebhard Arbeiter eingebracht hatte, brachte nicht den gewünschten Erfolg. Die Enttäuschung darüber, daß Jörg Haider weder die Entlassung noch ein Disziplinarverfahren erreichen konnte, drückt die Kleine Zeitung in dem resignierend klingenden Titel eines weiteren Artikels aus. »Entlassung von Arbeiter löst sich in nichts auf« (Kleine Zeitung 20. 12. 1990, S. 8). Wie Jörg Haider dieses »Nichts« auf der politischen Bühne effektvoll inszeniert hat und was die dahinterstehende Botschaft an seine Klientel ist, soll nun betrachtet werden.

---

* Das ist ein Beispiel für die Rhetorik der NS-Anspielungen, die Januschek in seiner sprachwissenschaftlichen Studie (vgl. Anm. S. 13) ausführlich untersucht.

»Die unmittelbaren Interessen des kleinen Mannes ...«

Als Einstieg zitieren wir eine kurze Passage aus seiner Rede zum 1. Mai 1990, die zwar den Konflikt mit Gebhard Arbeiter inhaltlich nicht berührt, uns jedoch sehr anschaulich an den Schauplatz des Geschehens führen wird. In diesem Zitat übt Haider selbst heftige Kritik am Landeskrankenhaus Klagenfurt und stellt dessen Arbeitsfähigkeit in Frage.

> »Ich empfinde es als besonders traurig, daß eine sozialistische Partei, die immer so angeblich sich um den kleinen Mann kümmert, dort am meisten versagt, wo es um die unmittelbaren Interessen des kleinen Mannes gegangen wäre, etwa eine ordentliche gesundheitliche Versorgung in den Spitälern Kärntens sicherzustellen. Es ist doch kein Zustand, wenn Menschen in Kärntner Spitälern wochenlang auf eine notwendige für sie dringende Operation warten müssen und nicht drankommen, immer wieder zum Operationssaal gebracht werden müssen, und dann kommt ein anderer, der als Schwerverletzter bei einem Unfall vorgezogen werden muß. Und sie müssen immer wieder zurück und liegen zwei Wochen, drei Wochen, vier Wochen im Krankenhaus und können nicht operiert werden. Es ist ein Unsinn und untragbar, wenn in unseren Krankenanstalten ganze Abteilungen, etwa die Hälfte der Intensivstation im Landeskrankenhaus Klagenfurt, geschlossen werden müssen, weil wir kein Personal zur Verfügung haben, das entsprechend qualifiziert auch die schwerverletzten Menschen behandeln kann.« (Villach 01. 05. 1990)

Für Jörg Haider ist es »besonders traurig«, daß der »kleine Mann« von der sozialistischen Partei in seiner gesundheitlichen Versorgung vernachlässigt wird. Etwas seltsam mutet die Beschreibung dieses vernachlässigten »kleinen Mannes« an, der in einem Krankenhaus auf eine dringende Operation wartet und ständig zwischen Operationssaal und Krankenzimmer hin- und hergeschoben wird, weil immer wieder ein anderer vorgezogen wird. Bei wem würde sich da nicht eine ordentliche Wut im Bauch zusammenbrauen?

Dieses Szenario fördert das Entstehen ›regressiver Phantasien‹, in dem der »kleine Mann« als ohnmächtiges kleines Kind von einer Instanz zur anderen weitergereicht wird, ohne jemals ausreichend versorgt zu werden. Dabei werden Gefühle des Alleingelassenwerdens und die damit verbundene Wut und Enttäuschung wieder wach. In dieser Situation, die für das Kind kaum Aussicht auf Veränderung bietet, wird das Bild der Endlosigkeit und Hoffnungslosigkeit (»Und sie müssen immer wieder zurück und liegen zwei Wochen, drei Wochen, vier Wochen im Krankenhaus ...«), das im ursprünglichen Kontext grotesk wirkt, besser verständlich. Das Bild des »schwerverletzten Menschen« unterstreicht dabei nur die Abhängigkeit und Ohnmacht des »kleinen Mannes« (Kindes). Haider spricht hier in einer bei ihm sonst seltenen Einfühlung eigentlich von einem alleingelassenen Kind (männlichen Geschlechts), welchem eine institutionsbedingte Depression (»Hospitalismus«) droht. Wir werden später noch die These ausführen, daß die Haidersche Aggressivität den Charakter einer Depressionsabwehr hat.

Die Position des alleingelassenen Kindes, das im Kampf gegen einen Wichtigeren unterliegt, kennt er - wie vermutlich viele Österreicher - aus der eigenen Erfahrung. Das Bild des alleingelassenen Patienten, der nicht ausreichend versorgt und ständig zurückgestellt wird, taucht in Haiders Reden auch sonst häufig auf, wobei das Krankenhaus als Schauplatz dieses Szenarios besonders beliebt ist. Zum Beispiel kritisiert Jörg Haider die Überstundenbesteuerung und hebt hervor, daß viele Menschen Überstunden machen müßten, weil es die bestehende Arbeitssituation so erfordere.

> »... weil halt eine Krankenschwester, die einen Patienten zu betreuen hat, nicht einfach sagen kann: ›So, jetzt g'freits mich nimmer, jetzt geh ich heim‹, und kann den Patienten unversorgt liegen lassen. Sie muß also Überstunden machen, und dafür, daß fleißige Menschen heute Überstunden machen, werden sie bestraft, weil 50 % dieses Zusatzverdienstes durch Überstunden kassiert einmal der Finanzminister.« (Grafenstein 01. 10. 90)

Die Schuld für ein mögliches Verlassenwerden trägt hier der »Finanzminister«, der die mütterlich-versorgende »Krankenschwester« bestraft, wenn sie beim »Patienten« Überstunden leiste. In der Auseinandersetzung mit dem »Betriebsratsbonzen« Gebhard Arbeiter übernimmt dieser die Rolle der ›bösen Autorität‹, die als Repräsentant des »politischen Sumpfes« die Versorgung des »Patienten« durch »gute Schwestern, ordentliche Ärzte und brave Mitarbeiter« gefährdet und deshalb bekämpft werden muß: Dabei tut es nichts zur Sache, daß der zuständige Spitalsreferent in Kärnten, damals Christoph Zernatto von der ÖVP, und der zuständige Personalreferent der Landeshauptmann Haider selbst war. Der »Betriebsratsbonze« als alleiniger Sündenbock wird von Jörg Haider gnadenlos aus dem Landeskrankenhaus Klagenfurt »entfernt«.

»Dieser unmögliche Betriebsratsbonze ...«

Haider verspricht dem aufmerksamen Publikum,

> »... daß wir uns redlich bemühen, Ordnung hineinzubringen in dieses Land. Und es ist nicht einfach, muß ich euch auch sagen, denn allein was wir für ›Zores‹ im Landeskrankenhaus haben, das habt's ihr ja schon mitverfolgt. Das ist ein wirklicher Sanierungsbedarf, denn dort ist uns im Grunde genommen ein sozialistisches Chaos übergeben worden. Da gibt's viele fleißige und gute Ärzte, hervorragende Krankenpfleger und Schwestern, aber es gibt auch einen großen politischen Sumpf in diesem Landeskrankenhaus. Die Menschen sind derartig politisch unterdrückt, daß sie sich nicht einmal die Wahrheit zu sagen getrauen. Daher war es richtig, daß ich jetzt einmal hineing'fahren bin und diesen unmöglichen Betriebsratsbonzen, den Herrn Arbeiter, aus dem Betrieb entfernt habe ... (Jubel, Applaus).
> Und was wirklich interessant ist: Wieviel Leut sich jetzt auf einmal reden trauen! Wieviel jetzt an Informationen auf uns zukommen! Jetzt haben's g'sagt, die Gewerkschafter haben g'sagt, jetzt machen's eine Sympathiedemonstration für den Herrn Arbeiter. Vergangenen Samstag um 15 Uhr am Neuen Platz wollten's gegen mich demonstrieren: 47 Leute sind zusammengekommen ... (Gelächter) ... die eine Sympathiedemonstration für den Herrn Arbeiter gemacht haben. Und es ist ja klar, allein einer, der schon Arbeiter heißt, aber sein Lebtag noch nichts wirklich garbeitet hat, für den demonstriert man doch nicht ... (Gelächter, Applaus) ... Das ist eine Frage des guten Geschmacks.
> Und es wird auch auf diese Weise dort und da notwendig sein, ein bißchen harte Maßnahmen zu ergreifen, das ist nicht ganz einfach, aber es ist notwendig, denn, meine Damen und Herren, die Kärntner Bevölkerung hat ein Recht darauf, daß dann, wenn sie gesundheitliche Probleme hat und in ein Kran-

> kenhaus eingeliefert wird, daß sie ordentlich betreut werden, und daß das nicht eine Frage der Parteipolitik ist, ob dort gute Schwestern, ordentliche Ärzte und brave Mitarbeiter sind. Und wenn der Herr Arbeiter glaubt, das ist ein Parteiposten, den er dort versieht, dann hat er sich getäuscht, dann geb ich ihn nämlich höchstpersönlich bei der sozialistischen Parteizentrale ab, dann sollen die ihn finanzieren, weil es ja nicht einzusehen ist, daß wir Parteisekretariate im Landeskrankenhaus aufrechterhalten und auf der anderen Seite kein Geld haben, um uns Krankenschwestern zusätzlich einstellen zu können, die diesen Dienstbetrieb auch entsprechend bedienen würden. Und da gibt's also sehr, sehr viele Dinge, die in Ordnung zu bringen sind ...« (Applaus). (Grafenstein 01. 10. 1990)

War die von Jörg Haider postulierte schlechte Versorgung des »kleinen Mannes« Ausgangspunkt seiner Darstellung, verschiebt sich nach den einleitenden Sätzen die Thematik des Schauspiels in Richtung Unterdrückung der dort arbeitenden Menschen (»Die Menschen sind derartig politisch unterdrückt, daß sie sich nicht einmal die Wahrheit zu sagen getrauen.«). Jörg Haiders redliches Bemühen, »Ordnung hineinzubringen in dieses Land«, bezieht sich daher auf die symbolische Entmachtung der bösen Autorität und gipfelt in dem Satz: »Daher war es richtig, daß ich jetzt einmal hineing'fahren bin und diesen unmöglichen Betriebsratsbonzen, den Herrn Arbeiter, aus dem Betrieb entfernt habe ...«

Jörg Haider setzt sich als der Befreier aus der Unterdrückung in Szene und schildert als Folge dieser Entmachtung des Betriebsratsobmannes seine Beobachtung: »Wieviel Leut sich jetzt auf einmal reden trauen!« Die Lust an der Entmachtung Gebhard Arbeiters wird von Jörg Haider in der Darstellung seiner Ausgrenzung, seiner Verhöhnung (»... einer, der schon Arbeiter heißt, aber sein Lebtag noch nichts wirklich gearbeitet hat, für den demonstriert man doch nicht. Das ist eine Frage des guten Geschmacks«) und auch im Versprechen (»... dann geb ich ihn nämlich höchstpersönlich bei der sozialistischen Parteizentrale ab«) noch zusätzlich gesteigert.

Mit der in der Einleitung gebrauchten Formulierung, wonach es »sehr, sehr viele Dinge (gibt), die in Ordnung zu bringen sind«, beschließt Jörg Haider diese Szene.

»Es ist in dem Haus gefährlich, wenn man die Leute nicht hundertprozentig kennt ...«

Nachdem wir versucht haben, einige Aspekte der politischen Inszenierung Jörg Haiders um den Konflikt mit dem Zentralbetriebsratsobmann Gebhard Arbeiter auszuleuchten, wenden wir uns jetzt der Frage zu, wie denn Menschen, die in dieser Institution arbeiten, diesen Konflikt erleben. Da wir davon ausgehen, daß das Krankenhaus als Bühne Stellvertreterfunktion für vergangene und gegenwärtige Erfahrungen vieler Menschen hat, wird es im folgenden darum gehen, eine Beziehung zwischen geschildertem Alltag in der Institution und der Inszenierung Jörg Haiders bzw. deren psychischer Verarbeitung im Bewußtsein der betroffenen Menschen im Landeskrankenhaus Klagenfurt herzustellen. Die folgenden Interviews wurden von Hannes Krall vor der Gerichtsverhandlung und dem Vergleich zwischen Gebhard Arbeiter und Jörg Haider aufgenommen.

Wir beginnen mit Herrn Eder, der sich gleich zu Beginn des Interviews über den Betriebsrat und die Verwaltung des Landeskrankenhauses Klagenfurtes beklagt, die zwar »deklarierte Sozialisten« bzw. »Sozialdemokraten« seien, was jedoch nicht in ihrem Verhalten zum Ausdruck käme. Die Vertreter dieser beiden Instanzen würden sich gegenüber dem Personal »unsozial« und »undemokratisch« verhalten, obwohl sie bei jeder Gelegenheit ihre »sozialistische Gesinnung« hervorkehrten. Entgegen ihren Grundsätzen entspreche ihr Handeln »privaten Machtgelüsten« und nicht einer »humanistischen Gesinnung«.

In der Institution Landeskrankenhaus Klagenfurt herrsche eine strenge hierarchische Ordnung, die den verschiedenen Gruppen unterschiedliche Rechte und Pflichten zuweist und als äußerst ungerecht erlebt wird. Während in den oberen Reihen Privilegien genossen würden, müssen jene in den unteren bei Verletzung der bestehenden Ordnungsregeln mit drastischen Sanktionen rechnen, die gleichzeitig jede Kritik am bestehenden System unmöglich machen. Aufhänger für diese subjektive Erfahrung ist die »Kleidertrageordnung«, die es in der Vergangenheit gegeben hat und für Herrn Eder anscheinend heute noch Symbolkraft besitzt. Herr Eder, der sich einmal aufgrund bestimmter Umstände nicht an die »Kleidertrageordnung« hielt, mußte schwerwiegende Konsequenzen hinnehmen, während »Primarärzte und Oberärzte auf privaten Grillparties ... im Dienstgewand zu sehen waren« und keinerlei Sanktionen zu erwarten gehabt hätten (»Oder sie sind mit Dienstgewand in die Stadt g'fahren, in Cafehäusern aufgetreten, am See draußen und sonstiges«).

Um diese Ungerechtigkeit aufrechtzuerhalten, bedienten sich Direktoren und Betriebsrat, denen es nur um die Erhaltung ihrer Macht gehe, eines Spitzelsystems, das noch aus der Nazi-Zeit stamme und von Herrn Eder mit »zwei Geheimdiensten in einer Stadt« verglichen wird. Der leise Hauch einer Kritik oder einer Rebellion gegen die bestehenden Machtverhältnisse wird angesichts dieser totalen Kontrolle bis in den privaten Bereich sofort erstickt.

Eder: »Es hat der Direktor, der Verwalter, der Betriebsrat und die Pflegeabteilung auf jeder Station Leute ihres Vertrauens eingeschleust, die alles brühwarm berichten. Also es ist in dem Haus gefährlich, wenn man die Leute nicht hundertprozentig kennt, auch im privaten Gespräch, beim Café, am Jausentisch oder in einer privaten Runde, Äußerungen zu machen, weil das alles, also alle negativen Äußerungen, dem jeweiligen Auftraggeber hinterbracht werden.«

»Piekfein, er hat eine in die Goschn kriagt, aber ...«

Der Wunsch nach Rebellion im Landeskrankenhaus Klagenfurt, diese benachteiligende Ordnung aufzubrechen und sich der totalen Kontrolle zu entziehen, wurde von Gebhard Arbeiter, dem sich Herr Eder in der Vergangenheit politisch anschloß, schon einmal verwirklicht: »In seinen Anfangszeiten war Arbeiter sehr revolutionär, sozialkritisch, und ich muß ganz ehrlich sagen, ich ging die ersten Jahre mit Arbeiter.« Damals stand der »junge Revolutionär« Gebhard Arbeiter dem mächtigen Gesundheitsreferenten Rudolf Gallob in der Landesregierung und dem damaligen Betriebsratsobmann im Landeskrankenhaus Klagenfurt, Schantl, gegenüber, der »auch nur Leute, die für ihn verwendbar waren, oder parteimäßig in Ordnung waren, (für) sich verwendet« und jene, die als »politisch unzuverlässig« galten, »unterschwellig unter Druck gesetzt« hat. Gebhard Arbeiter, der in dieser Phase der »Aufrührer« und »Umkrempler« war, habe aber sehr bald selbst begonnen, Druck auszuüben, indem er die Angst der Belegschaft vor der Privatisierung nützte (»Man hat die Leute mit der Argumentation: Seid's ruhig, weil sonst werd's privatisiert, wir werden das schon machen, ruhig gehalten«).

Die Entlassung Arbeiters durch Jörg Haider sei ein Polittheater und taktisch unklug gewesen. Arbeiter habe mit seinen Aussagen in der parteieigenen Presse einen Paukenschlag gesetzt, doch »der Schuß ist nach hinten losgegangen«. Haider habe überreagiert und anstatt Arbeiter vor ein Disziplinarverfahren zu bringen, habe er einen »politischen Märtyrer« geschaffen.

Eder: Die Mehrheit der Belegschaft ... oder die Quintessenz der ganzen Aussage dazu ist das, daß die meisten Leut sagen: »Piekfein - er hat eine in die Goschn kriagt«. Aber man entläßt einen Betriebsrat nicht.

H. K.: Was heißt das?

Eder: So kann man das nicht machen. Man kann einen Betriebsrat nicht fristlos entlassen.

Die Stimmung gegen Arbeiter, die Wut der Belegschaft und das Bedürfnis, ihm »eine in die Goschen« zu hauen, seien vorher stärker gewesen, da Gebhard Arbeiter nicht die Interessen der Belegschaft vertreten, sondern nur noch auf seine eigene Karriere geachtet hätte. Das Resultat dieser Entwicklung komme bereits durch die Architektur und Ausstattung seines Büros zum Ausdruck:

Eder: »Schaun's ihn heute an, er hat oben ein Riesenbüro, ein größeres Büro als jeder Primararzt, und die Ausstattung dieses Büros schaun's sich an! Aber der Warteraum, der ist zwei mal drei Meter für die Belegschaft. Und da kann die Belegschaft drinnen auf Audienz warten, und die Herren sitzen drinnen und machen Besprechung, wo sie sich eh Tag und Nacht sehen, und lassen die Leut dort warten.«

Die zwei mal drei Meter des Warteraumes symbolisieren die Eingeengtheit und Unfreiheit der Belegschaft, die »Zwangskammer« (vgl. oben), die man im Warten auf eine »Audienz«

und auch die damit verbundenen Demütigungen ertragen muß. Gebhard Arbeiter hingegen leiste sich nicht nur ein »Riesenbüro«, das ihm symbolisch jene Bewegungsfreiheit zugesteht, die der Belegschaft versagt ist, sondern genieße auch andere Privilegien.

»Ja aber, das könnt ja mit uns auch geschehen ...«

In der geschilderten Situation der Unterdrückung und Ausbeutung wird der Wunsch von Teilen der Belegschaft, Gebhard Arbeiter »abzuschießen«, verständlich. Es ist ähnlich wie mit den eben behandelten Abschußphantasien gegenüber dem langjährigen sozialistischen Landeshauptmann in Kärnten. Es mußte jedoch ein Außenstehender kommen, um diesen Wunsch Wirklichkeit werden zu lassen, da Andersdenkende in der Institution sofort »kalt-warm« bekommen hätten. Vor dem politischen Umschwung sei von einem Protestmarsch, einer Streikandrohung oder von Lohnforderungen gar nie die Rede gewesen, da jede kleine Rebellion sofort unterdrückt worden wäre.

Eder: ... sie haben sich ja Abhängigkeiten geschaffen. Du hast ja in dem Haus keine Wohnung, keine Dienstzimmern, kein Kinderheim, keinen Kinderhort, keine Zwei-Drittel-Beschäftigung ohne ihn gekriegt.

H. K.: Also es war die Angst da, wenn man Kritik übt, daß man etwas verliert?

Eder: Richtig. Wenn man sich anderscouleurig oder andersdenkend oder sonst irgendwie zu erkennen gegeben hat, dann hat man ja nur mehr kalt-warm gekriegt, dann ist man ja Pressuren ausgesetzt. Ich habe schon vorher eingangs gesagt, es hat da ja jeder seine Zuträger und sein System. Es ist ja nahtlos übergegangen, es ist ja weitergegangen als wie in der Nazizeit bittschön. Wie soll ihn da die Belegschaft abschießen? Wenn zum Beispiel die Anderscouleurigen nie in der Lage waren. Es haben weder die Freiheitlichen noch die Schwarzen da jemals Leute aufgebracht, die ihm Paroli geboten haben.

H. K.: Es hat ein Außenstehender kommen müssen, um ihn abzuschießen?

Eder: Richtig!

H. K.: Wie steht die Belegschaft jetzt zu Haider?

Eder: Das ist eine zwiespältige ... Ich hab's früher schon g'sagt: Es ist eine gewisse Zustimmung dazu da, ihn zu bügeln, aber die Entlassung zu machen, dadurch hat er ja auf der anderen Seite erreicht: Ja aber, das könnt ja mit uns auch geschehen! Weil er hat das ja sofort geschickt umgedreht: Ja, wenn du jetzt die Goschn aufmachst, dann bist gleich draußen.

H. K.: Das heißt, die Mehrheit in dem Betrieb hat gemeint, es war richtig, daß er den Arbeiter abg'schosssen hat ...

Eder: Richtig.

H. K.: ... aber jetzt könnt's auf mich auch kommen?

Eder: Richtig, richtig ... das ist die ganze Quintessenz.

H. K.: Das heißt, daß die Veränderung durch die Entlassung Arbeiters nun dazu führt, daß die Belegschaft jetzt mehr Angst hat als vorher?

Eder: Richtig, richtig. Reden's nicht nur mit Leuten vom Krankenhaus, reden's mit Beamten in der Landesregierung. Da werden Leut für'n Arbeiter reden, die ihn früher nicht einmal riechen haben können.

Jörg Haider hat diesen Wunsch nach einer Rebellion in die Tat umgesetzt, doch obwohl man sich darüber freut, daß Gebhard Arbeiter »eine in die Goschn« bekommen hat, steht man seiner fristlosen Entlassung zwiespältig gegenüber.

Kaum war also die herbeigewünschte Tat vollbracht, hatte die Belegschaft mehr Angst als vorher, sich zu äußern. Gemeint ist wohl die Angst, nun auch als ›kleiner Privilegienritter‹ vor den Schüssen eines Jörg Haider nicht mehr sicher zu sein.

Zusammenfassend ließe sich die geschilderte Situation wie folgt charakterisieren: Herr Eder erlebt sich in einer einschränkenden, unterdrückenden, hierarchisch streng gegliederten Institution mit strikten Ordnungsregeln, die wenige bevorzugen und die große Masse der Belegschaft benachteiligen. Durch ein ausgeklügeltes System der Kontrolle und harten Sanktionen bei Regelübertretung werde jede Opposition im Keim erstickt. Rebellion gegenüber der Autorität ist nicht möglich. Als Außenstehender vollstreckt Jörg Haider den Wunsch der Belegschaft, Gebhard Arbeiter »abzuschießen«. Diese Rebellion von außen wurde aber nicht nur herbeigewünscht, sondern ist auch angstbesetzt, da man nun selbst ins Schußfeld geraten könnte.

»Ich erleb jetzt eine Befreiung ...«

Hannes Krall hat ein weiteres Interview geführt, das ähnliche subjektive Erfahrungen wiedergibt. Das Interview mit Herrn Berg beginnt mit den Problemen einer hierarchisch sehr stark gegliederten Institution, die den darin Handelnden »blockieren« oder »eingrenzen« könne und dabei ihrer Aufgabe gegenüber der Klientel nicht optimal nachkomme. Die Macht des einzelnen, die sich aus seiner Position in dieser Hierarchie und in der Stellung zum Betriebsrat ergebe, werde in erster Linie dazu mißbraucht, die eigene Position in der Rangordnung abzusichern und sich gegenüber den Mitarbeitern abzugrenzen.

Das Klima innerhalb der Belegschaft ist einerseits durch großes Mißtrauen und Angst, andererseits durch die Unmöglichkeit, Kritik an den Mitarbeitern und an den institutionellen Bedingungen anzubringen, gekennzeichnet. Beschwere man sich über die Untauglichkeit eines anderen Mitarbeiters und denke man eventuell sogar an eine Entlassung, stelle sich der Betriebsrat diesem Ansinnen sofort entgegen (»So geht das nicht!«). Im Falle einer Kritik könne es sogar vorkommen, daß er »da betriebsrätlich z'sammg'hammert werde, z'sammg'staucht werde, das geht bis zur persönlichen Beleidigung, das geht bis zur persönlichen Diskriminierung«.

Die Kritik an der Leistung der Mitarbeiter vermischt sich mit der Unsicherheit über den Wert der eigenen geleisteten Arbeit und dem unterschwellig vorhandenen Schuldgefühl »all die Jahre sein Geld widerrechtlich bezogen« zu haben. Bereits im Vergleich mit einem Privatbetrieb werde nur »ängstlich ausgesprochen«, daß man sich vieles dort »nicht erlauben« könne, da man sonst Schwierigkeiten (»Zores«) bekäme und gekündigt werde (»... da bin ich schon längst draußen!«). Das schlechte Gewissen aufgrund der als zu gering bewerteten eigenen Leistung, das alleine durch ein Zuviel an Engagement eines anderen aufkommen kann, und die Angst, in der eigenen Unvollkommenheit entdeckt und von einem Mitarbeiter denunziert zu werden, haben die Isolation des Individuums in dieser Institution zur Folge, in der jeder zum »Arbeitssolisten« geworden sei. Struktuell gesehen handelt es sich bei der angesprochenen Problematik um ein Dilemma aller Lohnabhängigen, die ihre Arbeitskraft als Mittel der Existenzerhaltung verkaufen müssen. Es spitzt sich in den öffentlichen Einrichtungen nur zu. Jeder Lohnabhängige muß zwar einerseits eine gewisse Identifikation mit den Arbeitsinhalten aufbringen, da sonst der Produktionsprozeß und wohl auch die mit der Arbeitsqualität immer noch verbundene Selbstachtung zusammenbricht, andererseits muß der Lohnabhängige einer zu starken Identifikation entgegensteuern, sie »abbremsen«. Er ist sonst mit dem Schicksal des Unternehmens zu eng verbunden, kann im Falle einer Betriebsschließung, einer Entlassung, frühzeitiger Pensionierung psychisch zerstört werden. Insbesondere das kapitalistische Privatunternehmen (aber auch manche Bürokratie) ist »objektiv gleichgültig« gegenüber dem konkreten Lebensdrama des einzelnen Lohnarbeiters.* Und dieser läuft Gefahr, in der ungebremsten Arbeitsverausgabung vorzeitig verschlissen zu werden, genußunfähig zu werden, am Feierabend und nach der Pensionierung überhaupt nichts mehr von der jahrelangen Selbstinstrumentalisierung zu haben. Wenn über diesen Konflikt nicht mehr geredet werden kann, oder eben nur im Stil einer Sündenbockjagd auf »Bremser« und »Tachinierer«, wird der einzelne wirklich zum »Arbeitssolisten«, wie unser Interviewpartner es nennt. Im angespannten Klima des Landeskrankenhauses übernimmt der Betriebsrat, der durch Gebhard Arbeiter repräsentiert wird, eine Doppelfunktion: Er beschützt den einzelnen vor der Bedrohung, als« unfähig« oder »unwillig« entlarvt und gekündigt zu werden, verhindert aber gleichzeitig jede Möglichkeit der Kritik und blockiert jede Form des Auslebens von Aggressivität. Der Betriebsrat unterstützt die Abwehr der Angst, für untauglich befunden zu werden, bildet eine Art Watteschachtel um diese Angst und nährt ein diffuses Schuldgefühl, »da persönliches Leistungsvermögen weniger zählt als politische Absicherung«. Der Preis für die Sicherheit ist das von Herrn Berg geschilderte »politische Ruhighalten« durch die ungeliebte »betriebsrätliche Institution«. Zwar schütze diese Institution »all jene,

---

* Vgl. ausführlicher: K. Ottomeyer: Ökonomische Zwänge und menschliche Berziehungen, Reinbek 1977, S. 96 ff.

die einen weißen Mantel tragen«, welchen Herr Berg auch trägt, doch muß dafür jeder Widerstand, die Möglichkeit jeglicher Rebellion und das damit verbundene Ausleben der Aggressivität gegenüber der Autorität in das Reich der Phantasie verbannt werden (»... was ich persönlich erlebt hab in dem ›Krempel‹ da herinnen, die Institution könnte ich niederreißen ...«). Eine solidarische fachlich-wechselseitige Kritik wird extrem schwierig.

Für jene »Klasse, die in Ohnmacht lebt«, sei der Betriebsrat ein wichtiger Machtfaktor:

Berg: »... das Politische, das betrifft genau diese Klasse, die in der Ohnmacht lebt, die sucht jetzt einen Mächtigen. (...) Und das, wenn's so wollen, ist die Gewerkschaft. In dem Fall ist sicher der Gebhard Arbeiter ein Mächtiger, zum Teil mit Recht und zum Teil mit dem, was ihm unrechtmäßig zug'schrieben wird. Ich kann ja nur eine Institution mächtig werden lassen, wenn ich mich selber anbiete. Wenn ich hingeh und sag: Du, ich hab das letzte Mal fünf Groschen zuwenig kriegt, da stimmt was nicht. Oder: Die Oberschwester hat zu mir g'sagt, ich muß ein bisserl mehr aufpassen. Kannst Du einmal der Oberschwester etwas Mächtiges sagen? Natürlich ist es leicht für einen Gebhard Arbeiter, zum Telefon zu greifen und zu sagen (scharf): Sie Oberschwester, so reden's mit meine Leut aber nicht, weil das ist ein Mitarbeiter von uns und zack, zack, zack ... und nix, aus basta, fertig. Schluß! Zack auf'glegt und da gibt's keine Diskussion. (...) Ich kann nur von meinen persönlichen Empfindungen sprechen, und was ich persönlich erlebt hab in dem ›Krempel‹ da herinnen, die Institution könnte ich niederreißen, ich bräuchte keine, ich könnte besser arbeiten, effizienter arbeiten. Die Institution ist ja nur ein Schutz für all jene, die einen weißen Mantel tragen.«

Die Gewerkschaft sei keine Arbeitnehmervertretung mehr. Sie stehe mit der Arbeitgebervertretung unter einem Dach. Es ginge darum, die Belegschaft »politisch ruhig« zu halten. Er betont, daß dies nun der Vergangenheit angehöre, nachdem es in Kärnten zum politischen Umschwung gekommen sei.

»Befreiung von dem Druck, ich darf mich nicht mucksen ...«

Berg: Ich erleb jetzt eine Befreiung: Es wird viel offener g'sprochen, es sind noch Ängste da, aber sie sind nicht mehr so groß.

H. K.: Eine Befreiung ...

Berg: Eine vorsichtige Befreiung. Ich spüre einerseits eine Hoffnung, daß man nicht so versteckt mit sich selber umgehen muß in seinen Bedürfnissen und kritischen Ansätzen, daß man jetzt freier umgehen kann. Daß man vor einer Wahl ruhig sagen kann, das tät denen ganz guttun, wenn sie eins draufkriegen würden. Das hat früher keiner sagen dürfen, denn früher hat ein politisches Lager gewinnen müssen, das war einfach so, und da ist alles getan worden dafür. Ich muß aber sagen, ich habe mich persönlich nicht unbedingt benachteiligt gefühlt.

Er habe seine Gedanken immer ausg'sprochen, was ihm einmal auf den Kopf gefallen sei, als er Hilfe vom Betriebsrat benötigte. Einmal habe er in der Vergangenheit den Betriebsratsobmann Gebhard Arbeiter um Hilfe gebeten. Es ging dabei um ein Fehlverhalten in seiner Arbeit, weshalb der Betriebsrat und der Direktor ihn aufforderten, die Kündigung einzureichen und auf seine Abfertigung zu verzichten. Er fühlte sich erpreßt und »mußte auf alles verzichten«.

Als Jörg Haider den Betriebsratsobmann fristlos gekündigt hat, empfand er einerseits Genugtuung, da nun auch Gebhard Arbeiter Unrecht erleben müsse, andererseits sei diese Maßnahme zu hart. Er selbst habe bezüglich der Entlassung »zwei Seelen in seiner Brust« ...

Berg: »Ich kann mir vorstellen, daß viele den Arbeiter loswerden möchten, von den Mitarbeitern, von der Regierung ... weil viele spüren, weil sie's am eigenen Leib erfahren, daß diese Unehrlichkeit betriebsrätlich verteidigt wird ... Aber das Schuldgefühl, ich hab da nicht ganz offen und ehrlich gehandelt, ja in uns weiterlebt. Ich leb ja damit, ja für mich allein in meinem Betriebsklima und ich verschlechtere es ja damit, mit meiner Unehrlichkeit. Wenn ich eine miese Arbeit leiste, und diese miese Arbeit wird kritisiert, und ich geh dann zum Betriebsrat, und der Betriebsrat verteidigt meine Position, da muß ich ja in mir verspüren, daß da etwas nicht richtig läuft.«

Der Betriebsrat interessiere sich nicht für die geleistete Arbeit, obwohl er ja »Betriebs«-rat und nicht »Arbeitnehmer«-rat sei. In der früheren politischen Situation habe es nie eine Änderung gegeben, da im alten Trott stets folgende Devise galt: »Dessen Lied sing ich, dessen Brot ich eß'. Jörg Haider bringe endlich eine »neue Linie«:

Berg: Und warum laufen denn dem Haider so viele zu? Weil er vielleicht in seinen Tönen viele anspricht, die sagen, das ist eine andere Richtung und die gefällt mir besser. Vor allem ist es einmal etwas anderes und vielleicht ist es stärker als der Arbeiter, das freut sicher etliche. Ich wette, daß sicher ein paar heimlich einen Orgasmus gehabt haben, wie sie g'hört haben, der Arbeiter ist fristlos entlassen worden.

H. K.: Also auch Leute, die eigentlich der Arbeiter unterstützt hat?

Berg: Ja, ganz sicher. Ganz sicher. Ich sag aber absichtlich einen »heimlichen Orgasmus«, denn offen ist es ja zu riskant, man weiß ja nicht, wie das politische Wetter umschlägt. So stark ist die politische Position eines Jörg Haider scheinbar für die breite Masse noch nicht, daß man sagt, er ist schlechthin der Reformer, zu dem geh ich hin ...

H. K.: Heißt das, daß es im Krankenhaus eine stillschweigende Übereinkunft gibt, diese Kündigung, die als Befreiung erlebt wird, zu akzeptieren?

Berg: Ja ... Befreiung zumindest einmal von dem Druck, ich darf mich nicht mucksen.

Sehr viele Menschen, auch aus dem Lager der Sozialisten, gingen zu Haider hin, um den Unmut, die Ungerechtigkeit und das Unrecht einmal loszuwerden. Eine tatsächliche Befreiung fände dabei jedoch nicht statt:

Berg: ... Ich trau mich erst dann wieder rühren, wenn ich absolut guten Rückenwind habe.

H. K.: Dann ersetzt ja Haider, der die Befreiung bringen soll, nur den Arbeiter?

Berg: Er bringt ein anderes System, und ich muß mit dem System wieder mitsausen, und das waren die meisten. Nicht eine demokratische Form der Befreiung, wie es möglicherweise im Ostblock passiert ist.

H. K.: Es findet also doch keine Befreiung statt? Oder nur eine momentane?

Berg: Die Befreiung, wenn Sie so wollen, ist ein Interregnum, aber was danach kommt, weiß ich noch nicht.

H.K:: Was hat Haider wirklich geändert? Er hat einen Feind kurzzeitig hinausgeworfen, aber was hat er denn geändert?

Berg: Ja, ja, zumindest hat ihm da einmal jemand einen Schuß vor den Bug gegeben, daß er sich momentan nicht vom Fleck rühren traut.

H.K:: Aber was ändert Haider strukturell?

Berg: Haider verändert strukturell ... Ich meine, es ist noch immer das Wort mehr. Haider hat Töne von sich gegeben, wenn er sagt, das Triumvirat Direktorium Landeskrankenhaus Klagenfurt g'hört ausgewechselt, diese Garnitur da drinnen haut nicht hin. Die Leut haben jahrelang gewußt, da drinnen in dem riesengroßen Tempel passiert etliches, was in einem privaten Betrieb gar nicht passieren könnte.

H. K.: Aber was hat sich wirklich verändert?

Berg: Also ich persönlich hab am eigenen Leib erfahren, daß ich einmal eine Stunde ungeschoren über das hab reden können.

Im Gegensatz dazu habe es bei einer Aussprache im Büro des Landesrates Rudolf Gallob immer eine Zeitgrenze gegeben (15-20 Minuten). »Das war mehr eine Hofhaltung.«

Berg: ... da hat man schon verdammt beinhart sein müssen, daß man sagt, ich geh jetzt nicht, weil ich bin noch nicht fertig. Da hat mir der Gallob einmal gesagt, tun's folgen, tun's brav sein (erhobener Zeigefinger), sonst werden's immer Schwierigkeiten haben da drinnen. Dieses Volksschullehrerhafte »Tun's brav sein!«, du bist ja ein Kind, du bist ja unmündig, da mußt dich dem unterordnen, was wir da vorgeben. Das hab ich damals (im Büro Haiders) überhaupt nicht g'spürt ...

Er habe sein Anliegen ohne Zeitbegrenzung und störende Telefonate beim Sekretär des Landeshauptmanns vorbringen können.

»Einen Schuß vor den Bug, daß er sich nicht vom Fleck rühren getraut ...«

Der momentane ›Befreiungsschlag‹ durch Jörg Haider gegenüber der als absolut interpretierten Macht, der auch von der anhaltenden Selbst-Kontrolle der aggressiven Regungen befreit, geht über die streng hierarchisch gegliederte Institution Landeskrankenhaus Klagenfurt hinaus und schließt die autoritär agierende politische Ordnungsmacht in unserer Gesellschaft mit ein. Dies zeigt sich in dem gebrauchten Vokabular: »Hofhaltung« im Büro des ehemaligen Landesrates, »Interregnum« als kaiser- oder herrschaftslose Zeit oder einfach im Wunsch nach der Auswechslung des »Triumvirates Direktorium« im Landeskrankenhaus Klagenfurt, das mit einem »riesengroßen Tempel« gleichgesetzt wird. Jörg Haider, der erst zum »Reformator« wird, wenn seine Position stark genug ist, reformiert aber nicht eigentlich, da in dem »anderen System« nur die Namen der Kaiser (»Interregnum«) wechseln: »... er bringt ein anderes System, und ich muß in dem System wieder mitsausen ... (es ist) nicht eine demokratische Form der Befreiung.«

Strukturelle Veränderungen finden nicht statt, auch wenn er dem Betriebsratsobmann Arbeiter »einen Schuß vor den Bug gegeben (hat), daß er sich momentan nicht vom Fleck rühren getraut«. Herr Berg weiß um den theatralischen Charakter dieser Aktion, aber er erlebt die Befreiung in der Möglichkeit, »einmal eine Stunde ungeschoren über das« zu reden und in dem Angebot, aggressive Impulse wenigstens kurzzeitig in der Phantasie auszuleben.

Die von Jörg Haider eingeleitete »Befreiung« vermittle das Erlebnis, »daß man nicht so versteckt mit sich selber umgehen muß in seinen Bedürfnissen und kritischen Ansätzen«. Vor einer Wahl könne man »ruhig sagen, das tät denen ganz guttun, wenn sie eins d'raufkriegen würden«.

Vergleicht man diese Aussagen mit denen am Beginn des Interviews, wird deutlich, daß die Befreiung darin besteht, nun endlich mit seinen aggressiven Wünschen gegenüber der gleichzeitig beschützenden und bedrohlichen Autorität nicht mehr hinterm Berg halten zu müssen (»Befreiung von dem Druck, man darf sich nicht mucksen«). Herr Berg, der »seine Gedanken immer ausg'sprochen« hat, was ihm auch »einmal auf den Kopf gefallen« sei, muß jetzt nicht ständig mit der Angst leben, »eine d'raufzubekommen«, sondern kann nun miterleben, wie auch der Aggressor, in dem Fall der Betriebsratsobmann, »eins d'raufkriegt«.

»Aber das Schuldgefühl lebt in uns weiter ...«

Herr Berg identifiziert sich mit der »Befreiung« (»Ich erleb jetzt eine Befreiung ...«), empfindet aber zwiespältig, wenn Gebhard Arbeiter »abgeschossen«, also fristlos gekündigt wird (»Ich hab zwei Seelen in meiner Brust ...«). Die ursprünglich vorhandenen aggressiven Phantasien, daß es »denen ganz guttun (würde), wenn sie eins d'raufkriegen«, wird in der Frage der fristlosen Entlassung Gebhard Arbeiters relativiert. In der anschließenden Bemerkung, es gebe viele unter den Mitarbeitern und in der Regierung, die Gebhard Arbeiter gerne loswerden würden, schließt er sich schon gänzlich aus. Ebenso zählt er sich nicht zu jenen, die »heimlich einen Orgasmus gehabt haben« wegen seine Entlassung. Dem konsequenten Ausleben der Aggressivität gegenüber der Autorität Gebhard Arbeiter haftet ein Verbot an, das Herrn Berg zwingt, seine Wünsche an andere Personen zu delegieren. Dieser Widerspruch zwischen dem Wunsch, Gebhard Arbeiter zu »bügeln« und ihm eine in die »Goschn« zu schlagen, und dem Schuldgefühl, den Vergeltungsängsten bei radikaler Durchführung des Wunsches, wurde bereits im ersten Interview angesprochen:

Eder: Die Mehrheit der Belegschaft ... oder die Quintessenz der ganzen Aussage dazu ist das, daß die meisten Leut sagen: »Piekfein - er hat eine in die Goschn kriagt«. Aber man entläßt einen Betriebsrat nicht.

H. K.: Was heißt das?

Eder: So kann man das nicht machen. Man kann einen Betriebsrat nicht fristlos entlassen.

Dieser Widerspruch hat seinen Ursprung wohl in der widersprüchlichen Funktion des Betriebsrates selbst, der um den Preis der Unterdrückung und des »Ruhig-haltens« (»sich nicht mucksen dürfen«) die ›kleinen Privilegienritter‹ und ›zeitweiligen Faulenzer‹ beschützt. Die Schuldgefühle und die Schlechtigkeitsgefühle der egoistischen Lohnabhängigen (die unter dem Helfer-Auftrag eines Krankenhauses vielleicht besonders deutlich gespürt werden), lassen sich leicht auf den ungeliebten »Betriebsratsbonzen«, den Oberegoisten lenken, der aber nicht gestürzt werden darf: »... das könnt ja mit uns auch geschehen.« Die von Jörg Haider inszenierte

»Befreiung« durch die angedrohte »Deportation des Bonzen« kann daher nur eine momentane (»Interregnum«) sein, in der man sich Luft verschafft, dem Bösewicht einmal »in die Goschn« schlägt und »eine Stunde ungeschoren über das reden« kann.

»Du bist ja ein Kind, du bist ja unmündig ...«

Darüberhinaus könnte aus psychoanalytischer Sicht auch vermutet werden, daß hinter der Aggressivität gegenüber Gebhard Arbeiter verdrängte ödipale Entmachtungsphantasien stehen. Der dahinterliegende ungelöste Konflikt, nämlich die Schwierigkeit der Rebellion in der ödipalen Auseinandersetzung zwischen Sohn und väterlicher Autorität, tauchen am Ende des Interviews noch einmal im Lehrer-Schüler-Bild auf: Das unmündige Kind muß »brav« sein und sich dem Vorgegebenen unterordnen, der erhobene Zeigefinger und die zusätzliche Drohung mit den bei Ungehorsam zu erwartenden Schwierigkeiten ersticken die Rebellion gegen die mächtige Figur:

Berg: »Da hat mir der Gallob einmal gesagt, tun's folgen, tun's brav sein (erhobener Zeigefinger), sonst werden's immer Schwierigkeiten haben da drinnen. Dieses volksschullehrerhafte ›Tun's brav sein!‹, du bist ja ein Kind, du bist ja unmündig, du mußt dich dem unterordnen, was wir dir vorgeben ...«

In seiner politischen Inszenierung kehrt Haider die Machtverhältnisse um, die übermächtige Vaterfigur (Betriebsrat) wird plötzlich fristlos gekündigt und entmachtet, was dazu führt, »daß sicher ein paar heimlich einen Orgasmus gehabt haben, wie sie g'hört haben, der Arbeiter ist fristlos entlassen worden«. So lustvoll diese Phantasie auch sein mag - wird sie in die Tat umgesetzt, löst dies nicht nur Schuldgefühle, sondern auch Angst aus, daß der entmachtete Aggressor zurückkehren und sich rächen könnte.

Berg: »Ich sag aber absichtlich einen ›heimlichen Orgasmus‹, denn offen ist es ja zu riskant, man weiß ja nicht, wie das politische Wetter umschlägt. So stark ist die politische Position eines Jörg Haider scheinbar für die breite Masse

> noch nicht, daß man sagt, er ist schlechthin der Reformer, zu dem geh ich hin ...«

Die in der politischen Inszenierung Jörg Haiders enthaltene Rebellion gegen die väterlichen Instanzen ist eine zwar drohend angekündigte, aber niemals wirklich vollzogene Rebellion. Sie ändert wenig, kann dafür aber kurze »Befreiung« aus der (selbst-) kontrollierten Unterordnung gewähren.

Das Ziel wurde aus der Fülle der kritisierbaren autoritären Instanzen so ausgewählt und herausstilisiert, daß erstens eine Personalisierung von realem Zwang mit einem möglichst großen Theaterdonner, zweitens ein symbolisches Abreagieren zurückgehaltener Aggressionen und drittens eine Schwächung der Arbeitnehmervertretung erreicht wurde.

HAIDER ALS GEMEINSCHAFTS-MAGIER UND NARZISSTISCHES WUNSCHBILD

Symbiotische Wünsche und narzißtische Spiegelung

Die letzten Kapitel haben sich vor allem mit den Seiten der Haider-Inszenierung beschäftigt, über welche das Publikum, die offenen und versteckten Haider-Fans, die eigene aggressive Triebspannung, ihre Rebellionsimpulse ungestraft erleben und ausleben dürfen. Haider bringt aber auch utopische Sehnsüchte nach einer endlich gelungenen und wirklichen Verbundenheit der Menschen auf die Bühne, die in einer Gesellschaft der großen Distanzen, Entfremdung und allseitigen bloßen Benutzung von Menschen verbreitet sein müssen. Und er führt uns Lösungen für das gedemütigte, gebrochene Selbstwertgefühl der Menschen, ihre mehr oder minder permanente »narzißtische Krise« vor. Haider scheint durch bloßen Kontakt die Menschen aufzuwerten, ihnen das Gefühl zu geben, sehr respektiert und bedeutend zu sein. Beide Aspekte, der Aspekt der Gemeinschaftsutopie (oder illusionären Symbiose) und der Aspekt des narzißtischen Größenerlebens gehen stark ineinander über. Das zeigt sich in dem Interviewmaterial, den Gesprächen mit Haider-Anhängern, die wir mit diesen Eingangsbemerkungen schon etwas vorinterpretiert haben. Das Material wird im folgenden ausführlicher untersucht.

Wir beginnen mit Interviewzitaten, die ein sehr ›persönliches Verhältnis‹ zu Jörg Haider widerspiegeln und beim Interviewer Hannes Krall zunächst Verwunderung über die Stereotypie der geschilderten Beziehung auslösten.

»Er spricht die Leute direkt an und geht direkt auf sie zu ...«

Im Anschluß an eine »Jungbürgerfeier« in Völkermarkt (27. 05. 1990) wurden einige Jugendliche über ihre Eindrücke von Jörg Haider und die gehaltenen Reden befragt. Auffallend dabei war, daß die Jugendlichen durchwegs ein sehr vertrautes Verhältnis zu Jörg Haider beschrieben.

Der erste Gesprächspartner, in einen eleganten Anzug gekleidet und ganz im Stile Haiders eine Pfeife rauchend, bezeichnet sich selbst als einen Freiheitlichen, der sich nicht nur deshalb dem nationalen Lager zugehörig fühle, weil dies in seiner Familie schon Tradition habe, sondern weil er auch von der Person Haiders überzeugt werde. Er fügt hinzu, daß er einer Burschenschaft angehöre.

H. K.: Hat dir die Veranstaltung gefallen?

Bert: Ja, an sich schon, die Reden waren ein bißchen zu lang, aber an sich recht interessant, vor allem der Haider hat gut g'redet.

H. K.: Was hat dir gut gefallen beim Haider?

Bert: (lacht) ... Wie soll ich das beschreiben? Er hat interessant gesprochen, er hat die Leut direkt ang'sprochen, also »Meine Freunde!« usw., er ist immer auf die Leut direkt zugegangen, ja, nicht so wie der Zernatto, der hat mehr allgemein daherg'redet und der Haider ist auf die Leute irgendwie ... der geht auf einen ein ...

H. K.: Hast du schon einmal ein Erlebnis gehabt, wo er auf dich zugegangen ist?

Bert: Grad jetzt, ich bin bei einem Eck am Buffet g'standen, und er ist 'kommen und hat mir den Teller in die Hand gedrückt.

H. K.: Und wie war das?

Bert: Ja, ich hab's gut g'funden.

Die Begeisterung für Haider, der »direkt« auf die Leute zugeht, diese »direkt« anspricht und auf jeden einzelnen eingeht, wirkt angesichts des unbedeutenden Beispiels, bei dem Haider ihm am Buffet einen Teller in die Hand gedrückt habe, leicht übertrieben.

»Von Mensch zu Mensch reden ...«

Als ein weiteres Beispiel für die geschilderte Vertrautheit zwischen Jörg Haider und seinen Anhängern möchten wir hier ein Interview zitieren, bei dem Fritz und Peter zu Wort kommen sollen. Beiden hat die Veranstaltung gut gefallen.

H. K.: Was hat euch besonders gefallen?

Fritz: Ja, daß man mit Politikern in Kontakt gekommen ist, daß man von Mensch zu Mensch hat reden können.

H. K.: Mit wem hast du heute von Mensch zu Mensch reden können?

Fritz: Mit dem Landeshauptmann Haider.

H. K.: Was habt ihr da gesprochen?

Fritz: Was haben wir denn g'sprochen? Bundesheer ...

H. K.: Worum ist es da gegangen?

Fritz: (zu Peter gewandt) Du hast g'redet. Ich weiß nicht ...

Peter: Ich bin g'rad beim Bundesheer, und so ist unser Bürgermeister d'raufgekommen zu sprechen.

H. K.: Und was hat er gesagt, der Haider?

Peter: Ja, daß er positiv eing'stellt ist, daß er gern sieht, wenn jemand positiv eing'stellt ist über's Bundesheer, daß nicht immer g'schimpft wird über's Bundesheer, sondern daß es auch einmal g'lobt wird, positiv eing'stellt auf jeden Fall.

Das Besondere an der Veranstaltung habe für Fritz darin bestanden, einmal mit dem Landeshauptmann »von Mensch zu Mensch« reden zu können. Als der Interviewer ihn jedoch fragt, was sie gesprochen hätten, stellt sich heraus, daß eigentlich nur sein Freund über Intervention des Bürgermeisters ein paar Sätze über die Einstellung zum Bundesheer mit ihm gewechselt hat. Woher kommt also das subjektive Erleben, auf einer sehr persönlichen Basis, also »von Mensch zu Mensch« mit dem Landeshauptmann gesprochen zu haben?

»Man kann ihm alles sagen, er sagt dir auch alles ...«

Diese wiederholte Beschreibung eines sehr intimen Verhältnisses zu Jörg Haider, ohne dabei jedoch konkret benennen zu können, worauf es sich bezieht, hat uns sehr überrascht. So ist es für Bernd »gar nichts Besonderes«, mit einem Landeshauptmann auf einem Ball zu reden, da der Landeshauptmann ein Mensch sei wie jeder andere auch.

H. K.: Was ist deiner Meinung nach das Faszinierende für die Jugendlichen?

Bernd: Ja, sicher der Kontakt mit den Jugendlichen, so wie gestern am Ball dort. Ich weiß nicht, ob da vielleicht ein anderer, egal, ob er jetzt von einer schwarzen oder blauen Partei ist ... so wie er, geht dort herum, und jeder kann ihn ansprechen, er wird zu jedem etwas sagen, sofern er nicht irgendwie beruflich oder mit jemandem anderen spricht, man kann zu ihm alles sagen, er sagt dir auch alles (...) Ich war zufällig auch am Ball gestern. Jeder ist hingekommen, jeder hat mit ihm geredet, er war mit einem Haufen Jugendlicher beieinander ... das sind sicher Stimmen für ihn, gar keine Frage.

H. K.: Was hat er geredet mit dir?

Bernd: Ja, so Reden auflisten tu ich nicht (lacht).

H. K.: Ich meine, welche Themen spricht er zum Beispiel an?

Bernd: Ja, ich weiß nicht, was er g'redt hat ... vielleicht Politisches oder was, keine Ahnung, was er da redt.

Auch in diesem Interview findet man einerseits ein sehr intimes Verhältnis zwischen Jörg Haider und seinem Anhänger, das jedoch andererseits inhaltlich nicht greifbar wird. Der sich als inhaltsleer darstellende Ausspruch - »... man kann zu ihm alles sagen, er sagt dir auch alles ...« - knüpft an utopische Sehnsüchte von Zusammengehörigkeit, verbunden mit symbiotischen Phantasien der Auflösung jeglicher Grenzen zwischen dem Interviewten und seinem mächtigen Gegenüber an, die weitgehend vorsprachlich zu sein scheinen. Formulierungen in anderen Interviews wie »der Haider, der fühlt sich mit die anderen gleich« oder er sei »einer wie wir« deuten sehr anschaulich auf die Schwächung der Ich-Grenzen hin und erlauben auf regressivem Weg, über Identifizierung mit Jörg Haider, die ersehnte Erfüllung des Wunsches nach symbiotischer Verbundenheit. Utopische Wiedervereinigungsphantasien sind unter anderem als Antwort isolierter Individuen auf die in einer Konkurrenzgesellschaft mißlungenen Beziehungen zu verstehen. Die von Jörg Haider gelungen inszenierte »short distance society« (Galtung) entspricht dem Bedürfnis nach menschlicher Nähe in einer Welt zunehmender Anonymität und Vereinzelung.

»Als zweitklassiger Mensch degradiert ...«

Die illusionäre Allianz mit einem starken Verbündeten erfüllt auch die Sehnsucht nach (symbolischer) Aufhebung des Klassengegensatzes bei jenen, die sich »an den Rand gedrängt« und »als zweitklassiger Mensch degradiert« fühlen. Der Interviewer fragt Viktor und Willi, was ihnen bei den Reden besonders gefallen habe.

Viktor: Daß der Facharbeiter nicht als zweitklassiger Mensch degradiert werden soll, daß es eine wichtige Angelegenheit ist. Man muß ja nicht immer studieren gehen, daß man was werden kann, weil man kann genauso Erfolg haben als wie ein Studierter, oder wie ein Doktor.

H. K.: Du findest, daß ein Facharbeiter deklassiert ist?

Viktor: Nein, eigentlich nicht, ich meine, ich weiß selber nicht, wie ich auf das gekommen bin, ich habe eigentlich nie gedacht, daß ein Facharbeiter ... ich meine, ein Doktor oder ein Magister ist sicher höherg'stellt als wie ein Facharbeiter, das ist eh einmal klar, weil's einfach vom Titel her ist, aber mir persönlich ist es, ich kann mit einem Facharbeiter genausogut reden wie mit einem Doktor oder was.

Auffallend ist der Widerspruch, der hier zutage tritt. Einerseits lobt Viktor das Eintreten Haiders für den Facharbeiter, der »nicht als zweitklassiger Mensch degradiert werden soll«, andererseits sagt er selbst, daß »ein Doktor oder ein Magister sicher höherg'stellt (ist) als wie ein Facharbeiter, das ist einmal eh klar«. Obwohl Viktor diese Ungleichheit, die Deklassierung, akzeptiert, wünscht er sich die Gleichstellung, was er in seiner Vorstellung dadurch erreicht, daß er mit einem Facharbeiter genausogut reden könne wie mit einem Doktor. Jörg Haider, der aufgrund seines materiellen Besitzes und seiner akademischen Ausbildung eindeutig der Oberschicht (»Doktor«) zuzuordnen ist, andererseits aber »unser Jörg« oder »Jörgl« genannt werden kann, verkörpert die in diesem Widerspruch vermittelnde Größe und inszeniert die Aufhebung der Klassengesellschaft, in der z. B. Facharbeiter degradiert werden.

Auf die Frage, warum Haider besonders die Jugend anspreche, sagt er, daß Haider zur Jugend eine positive Einstellung habe und alle begeistern könne. Hannes Krall fragt nach, was »positive Einstellung« bedeute.

Viktor: Ja, er macht ja viel für die Jugend. Er ist bei jedem Fest dabei, das ist sicher auch eine gute Werbung für ihn, wenn er bei die Jungen dabei ist, und er redet mit die Jungen auch, und das hat's früher bei anderen Politikern nicht gegeben.

H. K.: Was spricht er mit der Jugend?

Willi: Über's Private zuerst einmal. Er fragt, wie es daheim ist und so, was man für eine Schulausbildung hat, das macht nicht ein jeder.

H. K.: Warum fragt er das?

Willi: Ja, weil's ihn interessiert, wie die Jugend d'rüber denkt, vielleicht kann er's auch in der Politik, im Land oder in der Stadt einsetzen, die Interessen des Jugendlichen weiterbringen und vielleicht zu die höheren Politiker, so wie Bundespräsident und so was, daß er vielleicht das anbringen kann, wie die Jugend denkt. Weil es sind nicht viele Politiker, die sich um die Jugend kümmern.

Ralf: Aber auch, was er heute noch gesagt hat, daß er auch die Alten nicht vergessen wird, weil das ist eben in der Gesellschaft so, daß die an den Rand gedrängt werden, eben abg'schoben werden, und daß man nur Geld dafür zahlen soll, daß man's endlich los ist.

Auch hier wird wieder betont, daß Haider mit den Jugendlichen rede, wobei das Private im Vordergrund stünde. Dabei wird Haider von den »anderen Politikern«, die das nicht machen würden, abgegrenzt. Haider interessiere und kümmere sich um die Jugend und werde sie vor den »hohen Politikern« vertreten. Er vergesse auch die Alten nicht, die »an den Rand gedrängt« und »abgeschoben« werden würden. Am Beispiel der Alten werden Ausgrenzungs- und Entwertungsängste verdichtet.

Auf die Frage, was die Jugend anspreche, sagt Viktor:

Viktor: Er hat einfach ein attraktives Auftreten, ganz voll Schwung und Elan geht er da hinauf, und seine Reden sind auch nicht so heruntergelesen oder so. Er redt irgendwie, wie soll ich sagen, ungebunden.

Haider: (Im Vorübergehen) Ihr könnt euch noch nicht trennen, hm?
(Gelächter)

Viktor: (Dem Haider nachrufend) Wir reden ja über Ihnen, ja ...
(Gelächter)

Haider: Pfiat euch!
H. K.: Wie ist das, wenn der Haider so vorbeigeht und etwas herruft?
Viktor: So hochnäsig, so vom hohen Roß ist er nicht, er kann sich auch unters Volk mischen.

»Respektsperson und Kumpeltyp ...«

Ein anderer Jugendlicher, der mit der sozialistischen Familientradition gebrochen hat und zu Jörg Haider übergewechselt ist, sagt in einem Interview nach einer Haider-Veranstaltung, daß er schon öfters persönlichen Kontakt zu Jörg Haider gehabt habe. Das Verhältnis zu diesem sei »total lokker und unkompliziert« und »man hat nicht das Gefühl, daß da der Landeshauptmann vor jemandem sitzt«. Er sei vielmehr ein »Kumpeltyp«. Als der Gesprächspartner gegenüber Hannes Krall die besondere Art Jörg Haiders charakterisieren wollte, kam dieser an ihnen vorbei.

Franz: ... das ist, wie soll man sagen, irgendwo ein Kumpeltyp, also wo man ...
Haider: (Im Vorbeigehen) Halli-Hallo! (Gibt ihm die Hand und ist im schnellen Schritt schon wieder durch die Tür verschwunden)
Franz: Hallo! (Lacht) Also ich glaub, das sagt ... (Lacht).
H. K.: Das sagt alles?
Franz: Das sagt alles! (Lacht)
H. K.: Aber er hat ja nur »Halli-Hallo« gesagt?
Franz: Ja aber, das ist ... Ich meine, das ist irgendwo bezeichnend für ihn, also für seine lockere Art. (...)
H. K.: Was steckt mehr für dich dahinter?
Franz: Ich meine, er dirigiert ja die Geschicke unseres Landes, er ist irgendwo ein Politiker, eine Respektsperson.
H. K.: Er ist eine Respektsperson?
Franz: Ja natürlich ...
H. K.: Und gleichzeitig ein Kumpel?
Franz: Für mich ist irgendwo jeder Politiker eine Respektsperson, weil der hat Verantwortung und alles. Aber: Also ich hab vor ihm Respekt, er ist aber gleichzeitig für mich irgendwo ein Kumpeltyp, wo man hinkommen kann und dem man Probleme vorsagen kann. Und er wird auch sagen, paß auf, das machst so, und er kümmert sich auch um dich. Also er hat seinen Sekretär bei sich dabei ...

> Man hat echt das Gefühl, man wird ang'hört und man wird auch ernstgenommen.

Über unzählige Blitzkontakte und Kurzauftritte dieser Art scheint Jörg Haider das Gefühl zu vermitteln, sich um alle zu kümmern, auf alle einzugehen, für die Probleme aller ein offenes Ohr zu haben, alle ernstzunehmen ... Immerzu ist er für die anderen da, wobei seine eigenen persönlichen Interessen bei dieser Inszenierung im Dunkeln bleiben.

»Reden wie zu einem Freund ...«

Die Doppelrolle Jörg Haiders, in der er einerseits sehr mächtig ist und über den Menschen steht, andererseits als »Freund« und »Kumpel« wahrgenommen wird, erzeugt eine seltsame Gleichzeitigkeit von Nähe und Distanz. Auch in dem folgenden Interview mit einem etwa 50jährigen Kärntner Bauern findet man diese Doppelrolle Jörg Haiders als »Respektsperson« und »Kumpeltyp« vermischt mit einer Idealisierung und Überhöhung. Ein wichtiger Aspekt in der Doppelrolle scheint der Umgang mit der Angst zu sein, die eine »Respektsperson« zwar zunächst erzeugt, die bei Jörg Haider als »Kumpel« jedoch neutralisiert ist.

H. K.: Haben Sie schon jemals persönlichen Kontakt zu Jörg Haider gehabt?

Albert: Ja sicher, ja.

H. K.: Und wie war das, können Sie das kurz schildern?

Albert: Ja, auf jeden Fall ist er ein super Mensch, man kann mit ihm reden als wie mit ... als wie zu einem Freund. Er ist ... man hat nicht so eine Ehrfurcht als wie vor einem anderen Landeshäuptling oder was. Also meines Erachtens ist er ein super Mensch.

H. K.: Haben Sie Ehrfurcht vor anderen Politikern?

Albert: Nein, eigentlich nicht, ich bin ja nicht ... »Ehrfurcht« möchte ich nicht sagen. Aber es gibt Politiker, die so herunterschauen auf einen, dann schaut man ihn weniger gern an. »Ehrfurcht«, möchte ich eigentlich sagen, habe ich überhaupt keine.

H. K.: Jörg Haider steht ja auch an der Spitze, er ist ja auch eine hohe Amtsperson?! Schaut er trotzdem nicht herunter?

Albert: Nein, sicher nicht, sicher nicht.

Jörg Haider sei »ein super Mensch« mit dem man reden könne »wie zu einem Freund«. Außerdem braucht der Interviewpartner vor Jörg Haider nicht so eine »Ehrfurcht« zu haben, die er vor anderen Politikern eingestandenermaßen erst hat, dann jedoch wieder abstreitet. Es drückt sich darin eine Gefühlsambivalenz gegenüber Politikern aus, die man einerseits bewundert und denen man sich respektvoll aus (Ehr-) Furcht unterordnet, denen man sogleich wieder diesen Respekt entziehen und lieber durch Auflehnung oder Gleichgültigkeit ersetzen möchte (Ehrfurcht hat unser Interviewpartner dann doch »überhaupt keine«).

Unser Unbewußtes kennt, wie Freud sagen würde, »keine Negation«; das Bild der Ehrfurcht ist im Raum und Haider wird als jemand vorgestellt, der sie uns wieder bewältigen hilft.

Ehrfurcht ist in gewisser Hinsicht ein feudales Gefühl, das sich der »aufrechte Bürger« nicht gerne eingesteht, dessen er sich schämt. Haider gibt Menschen, die sich unterwerfen, das Gefühl, sich nicht schämen zu müssen. Auf den trügerischen Charakter dieses Gefühls gehen wir später noch ausführlicher ein. Man spürt aber bereits: Hinter der »Ehrfurcht« stehen Ängste, die Albert sich nicht eingestehen kann und die in der Kumpelhaftigkeit des Jörg Haider aufgehoben scheinen.

»Er will sich mit jedem Menschen verstehen ...«

In einem weiteren Interview kommt ein junger Mann zu Wort, der Jörg Haider nach einer Wahlkampfrede in Grafenstein (01. 10. 90) angesprochen hat. Auch hier schwingen Ängste mit, obwohl bekräftigt wird, daß sich Jörg Haider mit jedem Menschen verstehen wolle.

Gerd: Für mich persönlich hat der Haider eine Ausstrahlung, also: Von Mensch zu Mensch. Mir kommt vor, er schaut nicht so hinunter auf einen. (...)

H. K.: Was hast du für einen Eindruck, wenn du ihm persönlich gegenüber stehst?

Gerd: Er ist eine Autorität.

H. K.: Er ist eine Autorität?

Gerd: Ja ... Eine Persönlichkeit.

H. K.: Kannst du das beschreiben?

Gerd: Er ist für mich echt eine Persönlichkeit, also ich weiß nicht, wie ich das sagen soll.

H. K.: Kannst du ein konkretes Beispiel geben?

Gerd: Er ist ein Mensch, der hat etwas zum Reden, aber er ... er schaut auf den Menschen nicht hinunter. Er will sich mit jedem Menschen verstehen, er will jedem vielleicht eine faire Chance geben. (...)

H. K.: Hast du früher schon persönliche Kontakte zu ihm gehabt?

Gerd: Weniger. Ich war damals also noch leider - also »leider« möchte ich nicht sagen - ich war bei der Sozialistischen Partei. Also ich war nicht Mitglied der Sozialistischen Partei, ich war »Sozialist«. Das gebe ich offen und ehrlich zu, habe oft »rot« gewählt. Bei uns daheim in der Familie sind alles Rote.

Auch hier wird Jörg Haider als sehr mächtig beschrieben, »der etwas zum Reden« habe, sich aber trotzdem nicht über andere stelle. (Der Inhalt des »Redens« bleibt charakteristischerweise wieder im Dunkeln). Das Bild vom verständnisvollen, auf Gleichwertigkeit achtenden Haider, der jedem (»vielleicht«?!) eine faire Chance gibt, steht in einem seltsamen Widerspruch zu dem, was über ihn allgemein bekannt ist: Erstens duldet Jörg Haider in den eigenen Reihen keinen gleichwertigen Partner neben sich, mit dem er seine Macht teilen würde, und zweitens wird die Aussage, er wolle sich mit jedem Menschen verstehen, wolle ihm eine faire Chance geben, angesichts der Tatsache fragwürdig, daß Jörg Haider wie kaum ein anderer Politiker seine politischen Widersacher außerhalb und innerhalb der Partei mit aggressiver Wortwahl aus der Gemeinschaft ausschließen kann.

Die ›liebevolle Verbrüderung‹ in der Darstellung dieses und anderer Interviewpartner erfolgt ausschließlich auf der Basis der Bewunderung von Haider als »Persönlichkeit« und der Anerkennung seiner »Autorität« im Rahmen einer In-Group.

Die verdeckte Wahrheit der Verbrüderung ist eine Unterwerfung - derer man sich freilich schämt. Jeder von uns kennt das Gefühl der Beklemmung, des »Bekanntheitsgefälles«, das uns beschleicht, wenn wir unvermutet einem

»Star«, einer öffentlich bekannten, mächtigen Person gegenüberstehen. Daß Haider die Situation der angstvollen Begegnung nicht triumphierend ausnützt, daß er die Demütigung, Unterwerfung zwar dem Außenfeind androht, aber die Unterwerfung der »kleinen Leute« mit einfachen Floskeln (»Halli-hallo«) und unter Verwendung des Duz-Tones blitzartig überspielen hilft - dafür sind diese ihm unendlich dankbar.

Die so auffallend häufig und stereotyp beschworene Phantasie vom »guten Kumpel« Haider ist noch aus einem weiteren Grund eine Reaktionsbildung, eine beruhigende Antwort auf eine Angst, die Haider auch bei seinen Anhängern auslöst. Er hat versprochen, mit allen Tachinierern, Faulenzern, Privilegierten endgültig »aufzuräumen«; den Fans im Publikum macht er das Angebot, sie als fleißige, pflichtbewußte, eindeutig gute Menschen zu sehen. Diese schmeichelhafte Aufspaltung geht völlig vorbei an der Realität aller Lohnarbeiter, Angestellten und Geschäftsleute in unserer Gesellschaft - und diese spüren das auch. Ein Lohnabhängiger muß neben der Identifizierung mit seiner Arbeit immer auch Leistung zurückhalten können, in bestimmten Grenzen »Tachinierer«, Egoist sein, wenn er nicht vorzeitig verschlissen werden will; jeder Geschäftsmann und Steuerpflichtige macht gegenüber dem Finanzamt Angaben, die mit Wahrheit und Pflicht nicht viel zu tun haben. »Also ist die Korruption unserer Mächtigen, die wir tagtäglich enthüllen, nur symptomatisch für die weit umfassendere Korruption unserer Kultur des egoistischen Expansionismus, der geheiligten Rivalität und des Siegermythos«, schreibt H. E. Richter.* Viele dürften erleichtert sein, wenn die Geschosse gegen die Egoisten, Tachinierer und Schmarotzer weit hinter oder über ihnen bei einigen großen, von Haider namhaft gemachten Figuren einschlagen. Man hört allerdings noch das Pfeifen der Kugeln über dem eigenen Kopf, zieht diesen etwas ein, applaudiert nach vorne und fühlt sich noch einmal besonders zur Gruppe der Fleißigen und Guten oder zur Volksgemeinschaft zugehörig. Die Spaltung zwischen In-Group und Out-Group ist

---

* H. E. Richter: Die hohe Kunst der Korruption, Hamburg 1989, S. 15.

der unausgesprochene Hintergrund für die Stilisierung Haiders zum guten Freund und Bruder.

Jörg Haider entspricht dem Bild des »großen, kleinen Mannes«, das den doppelten Wunsch seiner Anhänger zu erfüllen scheint, »sich der Autorität zu unterwerfen und zugleich selbst Autorität zu sein«.* Neben der scheinbar gelungenen Vermittlung zwischen oben und unten charakterisiert unser Interviewpartner Gerd die Beziehung zwischen Jörg Haider und seinen Anhängern in der Aussage, Jörg Haider »will sich mit jedem Menschen verstehen, er will jedem eine faire Chance geben ...«. Dies ist gleichzeitig die von Freud beschriebene Voraussetzung für den Zusammenhalt von künstlichen Massen:

> »... daß alle von einem, dem Führer, in gleicher Weise geliebt werden. Nun vergessen wir aber nicht, daß die Gleichheitsforderungen der Masse nur für den Einzelnen derselben, nicht für den Führer gilt. Alle Einzelnen sollen einander gleich sein, aber alle wollen sie von ihm beherrscht werden. Viele Gleiche, die sich miteinander identifizieren können, und ein einziger, ihnen allen Überlegener, das ist die Situation, die wir in den lebensfähigen Massen verwirklicht finden.«**

Haider macht zwar die Menschen gleich, aber das Gleichheitsgefühl in bezug auf Haider selbst beruht eher auf den beschriebenen Rühreffekten und der Angstberuhigung. Wer es ihm wirklich gleichtun würde, dieselben Gehorsamsansprüche stellen, genauso auftreten würde, wäre schnell lächerlich oder würde als gefährlich aus der Fan-Gemeinde ausgegrenzt.

Auf der Basis der gemeinsamen Bewunderung Jörg Haiders als »Persönlichkeit« und der Anerkennung seiner »Autorität« formieren sich die Anhänger im Rahmen einer In-Group. Dementsprechend findet sich bei Haider auch kaum Kritik in den einzelnen Interviews, die sich etwa auf einzelne Sachfragen beziehen könnte. Kritische Opposition gegenüber Jörg Haider würde den Ausschluß aus dieser »Brüderschaft« bedeuten, der Ängste erzeugt. Die Ausgrenzungs-Ängste

---

* Th. W. Adorno: Die Freud'sche Theorie (vgl. die Anm. S. 38), S. 50.

** S. Freud: Massenpsychologie und Ich-Analyse. In: ders., Studienausgabe Bd. IX, Frankfurt 1969.

kommen am Ende des oben zitierten Interviews, geknüpft an die frühere Rolle als »Sozialist«, sehr deutlich zum Ausdruck. Seine damalige Zugehörigkeit zur Fremdgruppe, zur SPÖ muß Gerd wie eine Sünde, die er »offen und ehrlich« zugeben muß, eingestehen, obwohl er ja eigentlich sowieso nicht richtiges »Mitglied«, sondern bloß ehrlicher »Sozialist« gewesen sei. Es taucht dabei offenbar kurz die Angst auf, es könnte sich doch noch irgendwo ein Makel finden, der die neue Gruppenzugehörigkeit und seine ›freundschaftliche‹ Verbundenheit mit Jörg Haider in Frage stellt. Wer möchte schon von Jörg Haider als »Sozialschmarotzer« identifiziert, als »Gauner der Republik« entlarvt oder sogar als »Bonze deportiert« werden, um schließlich auf einer »Treibjagd« vor die Gewehrläufe Haiderscher Kampfrhetorik zu geraten?

Der Kumpel Jörg Haider und seine Freunde

Die Beispiele haben bereits wesentliche Facetten der ›persönlichen Beziehung‹ zwischen Jörg Haider und seinen Anhängern bebildert. Im folgenden Teil werden wir versuchen, diese seltsame Gleichzeitigkeit von oben und unten, von Nähe und Distanz bzw. von Kumpel und Respektspersonen noch weiter zu verstehen und die dahinterliegende psychische Dynamik sichtbar werden zu lassen. Es mag im ersten Augenblick paradox erscheinen, daß wir dafür ein Interview heranziehen, in dem sich der Gesprächspartner, der hier Alfred heißen soll, als Gegner von Haider bezeichnet. Obwohl Alfred, der eine Jugendgruppe leitet und in Begleitung von zwei weiteren Mitgliedern dieses Vereines ist, Jörg Haider »persönlich so von seiner Politik, von seiner Einstellung her, überhaupt nicht leiden« könne, wird der Verlauf des Interviews zeigen, daß sein Verhältnis zu Jörg Haider durchaus positiv ist. Auf die Frage des Interviewers, warum Haider gerade die Jugend besonders ansprechen könne, sagt Alfred, daß Haider genau im richtigen Moment da sei und der persönliche Kontakt zur Jugend eine große Rolle spiele.

H. K.: Du hast gesagt, er spricht die Jugend an. Wie macht er das?

Alfred: Wie macht er das? Der persönliche Kontakt, glaub' ich, wird schon g'fördert. Ich meine, ich war gestern auf einem Ball, da war er zufällig auch ...

H. K.: Wie war das?

Alfred: Ja, ich hab' ihn ang'sprochen eigentlich, wie das heute so ablaufen wird da ...

H. K.: Du hast ihn gefragt? Was hat er d'rauf gesagt?

Alfred: Er hat mir eigentlich den gesamten Ablauf erklärt ein bisserl, und nachher hab' ich ihn eigentlich so g'fragt, wie das wieder so mit den politischen Interessen ist, wie er das vertreten wird da, seine politischen Interessen, und da leider hat er's g'sagt, was mich eigentlich gestört hat, daß es alle Jahre so war. Ich weiß nicht, ob das alle Jahr so streng politisch g'halten wird, das ist mir zu politisch gewesen eigentlich.

Mit dem Landeshauptmann auf einem Ball zu reden sei nichts Besonderes, da der Landeshauptmann ein Mensch sei wie jeder andere auch.

Christa, die Begleiterin Alfreds, wirft in das Gespräch ein, daß Jörg Haider »ein attraktiver Mann« sei und »von den Frauen angehimmelt« werde. Auf die Frage, was eine Frau anspreche, schließt sie sich selbst kategorisch von diesen »anderen Frauen« aus, die »halt total begeistert von ihm« seien: »Mich spricht er ja nicht an!«

Alfred bringt den Vergleich mit dem ehemaligen Landeshauptmann Leopold Wagner, von dem er nicht glaubt, »daß er so auf die Jugendlichen ansprechen« würde. Christa bemerkt, daß im Gegensatz zu Wagner bei Jörg Haider nicht ständig ein Leibwächter zu sehen sei, »der auf ihm draufpickt und ihn vor die Leut beschützt«.

Die Rolle der Begleiter scheint für beide wichtig zu sein, da Alfred dieses Thema aufgreift und Haiders Sekretär (»Beiwagen«) kritisiert, der zu »streng« sei und »etwas lockerer« sein müßte. Im Gespräch ergaben sich einige Mißverständnisse. Da der Interviewer nicht verstand, in welchem Zusammenhang das Privatleben des Sekretärs zu dem vorher Gesprochenen stand, mußte er mehrmals nachfragen, um sich Klarheit zu verschaffen.

»Mich stört sein ›Beiwagen‹ ...«

Alfred: Das einzige, was mich stört beim Haider ist sein Beiwagen oder was das ist, der da mit ihm mitfliegt, der Sekretär, der müßte ein bisserl, wenn der Haider schon so locker ist, wie sie es gesagt haben, müßte er etwas lockerer sein, ich meine, er ist zu streng, ich meine, ich habe mit ihm gestern auch g'redet, ich sprech mit jedem, bei mir ist's ja nicht so, daß ich da Angst habe vor jemandem ...

H. K.: Du bist ja wie der Haider?

Alfred: (Lacht laut) Ja, das ist halt nur Interesse. Ich habe ihn Sachen g'fragt, was eigentlich keiner fragen würde: Wie schaut's mit dem Privatleben aus? - Hab ich ihn g'fragt.

H. K.: Den Haider?

Alfred: Nein, nicht den Haider (lacht), seinen Sekretär. Er hat g'sagt: Da gibt's keines. Ich meine, daß ist ja blind, das ist ja ...

H. K.: Also, du hast gefragt, wie schaut das Privatleben vom Haider aus?

Alfred: Nein, nein, nicht vom Haider ... Ja, ich weiß nicht, unsympathisch kann man ehrlich sagen, das ist das beste Wort eigentlich ... Ich meine, wenn ich mit ihm gestern red', dann schaut er mich heute nicht einmal mehr an. In meinen Augen, beim Haider gibt's das nicht, ich meine, da fragt er mich gleich, der Haider hat mich heut schon wieder g'fragt, ich meine, obwohl mir das nicht imponiert, muß ich gleich dazusagen, daß er mich fragt, wie lange war ich gestern am Ball, ich meine ... (lacht) ... Das ist ja ...
(Lachen)

H. K.: Kann er sich noch an das erinnern?

Alfred: Ja (verwundert) ... Ich weiß es auch nicht, warum ...

H. K.: Wie ist das für dich, wenn er sich da noch an dich erinnert und dich dann wieder anspricht?

Alfred: Überhaupt nichts. Es ist für mich gleich, als ob ich mit ihm reden tät, so wie gestern, da waren wir am Ball und heut treffen wir uns wieder, das ist für mich genau gleich. Für mich ist das ... nicht daß er vor mir jetzt eine Respektsperson wär' oder irgend'was, daß ich jetzt müßt einen Respekt zeigen vor ihm: »Super, super, klaß, schaut's mich an, der hat mich noch erkannt, ich hab gestern mit ihm g'redt und heut kennt er mich noch!«, aber bittschön, das ist aber niemals ... so was nicht, nein.

Durch das ganze Interview zieht sich der augenscheinliche

Widerspruch zwischen Bewunderung und Ablehnung von Haider. Dieser zeigt sich im Versuch Alfreds, jeglichen Verdacht einer emotionalen Beziehung zu Jörg Haider abzuwehren. Obwohl Alfred erklärt hat, daß er Jörg Haider »überhaupt nicht leiden« könne und sich besonders am Beginn des Interviews bemüht, sachlich fundierte Kritik an der Veranstaltung und an Jörg Haider zu üben, scheint es doch so, daß Alfred die eigene Aufwertung, die darin besteht, von einer berühmten Persönlichkeit auf einem Ball beim Namen genannt und vielleicht nach dem eigenen Privatleben gefragt zu werden, verleugnet.

Abgesehen von diesem Widerspruch in den Ausführungen Alfreds ist die Funktion des »Beiwagens« von großem Interesse. Alfred hat am Ball nicht nur mit Jörg Haider, sondern auch mit seinem »Beiwagen« gesprochen, der ihm unsympathisch ist, da er ihn recht kühl abgewimmelt hat. Mit der Frage nach seinem Privatleben hat er versucht, ebenso wie zu Jörg Haider, einen persönlichen Kontakt herzustellen. Dabei bringt er den Ärger über den Mißerfolg (»... das ist ja blind ...«) und seine Enttäuschung (»... wenn ich mit ihm gestern red', dann schaut er mich heute nicht einmal mehr an ...«) recht unverhohlen zum Ausdruck. Beim Haider, der sich gleich auf ein privates Gespräch einließe, gäbe es diese Zurückweisung nicht.

In diesen Aussagen wird deutlich, was in der gewählten Metapher (»Bei-wagen« als ein Teil vom Motorrad) schon angedeutet ist. Der »Beiwagen« ist in der Phantasie Alfreds keine eigenständige Person, sondern erweist sich als die Kehrseite, der »Schatten« der idealisierten Person Haider. Der Zusammenhang drückt sich bereits in der von Alfred gebrauchten Formulierung aus: »Das einzige, was mich stört beim Haider, ist sein Beiwagen ...« und dann in Verwirrung des Interviewers, in der er nicht mehr genau versteht, ob jetzt Jörg Haider oder sein »Beiwagen« gemeint ist.

Der am Beginn dieser Analyse erwähnte innere Widerspruch von Ablehnung und Bewunderung gegenüber Jörg Haider bekommt durch die Projektion des »Schattens« von Jörg Haider auf den »Beiwagen« eine interessante Dimension. Warum, müßte man fragen, werden die negativen Anteile von Haider zugunsten seiner Idealisierung, der im Gegensatz zum »Beiwagen« durchwegs authentisch im Umgang mit seinen Freunden sei und zu allen eine sehr persönliche Gesprächsbasis habe, auf seine Begleiter projiziert? Wäre es nicht einfacher, die aufgekommenen Zweifel an der Echtheit des vertrauten Umgangs mit Jörg Haider so zu wenden, daß dadurch die bewußt geäußerte Tendenz, »ihn überhaupt nicht leiden« zu können, gerechtfertigt wird.

Diese Fragen lassen sich leicht beantworten, wenn man annimmt, daß die von Alfred betriebene und zugleich verleugnete Idealisierung von Haider den Zweck hat, sich jenes narzißtisch besetzte und von Jörg Haider verkörperte Idealbild zu erhalten, mit dem Alfred sich (unbewußt) identifizieren kann. Jörg Haider wird so zum Spiegel, in dem der Bewunderer sein eigenes Ideal wiederentdeckt. Alfred leitet eine Jugendgruppe und er bewundert an Haider, wie dieser »so auf die Jugendlichen anspricht«. Diese Erklärung macht auch deutlich, in welchem Zusammenhang die scherzhaft eingeworfene Assoziation »Du bist ja wie der Haider?!« steht, in der das spontane Unbewußte in der Gegenübertragung bereits die Lösung für das widersprüchliche Verhalten Alfreds gefunden hat, die auch durch sein lautes Lachen bestätigt wird.

Eine zusätzliche wichtige Rolle scheinen auch hier wieder verborgene Ängste zu spielen, die Alfred immer wieder in Abrede stellen muß (»... bei mir ist's ja nicht so, daß ich da Angst habe vor jemanden«, »... nicht daß er vor mir jetzt eine Respektsperson wär' oder irgend'was«). Das Flair der Kumpelhaftigkeit hat auch hier neben den bereits erwähnten utopischen Phantasien der Zusammengehörigkeit eindeutig Angstabwehrcharakter.

Das Mit-Sich-Führen von »Beiwagen«, welche den Ärger und die Kritik an Haider auffangen, ist über die hier konkret beschriebene Begegnung hinaus systematisches Element der Haider-Inszenierung. Gernot Rumpold, Haiders »Mann fürs Grobe«, dem z. B. die Demütigung des Parteifreundes Candussi übertragen wurde, während Haider sich relativ sauber halten konnte, ist ein anderer wichtiger Beiwagen.

Narziß und Publikum

Die Inszenierung Jörg Haiders ermöglicht im Wechselspiel zwischen ihm und seinem Publikum gegenseitige Befriedigung der dahinterstehenden narzißtischen Wünsche und Verschmelzungsphantasien. Man kann sich gegenseitig »toll finden«. Jörg Haider wird von seiner Anhängerschaft idealisiert und überhöht, wie es dem Spiegelbild in der Sage von Narziß entspricht, in dem dieser sich schließlich verfängt. Die seltsame Glückseligkeit, die aufkommt, wenn Jörg Haider seinem Fan einen Teller am Büffet in die Hand drückt, ihm dabei womöglich noch in die Augen sieht, oder wenn Jörg Haider auf einer Veranstaltung seinen Bewunderer mit dem Namen anspricht und ähnliches, resultiert aus der Verschmelzung des Bewunderers mit seinem eigenen Idealbild. Der so Verzauberte ist in der Faszination von seinem Ideal gefangen und benötigt kein wirklich tiefgreifendes Erlebnis, um diese Faszination zu erklären. Dazu ein »Jungbürger« über Jörg Haider im Vergleich zu anderen Politikern:

> »Jörg Haider ist flott, er mischt sich richtig in die Jugend hinein, das machen sie eigentlich alle, aber er ist irgendwie direkt. (...) Er marschiert heut oben herum, er macht mit allen Fotos, er gibt einem jeden die Hand, das macht ja ein jeder, aber bei ihm ... er ist irgendwie anziehend.«

Die Fotos, die Medienbilder mit anderen Personen, sind gemeinsame Spiegel, über welche die Wichtigkeit und Schönheit der abgebildeten Person tendenziell der ganzen Welt gezeigt werden kann. Hannes Krall, der die hier vorgestellten Interviews gemacht hat, hat Formulierungen gefunden, die zeigen, wie sehr die Haider-Faszination auch noch den um Distanz bemühten Forscher bewegt:

> Die durch die Verschmelzung mit dem Idealbild erfahrene narzißtische Befriedigung erlebte ich an mir selbst viele Male, wenn ich Jörg Haider zum Beispiel bei einem Wahlkampfauftritt beobachtete. Speziell bei den ersten bewunderte ich seine Redegabe, seine Schlagfertigkeit, die Art und Weise, wie er seine politischen Gegner in zwar aggressiver aber meist humorvoller Wortwahl anschwärzte und dafür von seinen Anhängern immer kräftigen Applaus erntete. Außerdem faszinierte mich sein attraktives Äußeres, das er jederzeit geschickt

den jeweiligen Umständen anzupassen vermag. In dieser Faszination für Jörg Haider bewunderte ich - trotz des Widerwillens auf der bewußten Ebene - offensichtlich mein eigenes narzißtisches Ideal, das alles weiß und komplizierte gesellschaftliche Zusammenhänge anhand einfacher Erklärungen oder Bilder glaubhaft und mit augenzwinkernder Leichtigkeit entwirren kann. Er besitzt sowohl wirtschaftliche als auch soziale und ökologische Kompetenz und ist darüberhinaus einziger wahrer Kenner der Historie unseres Landes, so daß er sich weder von Erika Weinzierl und anderen »halbgebildeten Besserwissern« belehren noch von einem Psychotherapeuten wie Erwin Ringel auf die Couch legen lassen muß. In dieser Verliebtheit und symbiotischen Verbundenheit mit »meinem« Spitzenkandidaten wurden die Prozentsätze und Zahlenbeträge, die Jörg Haider zu jedem Thema parat hat und bei jeder Wahlveranstaltung stereotyp wiederholt, zum Beweis für seine profunde Kenntnis in den einzelnen Sachfragen, egal ob es sich jetzt um das Einkommen eines Gewerkschaftsbonzen im oberen Waldviertel oder um die Subventionierung des Milchtransportes pro Liter und Kilometer in Vorarlberg handelt. Aber jetzt habe ich schon zuviel von meinem eigenen Narzißmus verraten.

»Ich gewinne jede Schönheitskonkurrenz ...«

Bis jetzt haben wir ausschließlich von den narzißtischen Wünschen der Bewunderer Jörg Haiders gesprochen. Eine beliebte und verräterische Selbstinszenierung Haiders ist jene, in der er in seinen Reden sich selbst und seine Leistung in dritter Person widerspiegelt. Verwirrung konnte zum Beispiel eine »Sendung des Landeshauptmannes« auslösen, in der er als Moderator sich selbst zum Gegenstand einer Diskussion machte und in der er darüberhinaus selbst als Diskussionsteilnehmer mitwirkte und seine eigene Laudatio hielt. Jörg Haider als Moderator:

> »Meine sehr geehrten Damen und Herren. Ich begrüße sie herzlich zur ›Sendung des Landeshauptmannes‹. Ich habe hier eine Gesprächsrunde von Chefredakteuren und Redakteuren bei dieser Sendung, die eine Beurteilung der zweijährigen Arbeit des Kärntner Landeshauptmannes vornehmen sollen. Zwei Jahre ist nun in Kärnten ein neuer Landeshauptmann, es sind eine Reihe von Dingen in dieser Zeit passiert und in Gang gekommen ...«

Es folgt Jörg Haider mit einer langen Liste von Erfolgsmeldungen über den Landeshauptmann Jörg Haider. Anschließend Jörg Haider wieder als Moderator seiner eigenen Sendung: »Ich darf die Chefredakteure nun ersuchen, ihre Beurteilung abzugeben ...« Zum Abschluß noch einmal Jörg Haider, der sich in Form einer (pseudoironischen) Allmachtsphantasie über die Zukunft äußerte: »Ich werde mich in der nächsten Zeit als Wolkenschieber betätigen, damit also klarer Himmel in eine gute Zukunft weisen wird.«

Die Spiegelung des großartigen und makellosen Jörg Haider in seinen eigenen Reden ist eine beliebte Variante einer narzißtischen Selbstinszenierung, die von atemberaubender Ungebrochenheit zeugt. Das zeigt sich in einer rhetorischen Figur, die man »Spieglein, Spieglein an der (Plakat-) Wand« nennen könnte. Der ironische Ton hierbei ist eine notdürftige Verhüllung der exhibitionistischen Aktion. Die dabei von Jörg Haider betriebene Pseudoironisierung soll wieder nur von tieferliegenden Bedürfnissen ablenken.

> »... und wir haben auch ganz konkrete Überlegungen und Ideen, weil wir glauben, daß diese Nationalratswahl halt mehr sein soll als eine Schönheitskonkurrenz der Spitzenkandidaten, wo es nur darum geht, ob jetzt der Vranitzky der feschere Bursch ist, oder der Joschi Riegler mit der neuen Frisur klasser ausschaut, oder der Jörg Haider mit die Hosenträger attraktiver ist (Gelächter). Ich glaube, daß ich unter diesen Dreien jede Schönheitskonkurrenz gewinne, das ist ja sowieso keine Frage (Gelächter, Applaus..) ... Wobei ich also eigentlich die angenehme Seite auch freudig verspüre, daß wir uns letztlich auch politisch deklarieren können. Der Vranitzky traut sich auf sein Plakat nicht einmal mehr SPÖ draufschreiben, weil er sich schon genieren muß für seine Genossen (Gelächter, Applaus ...).«

Wenigstens in diesem Sinne hat Jörg Haider die auf diese Rede folgende Nationalratswahl verloren, da auch ihm das Wahlresultat ebenso wie das »Spieglein an der Wand« in dem angesprochenen Märchen gesagt hat, was dem Narziß schlimmste Qual bedeutet: daß nicht er der einzig Größte in diesem Lande ist. Dies hat Jörg Haider bereits im Wahlkampf gespürt und die daraus resultierende narzißtische Wut in der Verhöhnung seines Konkurrenten (Vranitzky) ausgedrückt.

Der im ›Schmäh‹ nur schwach verhüllte Narzißmus Jörg Haiders kommt auch in einer von ihm betriebenen Gegenüberstellung mit Peter Ambrozy zum Ausdruck. Als Reaktion auf einen »Machtkampf der Sozialisten« habe man bei seinem Fernsehinterview »die Farbe herausgezogen«, damit er auch so blaß aussehe wie Ambrozy.

> »Als Ausgleich haben's dafür bei mir gestern beim Fernsehinterview wieder die Farbe herausgezogen, damit ich auch ein bißchen blaß ausschaue, wie Ambrozy, und damit eine Gleichberechtigung gegeben ist. (Lachen, Applaus) Aber vielleicht werde ich heute dafür umso bunter berichtet in der Zeit im Bild, soferne nicht auch hier die Berichterstattung der politischen Intervention zum Opfer fällt.« (Villach 01. 05. 1990)

Das heißt: an der möglichen schwachen Wirkung ist im Zweifelsfall der Spiegel, nicht der Gespiegelte schuld. Das sprachliche Spiel mit seinem äußeren Erscheinungsbild und die im Witz durch den Vergleich mit einem negativen Gegenüber anklingende narzißtische Selbstverliebtheit ist eine gängige Spielart von Haiders Selbstdarstellung, die von seinem Publikum mit Begeisterung aufgenommen wird. Wenn er zum Beispiel dem polnischen Staatspräsidenten Lech Walesa vorwirft, mehr breit als hoch zu sein, so hat das neben möglichen Phantasien körperlicher Überlegenheit gegenüber den indirekt als ›faul‹ klassifizierten Polen auch den Versuch zum Hintergrund, politische Auseinandersetzungen auf die Ebene der Körperlichkeit zu bringen, auf der Jörg Haider zum Vergleich mit seinem im Sport mustergültig geformten Körper einlädt. Ebenso scheint es sich mit Äußerungen zu verhalten, in denen Jörg Haider, die »Schönheitskonkurrenz« fortführend, seinem Erzrivalen rät, etwas für seine Figur zu tun. Jörg Haider:

> »Ich glaube schon, daß man es als Politiker weiter bringt, wenn man was gleichschaut. Wer fit ist, kann auch schneller denken. Immer wird negativ kommentiert, was ich mach. Auch mein Brückensprung. Das ist der Neid meiner wohlbeleibten Mitkonkurrenten. Der Vranitzky müßte wirklich was für seine Fitness tun. Er kriegt ja bald seine Hosen nicht mehr zu.« (Basta Juni Nr 6/91, S. 55)

Die in der Rhetorik Jörg Haiders immer wieder mitschwingende Selbstverliebtheit, die ständig zum Vergleich auffordern und auf seine ›makellose Schönheit‹ aufmerksam machen soll, hat bei Jörg Haider bereits Tradition. So posierte er zum Beispiel in der Zeitschrift »Wienerin« als »Playmate Jörg Haider« mit nacktem Oberkörper.

> »Jörg Haider stellt sich wie schönes Freiwild an die Wand, wie die Boys in Herrenmagazinen für Herren. Die Hände über dem Kopf, das brünette Haar verführerisch angefeuchtet, räkelt er seinen nackten Rücken in der Nachmittagssonne. Braungebrannt und muskulös, die Schultern nicht ganz so breit, wie es sich für einen Naturburschen gehört ...« (Wienerin 11/1986, S. 43)

Auf die in diesem Zusammenhang anklingenden erotischen und homoerotischen Phantasien gehen wir später noch ein, wo es um den Stellenwert der Verliebtheit der Anhänger in einer wirksamen Massenpsychologie geht.

Haider ist ähnlich wie in bezug auf das Aggressionsproblem in bezug auf unsere Narzißmusregungen als »Kulturrevolutionär« oder »Befreier« tätig. Obwohl in der Gesellschaft der konkurrierenden Marktteilnehmer und Selbstverkäufer, der zahlreichen Zwänge und Demütigungen, welche nach Kompensation rufen, der Narzißmus der Menschen beständig gefordert und stimuliert wird, gibt es noch Schamschwellen, zum Beispiel aus der christlichen Kultur, aus den bürgerlichen Umgangsformen, aber auch der Arbeiterkultur, die den ungehemmten expressiven Ausdruck des Narzißmus mit Tabus belegen. Dieses widersprüchliche, »verklemmte« Verhältnis der Gesellschaft zu ihrem Narzißmus löst Haider einseitig auf. Vielen scheint das wiederum als »Wahrheit« zu imponieren, Entlastung und Orientierungshilfe zu bedeuten. So ungebremst »super« wollten wir uns eigentlich schon immer finden, so selbstverliebt waren wir eigentlich schon immer, wir durften es nur nicht zeigen. Jetzt dürfen wir.

Der ewig fröhliche Jüngling

Zwischen Jörg Haider und seinem Publikum findet ein wechselseitiger Prozeß der gegenseitigen Idealisierung und Überhöhung statt, der die narzißtischen Wünsche der Beteiligten befriedigt. Um dem (immer noch partiell tabuierten) narzißtischen Ideal in unserer Gesellschaft gerecht zu werden, unterwirft sich Jörg Haider bis ins kleinste körperliche Detail mit großer Selbstdisziplin dessen Anforderungen. Dies reicht vom operativen Eingriff, durch den er eine Zahnregulierung vornehmen läßt, bis hin zum regelmäßigen Training im Fitneß-Center. Und ebenso wie die narzißtische Königin im zitierten Märchen, muß er laut einer Kolumne der Kärntner Nachrichten ständig beweisen, daß er nie älter wird:

> »Jörg Haider scheint pausenlos darum bemüht zu sein, allen zu beweisen, daß er nie älter wird. (...) Der FPÖ-Spitzenkandidat müßte zur Kenntnis nehmen, daß er nicht ewig nur ein fröhlicher Jüngling sein kann.« (Kärntner Nachrichten 16. 02. 1989, S. 1)

Dieses narzißtische Ideal des nicht alternden, ewig fröhlichen Jünglings soll wohl auch durch seine Kleidung unterstrichen werden. Dementsprechend meint die oben zitierte Wochenzeitung bezüglich einer TV-Konfrontation der Spitzenkandidaten vor der Landtagswahl, daß Jörg Haider auch durch seine Kleidung »brillierte«:

> »Der FPÖ-Chef erschien in einem sportlich-eleganten hellgrauen Karo-Sakko und Jeans. Nicht fehlen durfte natürlich sein bereits zum Markenzeichen avancierter blauer Schal. Weniger jugendlich-frisch die Kleidung seiner Kontrahenten ...« (Kärntner Nachrichten 23. 02. 1989, S. 3)

Diese Gegenüberstellung des immer »frischen Jünglings« mit schwachen Vergleichsfiguren begegnet man in den Medien in regelmäßigen Abständen. So zum Beispiel in einem Bericht des Standard:

> »Und als sich der Kreis gegen ein Uhr in der Früh schon ein wenig gelichtet hatte, stellte sich auch noch ein völlig frischer, obwohl im Dauerstreß stehender Kärntner Landeshauptmann Jörg Haider ein. Braungebrannt in sportlichen Jeans und lockerem Sakko war Haider der Hahn im journalistischen Korb (...). Als Haider die Runde nach eineinhalb Stunden verließ - scheinbar ebenso frisch wie bei seinem Eintreffen - nahmen das die verbliebenen sichtlich erschöpften Gäste als Signal, noch eins draufzusetzen ...« (Standard 23. 04. 1990, S. 5)

Und wie man bereits in der Konstruktion des »Beiwagens« im oben zitierten Interview gesehen hat, werden die männlichen Begleiter Jörg Haiders gern als Projektionsfläche für den aus der Idealisierung Jörg Haiders entstehenden »Schatten« seiner bewußt wahrgenommenen Person herangezogen. Das negative Abbild der Haiderschen Inszenierung des »ewig frischen Jünglings« kommt in einem Artikel des Kurier über seinen Wahlkampfeinsatz folgend zum Ausdruck:

> »Das Timing ist perfekt. Punkt zwölf landet das zweimotorige Flugzeug aus Klagenfurt (...). Jörg Haider springt heraus. Hinter ihm sein bulliger Leibwächter, ein Gendarm aus der Steiermark. Danach Gernot Rumpold, Haiders Sekretär, Freund, Schatten und Mitkämpfer. Haider wirkt wie immer: Locker, kumpelhaft, durchtrainiert. Rumpold dagegen: mitgenommen, fertig, blaß. Das genaue Gegenteil seines konditionsstarken Chefs. An Rumpold kann man erahnen, wie sich der Wahlkampf Haiders bisher abgespielt hat ...« (Kurier 30. 09. 1990)

Diesen Text kommentiert ein Bild, das zwei erschöpfte, im Hubschrauber schlafende Begleiter Jörg Haiders zeigt und indirekt seine angeblich ›unerschöpfliche Energiequelle‹ noch zusätzlich hervorhebt. Dazu der Text: »Erschöpfung total: Sekretär und Leibwächter« (ebd.).

Der Messias und seine Vehikel

Ein weiterer Aspekt der Inszenierung des narzißtischen Größenselbst bezieht sich auf die von Jörg Haider bei seinen Auftritten verwendeten Objekte wie Hubschrauber oder Auto, die hier im Sinne von Selbstobjekten gesehen werden müssen. Heinz Kohut folgend bezieht sich dieser Begriff auf

> »Objekte, die entweder im Dienst des Selbst und der Aufrechterhaltung seiner Triebbesetzung benutzt werden, oder auf Objekte, die als Teil des Selbst erlebt werden«*.

Der Zusammenhang dieser Selbstobjekte mit dem narzißtischen Größenselbst wird bei Jörg Haider in einem Artikel der Wochenpresse mit dem Titel »Der Messias« (Wochenpresse Nr. 39/27. 09. 1990, S. 12 ff.) sehr anschaulich dargestellt, in dem Jörg Haider als ›Heiland‹, im Cockpit eines Hubschraubers sitzend, abgebildet wird. In zahlreichen Wit-

---

* H. Kohut: Narzißmus, Frankfurt/M. 1983, S. 14.

zen über Jörg Haider wurde er in der Kärntner Bevölkerung als eng verbunden mit seinem Hubschrauber phantasiert. Aber auch ein Automobil kann einem vielleicht gar nicht so großen Selbst helfen, in der Phantasie noch etwas größer zu werden. Markige Sprüche begleiten den »Yuppie« Jörg Haider, wenn er zum Beispiel »zu Gast im PS-Club« auftritt und als »Fotomodell« vor seinem »Jugendtraum«, einem Porsche 911 Turbo, posiert (vgl. Kleine Zeitung 17. 05. 1991, S. 40 ff.). Und es scheint in diesem Zusammenhang nicht unerheblich, wenn Jörg Haider, unzufrieden mit dem ihm als Landeshauptmann angebotenen Dienstwagen, gleich auf das nächstgrößere Modell umsteigt und zum Gaudium seiner Anhänger auch Mittel und Wege findet, sich dieses Gefährt finanzieren zu lassen. Bemerkenswert ist auch die Tatsache, daß Jörg Haider drei Wochen nach seiner Abwahl als Landeshauptmann auf die Frage eines Journalisten, wie er das Klima im Lande nach dem politischen Wechsel einschätze, sofort auf seinen ehemaligen BMW 730i zu sprechen kommt und das Verhalten seiner politischen Gegner nach seiner Abwahl beklagte: »Die Stimmen waren noch nicht ausgezählt, habe ich das Dienstauto schon abgeben müssen« (Kleine Zeitung 14. 07. 1991, S. 7). Auch in den Kärntner Nachrichten war dies einen Artikel wert. Das suchtartige Verhältnis zu den großen, benzingetriebenen Vehikeln für die Mobilität und ein brüchiges Selbst teilt Haider mit den meisten seiner Anhänger. Auch darin ist er »wie sie«, erlaubt sich nur noch etwas mehr.

Ohnmachtserfahrung hinter dem Größenselbst

Wie sehr das inszenierte narzißtische Größenselbst das sichtbare Gegenstück einer tieferliegenden Ohnmachtserfahrung ist, kann auch bei Jörg Haider erahnt werden. In einem Interview der Wochenpresse fragt die Journalistin:

> »Wie man sich denn fühle, wenn man jeden Tag die eigene Unseriosität vorgeworfen bekommt und sich eine lebende Sprechblase nennen lassen muß. ›Mein Gott‹, sagt er, ›Politik machen ist sehr ähnlich wie ein Unternehmen führen. Jeder kämpft um Marktanteile, so, wie er glaubt, am effizientesten zu sein.‹ Und dann nach einer ernsten Weile: ›Wer die bessere

Ware hat, der gewinnt ja schließlich doch. Wenn aber einer kommt und immer sagt, alles, was du machst, ist ein Glumpert, nix wert und sowieso gleich hin, dann ist das schon sehr provokant und motiviert den Angegriffenen dauernd, das Gegenteil zu beweisen, noch härter, noch effizienter zu werden.‹ (...) ›Zuerst schaut man zu und stellt fest, was alles mies funktioniert. Dann beginnt man selber, etwas zu probieren - es wickelt sich langsam auf. Und meine Ohnmachtslektionen hab ich natürlich auch gelernt, nicht nur als Abgeordneter im Nationalrat mitten in einer sozialistischen Übermacht. Wir waren ja immer die Kleinen.‹ Aha, das hat auch Madelaine Petrovic gesagt: Ohn-Macht als Triebfeder zur Macht. Jörg Haider fügt noch mediengerecht hinzu: ›Und jetzt, jetzt bin ich der Anwalt dieser Ohn-Mächtigen.‹«

Weiter unten:

»›Aber, schauen Sie, es ist ja ein ganz natürlicher Vorgang. Die Kleinen kriegen halt Schläge, überall, und die alten Platzhirsche verteidigen ihr Revier. Sie wehren sich, ihre Platzhirschposition aufzugeben und dem Neuen Platz zu machen.‹« (Wochenpresse Nr. 39, 27. 09. 1990, S. 14 ff.)

Das von Jörg Haider auf der politischen Bühne inszenierte Größenselbst spielt auf frühe kindliche Erfahrungen der eigenen Ohnmacht und Entwertung an, die verdrängt wurden, ihm aber aus der Angst vor Wiederholung zur »Triebfeder« werden, diese ständig abzuwehren. Im »Kampf um Marktanteile« spricht Jörg Haider alltägliche Erfahrungen in einer Konkurrenzgesellschaft an, in der die Angst, von bevorzugten oder übermächtigen Konkurrenten übertroffen zu werden, einer realen Infantilisierung Vorschub leistet, die Jörg Haider geschickt mit frühen kindlichen Ohnmachtserfahrungen zu verknüpfen vermag. In seiner politischen Inszenierung gelingt es Jörg Haider, an dieser Schnittstelle von gegenwärtigen Unterlegenheitserfahrungen und kindlichen Ohnmachtserlebnissen anzusetzen (»Wir waren immer die Kleinen ...«) und in kindgerechter Form einen emotional positiven Lösungsentwurf zu kreieren: »Wie Robin Hood werde er im Volk die Mächtigen vom hohen Roß stürzen« (Kleine Zeitung 21. 06. 1991, S. 6). Daß die dahinterliegenden, unbearbeiteten Erfahrungen auch kindlichen Ursprungs sind, läßt sich auch am Wechsel der Sprachwahl nachvollziehen. Spricht Haider zuerst in Begriffen der Erwachsenenwelt, wie »Marktanteile«, »Ware«, »Effizienz« und ähnlichen (womit er uns übrigens zeigt, daß er um die Logik des Warenbesitzer-Verhaltens hinter seiner Inszenierung prinzipiell weiß), so wechselt er in dem Moment, in dem er die demütigenden Erfahrungen beschreibt und sich den verdrängten Verletzungen nähert, in eine sehr kindliche Sprachwelt: »Wenn aber einer kommt und immer sagt, alles, was du machst, ist ein Glumpert, nix wert und sowieso gleich hin ...« (Und später: »Wir waren ja immer die Kleinen«, »Die Kleinen kriegen halt Schläge ...«).

Im von Jörg Haider inszenierten narzißtischen Größenselbst wird die große Angst vor der eigenen Ohnmacht, vor den Grenzen der Macht verdrängt; die lebensgeschichtlichen Verletzungen werden nicht bewußt zum Thema gemacht, sondern überspielt. Der widersprüchliche Zusammenhang von Ohnmacht einerseits und Größenphantasie andererseits läßt sich in der politischen Inszenierung Jörg Haiders durchgehend verfolgen. Einmal vertritt er die »Kleinen« in ihrer Ohnmacht, die überall Schläge einstecken müßten, ein anderes Mal spielt er mit der Phantasie der vollkommenen Übermacht, wenn er zum Beispiel verspricht, »die ›alten Parteien‹ vor sich herzutreiben« und sie das Fürchten zu lehren. Diese seltsame Mischung von gleichzeitiger Größe und Kleinheit in der Figur des Demagogen hat Theodor Adorno einmal pointiert als »Verbindung von King-Kong und Vorstadtfriseur«* bezeichnet.

Der Verlust an vertrauensvoller Nähe, der hinter dieser ständigen ›Abwehrschlacht‹ steht, kann nicht wahrgenommen werden. Dies drückt sich in der Antwort auf die Frage der Journalistin aus, wie man bei so einem Leben Mensch bleiben könne. Die Journalistin fragt:

»›Vermissen Sie nichts?‹ Er lächelt: ›Meine Töchter beschweren sich zwar, daß sie ihren Vater nie sehen, aber sonst – nein.‹ ›Nein? Dieser brutale Job macht doch entweder den Menschen brutal, oder er tut ihm weh, meine ich.‹ ›Früher‹,

---

* Th. W. Adorno: Die Freud'sche Theorie (siehe Anm. S. 38), S. 49. In dem Interview der Wochenpresse tauchen die Ohnmachtserfahrungen des Jörg Haider wieder auf, werden aber sofort in den ›gerechten Krieg des kleinen Mannes Jörg Haider‹ gegen die Mächtigen im Land gewendet. Die Angriffe dieses Kriegsschauspiels bewältigen die Angst, als »Kleiner« von den Mächtigen dauernd verprügelt zu werden (»Die Kleinen kriegen halt Schläge, überall, und die alten Platzhirsche verteidigen das Revier«).

sinniert er, ›hat mich da schon vieles getroffen. Aber heute ...‹ ›Lernt man das Schlucken?‹ ›Nein, Schlucken bringt's ja auch nicht. Ich meine das Aushalten, das zum Repertoire eines leitenden Jobs gehört. Wer wenig aushält, der gehört nicht in eine Führungsposition.‹« (ebd.)

Auf die Frage, ob er nichts vermisse, kann er nur seine Töchter antworten lassen. Wir wissen z. B. aus therapeutischen Gespächen, daß Menschen, da, wo sie unvermittelt von ihren Kindern reden, meist von sich selbst, von sprachlos gewordenen kindlichen Bedürfnissen in sich reden. Und anschließend folgt ein eigenartiger Widerspruch, hinter dem sich »frühere« Erfahrungen verbergen, wo ihn »vieles getroffen« habe. Einerseits vermisse er nichts, andererseits könne (müsse) er vieles aushalten. Der unzulässige Schmerz wird durch die zur Schau gestellte Härte verdeckt. Der Preis dafür ist hoch, und der zwischenmenschliche Lustgewinn erschöpft sich im Erleben seiner durch die Anhängerschaft gespiegelten narzißtischen Größe. Dazu die Frage der Journalistin,

»ob man denn menschlich auch gewinnen könne in der Politik. ›Ja. Viel sogar. Wenn mir die Leute auf die Schulter klopfen irgendwo auf der Straße zum Beispiel, wenn sie was Nettes sagen ... es gibt Leute, die plötzlich zu mir sagen: Schön, daß es Sie gibt! Stellen Sie sich das vor‹, und er wiederholt: ›Schön, daß es ...‹ (...) Aber - da gibt's doch die Gefahr, sich selber etwas vorzumachen, wenn man so groß wird. Die Reaktion: Ein Lächeln, kein Wort.« (ebd.)

Als ihn die Journalistin mit seiner über die Bewunderung des Publikums aufrechterhaltenen narzißtischen Größe konfrontiert, scheint sein Schweigen (»Ein Lächeln, kein Wort«) aussagekräftiger als viele seiner wortgewandten Formulierungen.

Es handelt sich hier um den kurzfristig gelingenden und doch unbefriedigenden »narzißtischen Tausch«, den viele von uns kennen, die ihren Lebensentwurf auf die Befriedigung im öffentlichen Auftritt, in der Berühmtheit als Politiker, Star, Wissenschaftler usw. ausrichten. Die unmittelbare Verbindung mit einzelnen Liebesobjekten wird aufgegeben, zumindest stark reduziert, zugunsten einer tendenziell von allen Seiten und immer wieder erfolgenden narzißtischen Zufuhr, etwa in Gestalt von Bildern und Berichten in den Medien. Diese reichlich fließende Nahrung wird aber immer wieder auch als »verdünnte Suppe« empfunden, die letztlich nicht wirklich satt macht. Sie ruft den spezifischen narzißtischen Hunger nach »more of the same« hervor, der auch als Rastlosigkeit ins Auge fällt. Es reicht nie. Der narzißtische Tausch macht unersättlich und er macht manchmal betrübt.

Abschließend fragt die Journalistin:

> »Was lieben Sie?« Obwohl seiner Gesprächspartnerin voll zugewandt fast eine Stunde lang, dreht er plötzlich den Kopf rasch hin und her und sagt etwas entweder sehr Verlogenes oder sehr Ehrliches: ›Mh ... die Menschen.‹« (ebd.)

Es ist wohl beides zugleich: verlogen und ehrlich. In der Person Haiders spitzt sich das Drama des modernen, narzißtisch abhängigen und letztlich isolierten Politikers, welches ganz wesentlich über die Zwänge der Vermarktung und des Medienrummels läuft, auf eine sichtbare und besonders problematische Weise zu. In der Welt des Narzißmus gibt es letztlich nur Stars und Fans; keine Freunde, die muß man fallenlassen und schnell austauschen können.

Aber warum lieben und wählen große Menschengruppen solche Politiker? - Eine Antwort ist: weil sie ihnen ähnlich sind. In gewisser Hinsicht sind die Politiker nur »Container« für die narzißtische Problematik, die narzißtische Leere des Publikums. Wir alle müssen täglich den narzißtischen Tausch vollziehen. Statt der sinnlich-konkreten und geduldigen Liebe zu einzelnen Menschen, statt einer beschränkten Anzahl nützlicher Produkte und verläßlicher Arbeitsbeziehungen mit bestimmten Kollegen wird in der universell gewordenen Gesellschaft der Warenbesitzer eine möglichst allgemeine »Beliebtheit« bei austauschbaren Partnern, ein Aufhäufen von Prestigeobjekten, von möglichst vielen Besitzstücken, ein tendenziell endloser »Erfolg« nach dem »more of the same« - Prinzip gefordert. Dabei wird die Rolle des Erfolgreichen, das gelungene Rollenspiel als solches narzißtisch besetzt.* Haider führt uns die Illusion vor, daß der narzißtische Tausch gelingt. In der Identifikation mit dem Vorbild darf man sich als Gewinner fühlen.

---

* Vgl. genauer: P. Parin: Das Ich und die Anpassungsmechanismen. In: ders., Der Widerspruch im Subjekt, Frankfurt 1978.

»RICHTIGE KÄRNTNER« – IDENTITÄT UND ETHNOPOLITIK

In seinen politischen Auftritten vermag sich Jörg Haider sowohl als Bewahrer traditionellen Kulturgutes und gewachsener sozialer Strukturen, als auch als vehementer Vertreter eines Modernisierungsprozesses in Szene zu setzen, der in den Kräften des ›freien Marktes‹ sein Ideal sieht. In diesem Sinne ist seine Vorstellung von einem »Europa der Regionen« widersprüchlich, in dem eine von zunehmender Konzentration des Kapitals bestimmte Ökonomie die politische und kulturelle Geschlossenheit der Regionen zwangsläufig untergraben wird. So ist zum Beispiel die Angst vor einer EG-Mitgliedschaft Österreichs seitens der kleinen und mittleren landwirtschaftlichen Betriebe in Österreich, deren Existenz in einem großen Ausmaß die regionale kulturelle Identität mitprägt, durchaus angebracht. Es wird aufgrund der Öffnung der Arbeitsmärkte voraussagbar zu Wanderungsbewegungen und einer ethnischen Mischung kommen. Langfristig ließe sich nur durch eine Politik der Heiratsschranken das rechte Schreckgespenst der »multikulturellen Gesellschaft« bannen. Vor diesem warnt nicht nur die FPÖ, sondern auch (z. B. auf einer Veranstaltung der Gottscheer Landsmannschaft Anfang August 1991) Haiders Nachfolger Zernatto von der ÖVP. Wie immer die Modalitäten des EG-Anschlusses aussehen werden - die traditionellen ethnischen Strukturen lösen sich unter dem Druck der Marktkräfte und der Modernisierung notwendigerweise auf. Das schließt Vorgänge einer mehr oder weniger künstlichen Re-Ethnisierung nicht aus; diese läßt sich etwa in Tourismus-Regionen beobachten, wo das Ethnische, die Echtheit und das Volkstümliche zur bestens verkäuflichen Ware stilisiert werden. Die »natürliche« Verbindung zwischen Region und Ethnie läßt sich nur um den Preis der Bildung von Illusionen oder einer Art ethnischer Naturparks auf Dauer stellen. Man darf nicht zu genau hinschauen

(z. B. was die Bodenständigkeit von Kärntner Landeshauptleuten angeht) oder man muß den beständigen Austausch von Gütern, Geld und Menschen über die Landesgrenzen hinweg verleugnen. Aber immerhin hat auch schon die Kärntner SPÖ mit dem Slogan »Naturpark Kärnten« Wahlen bestritten.

Haider stellt sich gerne als vorauseilender Modernisierer dar. Und das Modernisierungskonzept besteht laut Programm und den Kostproben, die in der Kärntner Realpolitik gegeben wurden (vgl. unten), vor allem in der Freisetzung von Marktkräften und Privatisierungsinitiativen. Gleichzeitig vermag es die damit verbundenen Ängste in einer nationalen Identitätspolitik wieder aufzufangen. Etwas personalisierend gesagt: Als moderner Holzunternehmer in seinem Bärental muß Haider daran interessiert sein, daß kostengünstige jugoslawische Arbeitskräfte über die Grenze kommen und bei ihm arbeiten, unter Umständen sogar als Schwarzarbeiter, als Volkstumspolitiker kann er mit den Überfremdungs- und Überzähligkeitsängsten der Einheimischen eine Politik machen, die ihm und dem modernen Unternehmertum wieder nützt, weil sie den Unmut, der bei der Modernisierung und Freisetzung der Marktkräfte entsteht, auf leicht sichtbare Außenfeinde, Eindringlinge von außen, verschiebt.

Diesen scheinbaren Widerspruch beschreibt Walter Oswalt bezugnehmend auf vergangene und gegenwärtige rechtsradikale Bewegungen in Europa wie folgt:

> »Damals wie heute sind die Rechtsradikalen aber noch in einem zweiten, viel grundsätzlicheren Sinne modern. Sie sind eine reaktionäre Reaktion auf die Krisen der industriellen Modernisierung mit Mitteln der Moderne. Von dieser Paradoxie lebt der Rechtsradikalismus bis heute. Er profitiert von den Krisen der Industrialisierung und trägt gleichzeitig dazu bei, sie auf die Spitze zu treiben.«*

Die Idee der »Volksgemeinschaft« soll dabei als eine Art Pseudogemeinschaft einen Ersatz für die durch den hemmungslos vorangetriebenen Modernisierungsprozeß zerstörten Bindungen bieten. Die täglich erlebte Heimatlosigkeit

---

* W. Oswalt: Einleitung. In: M. Kirfel/W. Oswalt (Hg.), Die Rückkehr der Führer, Wien 1989, S. 11.

wird durch eine fiktive Heimat, die eindeutige Zugehörigkeit definiert und bestimmte Gruppen ausgrenzt, abgefedert. Robert Jungk spricht in diesem Zusammenhang von »seelischer Arbeitslosigkeit« vieler Menschen, »die in der von Technokraten verwalteten Konsumgesellschaft weder Lebenssinn noch Möglichkeiten eines sie erfüllenden Engagements entdecken«. Die dazugehörige Doppelstrategie politischen Handelns unterscheidet er in den Begriffen »Technofaschismus« und »Gemütsfaschismus«. »Technofaschismus« meint die brutale und kalte Forcierung des industriellen Projekts, den Ausverkauf der Ressourcen, die Automobilisierung der Gesellschaft, die Realisierung atomarer Anlagen, Aufrüstung usw. Der »Gemütsfaschismus« stellt gewissermaßen die dumpfen emotionalen Wärmehallen in dieser großen Bewegung zur Verfügung.

> »Der Gemütsfaschismus, den die Neuen Rechten zum politisch ernstzunehmenden Faktor gemacht haben, korrespondiert exakt mit dem Technofaschismus der Industriegesellschaft, indem er kompensatorisch befriedigt, was im kalten, rationalen, entfremdeten Alltag der Produktionsuntertanen und ihrer anonymen Manager vernachlässigt wird.«*

»Ausländerzuzug sofort stoppen ...«

Wie sich Jörg Haider ein »Europa der Regionen«, in dem die Mobilität der Arbeitskraft und somit auch die Begegnung unterschiedlicher Kulturen zunehmen wird, konkret vorstellt, läßt sich an seiner gegenwärtigen Ausländerbeschäftigungspolitik bereits erahnen. An die Öffentlichkeit tritt Jörg Haider häufig mit vereinfachenden Gegenüberstellungen von Ausländerbeschäftigung und Arbeitslosigkeit, oder mit dem Hinweis auf die herrschende Wohnungsnot in Österreich. Die aus diesen Fakten gezogenen (Kurz-)Schlüsse kann jeder ›verstehen‹:

> »FP-Obmann Jörg Haider verlangt: ›Ausländerzuzug sofort stoppen‹ ... Haider will einen sofortigen Stopp der Ausländerintegration, ›um den Arbeitsmarkt zu entlasten‹.« (Kurier 26. 07. 90, S. 2)

---

* R. Jungk: Gemütsfaschismus und Technofaschismus. In: M. Kirfel/W. Oswalt (Hg.), Die Rückkehr der Führer, Wien 1989, S. 7/8.

Jörg Haider spricht sich gegen eine Integration von Ausländern im Sinne einer multikulturellen Gesellschaft aus und favorisiert das Modell des »Saisonniers«, demzufolge zwar Arbeitskräfte aus dem Ausland jederzeit beschäftigt, nach Beendigung ihrer Tätigkeit jedoch wieder in ihr Herkunftsland zurückgeschickt werden können. Sie bleiben so von vielen Sozialleistungen ausgeschlossen, die sie zwar mitfinanzieren, aber nicht in Anspruch nehmen können. Brigitte Busch hat dieses »Saisonnier-Modell« mit Hilfe eines Zitates des Haider-Fans und Haider-Biographen Andreas Mölzer auf folgende Kurzformel gebracht:

> »Arbeitswilligen und auch geeigneten Ausländern (wird) die zeitlich begrenzte Möglichkeit eingeräumt, Geld zu verdienen. Eine Nachholung der ganzen Familie kommt nicht in Frage und nach Ablauf der Frist geht es, wie vorher vertraglich vereinbart, in die Herkunftsländer zurück. Bumm.«*

Die FPÖ-Burgenland geht in einer Resolution zur Ausländerfrage noch ein Stück weiter und fordert, daß an einen Asylantrag sofort eine »automatische Arbeitsverpflichtung und -zuweisung« geknüpft werde. Brigitte Busch gebraucht in ihrer Analyse wohl zurecht den Begriff der »Zwangsarbeit«, wenn sie aus dieser Resolution zitiert:

> »Mit einem Asylantrag soll eine automatische Arbeitsverpflichtung und -zuweisung eintreten. So würden auch Arbeitsscheue von bequemen Asylurlauben in Österreich abgehalten.«**

Es scheint in diesem Zusammenhang nicht unwesentlich, darauf hinzuweisen, daß der in einer Diskussion über »arbeitsfähige, aber nicht arbeitswillige Mitbürger« an Jörg Haider gerichtete Vorwurf, er wolle Zwangsarbeit wie im Dritten Reich einführen, zur Haiderschen »Skandalaussage« führte, daß im Dritten Reich »eine ordentliche Beschäftigungspolitik« gemacht worden sei. Dieser sogenannte »verbale Ausrutscher« scheint sich in Anbetracht der oben geschilderten Ausländerbeschäftigungspolitik der FPÖ nahtlos in ein um-

---

* A. Mölzer: Der Eisbrecher, zit. n. Brigitte Busch, Mauerbau und Rassismus: Österreichische Fremdenpolitik im ausländerfeindlichen Harmonisierungstrend. In: G. Fischer/P. Gstettner, »Am Kärntner Wesen ...«, S. 61.

** »Aula« 3/1990, zit. n. Busch, a. a. O.

fassendes Konzept einzufügen. Für Brigitte Busch deutet die ausländerfeindliche Haltung in Kreisen der FPÖ auf eine bestimmte Absicht hin:

> »auf die Schaffung einer rechtlosen, von der übrigen Gesellschaft diskriminierten, zum Arbeitsdienst eingeteilten Klasse, die entsprechend den konjunkturellen Erfordernissen als wirtschaftliche Manövriermasse einsetzbar ist ...«*

»Es sind nicht immer die Besten, die zuerst von zu Hause weglaufen ...«

Im nun folgenden Abschnitt möchten wir das von Jörg Haider entworfene und bei Wahlveranstaltungen seinen Anhängern präsentierte Bild des »Ausländers« eingehender betrachten. Außerdem wird uns die von Jörg Haider betriebene Verknüpfung dieser Thematik mit dem »Kärntner Abwehrkampf«, mit den Slowenen in Kärnten und mit den Erfahrungen der »Aufbaugeneration« nach dem Zweiten Weltkrieg interessieren. Die Überschneidung des Feindbildes des »Ausländers« mit dem des »Slowenen« wird auch in den nachfolgenden Interviews eine wichtige Rolle spielen. Die Identitätspolitik Jörg Haiders setzt bei diesen Feindbildern an, die die Kehrseite der Identität des »richtigen Kärntners« (Österreichers) darstellen und eigene abgespaltene bzw. nach außen projizierte Anteile verkörpern.

Daß sich Jörg Haider in der Auswahl der politischen Inhalte seiner Inszenierungen durchaus nicht nur von seinem Spürsinn für das ›gesunde Volksempfinden‹ leiten läßt, sondern dabei seine Anregungen auch den Tageszeitungen entnimmt, die sich ja nach den Bedürfnissen ihrer Leserschaft ausrichten, behauptet ein Kolumnist (»Staberl«) der Kronen Zeitung, wenn er schreibt:

> »Außerdem hat Haider in seinem Wahlkampf so manches vertreten, das auch wir vertreten, ja sogar noch vor Haider immer vertreten haben. Die Aussage zum Beispiel, daß es unter den angeblichen Flüchtlingen nicht immer die Besten

---

* Ebenda.

seien, die da daherkommen, hat Haider schon vor Zeiten bei Staberl gelesen.« (Kärntner Krone 21. 10. 1990, S. 2)

Die Kronen-Zeitung ist es auch, die gemeinsam mit Jörg Haider die These verficht, daß die nach Österreich kommenden Flüchtlinge verstärkt kriminelle Neigungen aufweisen würden und deshalb in ihre Herkunftsländer abgeschoben werden sollten oder erst gar keine Einreiseerlaubnis erhalten dürften. In seinen Wahlkampfreden behauptet Jörg Haider, es habe sich als richtig herausgestellt, »daß es nicht immer die Besten sind, die zuerst von zu Hause weglaufen«, und es als Folge davon nun »eine riesige Kriminalität in den Einwanderungsbereichen« gäbe.

»Und wir haben etwa 80 bis 100.000 illegal tätige Arbeitskräfte in Österreich, weil man zug'schaut hat, wie jeder in den letzten Jahren und Monaten bei uns einfach einreisen konnte, ob er eine entsprechende Beschäftigungsmöglichkeit hat oder nicht. Wir haben das Problem, daß wir jetzt durch eine viel zu großzügige Vorgangsweise der Bundesregierung 20.000 Ausländer aus Osteuropa in Flüchtlingslagern haben und nicht wissen, wohin wir sie tun sollen. Es wird keine Lösung geben so wie sich das der Herr Sozialminister vorstellt, daß er einfach hergeht und sagt: ›Wir teilen jetzt quotenmäßig auf die Bundesländer die einzelnen Leut in den Flüchtlingslagern auf.‹ Da wird er sich auf alle Fälle bei uns verrechnen (...).
Außerdem wandern ja viele aus, die auch in den eigenen Ländern nicht geduldet werden. Das kommt ja nicht von ungefähr, daß wir eine dramatische Zunahme der Ausländerkriminalität in den Einwanderungsbereichen haben. Hier wird falsch verstandene Humanität zu einem Import von Kriminalität gemacht. Und das ist ein Weg, den Österreich nicht mitvollziehen sollte. Daher soll der Herr Innenminister nicht Kontingente auf die Bundesländer verteilen, weil da wird er sich bei uns die Zähne ausbeißen. Wir sind nicht gewohnt, daß wir uns von Wien etwas anschaffen lassen, er kann höchstens freundlich mit uns reden, daß wir gemeinsam das Problem lösen, aber Befehlsausgabe findet in dieser Frage jedenfalls nicht statt.« (Villach 01. 05. 1990)

»Nur wir kleine Österreicher ...«

Bei einer Wahlkampfveranstaltung in St. Filippen sagt Jörg Haider zum gleichen Thema folgendes:

> »Vor zwei Jahren hab ich also schon gesagt, es wird nicht so einfach sein, daß man, wenn in Osteuropa die Grenzen aufgehen, und die Leut dort Reisefreiheit bekommen, daß wir dann Millionen Leute bei uns einwandern lassen, nur weil die glauben, da bei uns besser verdienen und leben zu können. Und die Regierung hat damals gesagt, das ist also reaktionär und radikal und was immer, wir müssen die Grenzen aufmachen und jeder darf herein. Kein anderer Staat Europas macht das: die Franzosen haben Visumpflicht und die Belgier und die Niederländer und die Dänen und die Deutschen, und alle schaun sich an, wer bei ihnen einwandert. Nur wir kleine Österreicher haben gleich einmal aufgemacht, und auf einmal haben wir also tausende Leut da herin g'habt und haben nicht g'wußt, was wir tun sollen mit ihnen: kein Arbeitsplatz, keine Wohnungen und kein soziales ... (Applaus) Und man muß ja auch ganz ehrlich sagen, es hat sich ja auch als richtig herausgestellt, daß es nicht immer die Besten sind, die zuerst von zu Hause weglaufen. Dadurch haben wir eine riesige Kriminalität in diesen Einwanderungsbereichen bekommen. Es geht sogar soweit, daß heute in tschechoslowakischen Zeitungen Inserate aufgegeben worden sind, wo man dafür geworben hat, für eine Einkaufsfahrt nach Österreich, mit dem Hinweis, daß bis zu 1000 Schilling in den österreichischen Geschäften ohne Strafe Ladendiebstahl begangen werden kann. Na, das ist eine hervorragende Einladung, da hab ich zumindest das Fahrtgeld herinnen, wenn ich für 1000 Schilling etwas mitgehen lassen darf und nicht bestraft werd', während jeder ›kleine Österreicher‹ für 100 Schilling bereits abgestraft wird vor einem Richter. (...)
> Es gilt letztlich das sicherzustellen, was man auch unseren Eltern und Großeltern im Jahre 1945 nach dem Krieg gesagt hat. Als die vor dem Trümmerhaufen dieser Republik gestanden sind, hat man ihnen auch gesagt: Nicht abhauen von Österreich heißt die Devise, sondern die Ärmel aufkrempeln, fleißig arbeiten und dieses Land aufbauen. Und sie haben dieses Österreich hervorragend aufgebaut, aber das gilt auch für die Osteuropäer: Nicht abhauen von daheim, sondern selbst fest arbeiten und das Land aufbauen, und die reichen Länder werden euch ein bißchen behilflich sein.«
> (St. Filippen 24. 09. 90)

Das Bild des Ausländers in dem von Jörg Haider entworfenen Szenario ist eindeutig. Es handle sich um einen potentiellen Kriminellen, der zu Hause nicht bereit sei, die Ärmel aufzukrempeln und fleißig zu arbeiten. Aus rein materiellen Gründen lasse er seine Heimat im Stich, um hier im »goldenen Westen« ein angenehmes Leben führen zu können. Der »kleine Österreicher« müsse die Last dafür tragen, »nur weil die glauben, da bei uns besser verdienen und leben zu können.« Die stereotype Wiederholung der Formulierungen »daß wir ... bei uns einwandern lassen«, »haben wir eine riesige Kriminalität ... bekommen« oder »haben wir hering'habt ... und nicht gewußt« bestimmt deutlich die Rollenaufteilung in diesem Schauspiel: »Wir haben das Problem« aufgrund der »viel zu großzügigen Vorgangsweise der Bundesregierung«, die den Ausländern die Grenzen aufmache und alle Möglichkeiten biete. Gänzlich unverständlich sei auch die Tatsache, daß Ausländer sogar vor dem Gesetz privilegiert seien und Ladendiebstahl bis zu tausend Schilling begehen könnten, wo doch »jeder kleine Österreicher für hundert Schilling bereits abgestraft wird vor einem Richter«.

»Der ganze Abschaum, die z'Haus nicht arbeiten wollen ...«

Um das Bild des kriminellen Ausländers, das Jörg Haider im Wechselspiel mit seinem Publikum entwirft, noch weiter zu veranschaulichen, zitieren wir hier einen kurzen Interviewausschnitt mit einer Frau im Anschluß an eine Wahlkampfrede Jörg Haiders (Konzerthaus 18. 09. 90), die sich früher dem Lager der ÖVP zuordnete, jetzt aber begeisterte Anhängerin Jörg Haiders ist. Auf die Frage, welche Themen sie im Haider-Referat angesprochen hätten, antwortet sie:

> »Ja, das ist verschieden. Erstens einmal die Ausländerpolitik. Ich finde die Ausländerpolitik in Österreich ist zur Zeit katastrophal. Das ist jetzt etwas besser, nachdem sie die Visen eingeführt haben für die Polen, aber sonst, wir werden überschwemmt. Wir sind, wirklich wahr, wir sind kein Einwanderungsland, wir sind ein Asylland. Jeder Asylant ist uns willkommen, aber zu uns kommt ja der ganze Abschaum, die

z'Haus nicht arbeiten wollen, die kommen zu uns und wollen hier auf unsere Kosten gut leben. Und das finde ich verwerflich. Jemand, der dafür eintritt, daß das abgestellt wird, den kann ich nur begrüßen.«

Auch in einem anderen Interview (Konzerthaus 18. 09. 90) wird von einer Gruppe, aus der sich Frau Gnam, Frau Krenn und Herr Bahr an der Diskussion beteiligten, das Thema der ›Ausländer in Österreich‹ als das wichtigste angesprochen. Liest man dieses Interview aufmerksam durch, so ahnt man, daß hinter dieser Wut gegenüber den »Ausländern«, die ihre Heimat im Stich lassen würden, unter anderem ein Drama des eigenen Verlassenwerdens steckt.

»Die alten Leut bleiben ja sowieso alle zurück ...«

Gnam: Warum haben sie das nicht von vornherein festg'setzt, daß man die ganzen Fremden - nichts gegen die Fremden, gegen die armen Teufel, gern - aber da müssen sie ja vorher Plätze suchen und schauen, daß sie eine Arbeit kriegen usw.. Aber nicht jetzt uns alle herladen.

Krenn: (empört): ... hereinlassen da!

Gnam: Das ist nicht am Platze. Da sage ich: Man muß für diese Leute, die man da hereinläßt, schaun, daß sie wenigstens die kleinste Unterkunft kriegen. Sie sind ja arm. Es ist einer arm wie der andere. Und man muß auch kontrollieren, ob das richtige sind oder ob das andere sind ... Denn: Ich bin auch ein Flüchtling, ich bin auch geflüchtet ... Ich bin zu Fuß gangen, aus Wien herausmarschiert und hab alles verloren, hab beim Strumpfbandl anfangen müssen, aber ich hab die Heimat nicht verlassen, mein Kärntnerland. Das ist eine Schande. Die sollen das Kärntnerland ... äh ... ihr Heimatland nicht so schnell verlassen die jungen Leute.

H. K.: Und die Asylanten, die verraten ihr eigenes Land?

Gnam: Meiner Ansicht schon.

Krenn: Teil's schon ... Was mich stört, die alten Leut bleiben ja sowieso alle zurück ...

Gnam: Wir haben halt nach dem Krieg g'sagt: Wenn schon sterben, dann in der Heimat. Und so haben wir wieder angefangen und haben wieder Fuß gefaßt (...) Schaun Sie, sie hätten früher müssen diese ganzen Asylanten kontrollieren mit einem Visum. Warum haben die armen Wiener das mitmachen müssen mit die Polen? Diesen ... Sie wissen eh, was da die Polen ...

H. K.: Mit der Kriminalität?

Bahr: Alles.

Gnam: Und mit die Schweinereien, auf der mitten Straße hinmachen usw.

Bahr: Die lassen alles herein und dann haben sie nirgends keinen Platz. Keine Klos, gar nichts. Jetzt haben sie müssen in die Parks hineingehen, da haben sie alles verunreinigt.

Gnam: Sie haben's ja sicher selbst g'hört, was sich in Wien zugetragen hat.

H. K.: Aber warum glauben sie, daß Haider da etwas ändern kann?

Bahr: Ja freilich kann er's ändern.

Krenn: Das hat man ja g'sehn in Kärnten.

Frau: Mit der Zeit wird's es ja merken ... Uns hat er g'holfen (lacht). Laßt's euch überraschen.

Bahr: Die (»Ausländer« oder »Polen«) sind die größten Diebe, die's überhaupt gibt!

Die beiden Interviewausschnitte sind natürlich zu kurz, um daraus gesicherte Schlüsse zu ziehen, doch kann vermutet werden, daß Jörg Haider mit seinen in den Wahlkampfreden erhobenen Vorwürfen, die Flüchtlinge seien großteils kriminell und würden ihre Heimat im Stich lassen, bei seiner Anhängerschaft tieferliegende Ängste existentieller Bedrohungen (»Wir werden überschwemmt ...«) und Verlassenheitstraumen anspricht. Die dafür gewählten Darstellungsformen, wonach man in ausländischen Zeitungen für Ladendiebstähle sogar werben würde, daß die Ausländer bald zu »Millionen« nach Österreich kommen könnten oder die aggressive Wortwahl, derzufolge die Flüchtlinge von zu Hause »abhauen« würden, wo die eigenen Landsleute sie nicht duldeten, sind Verstärker dieses Szenarios.

Auffallend sowohl in den Reden als auch in den Interviews ist die Tatsache, daß sich keine Aussage findet, die echtes Verständnis für die schwierige Situation der Ausländer entgegenbringen würde. Die mangelnde Empathie, mangelnde Bereitschaft, sich in die Situation eines Flüchtlings einzufühlen, der in einem fremden Land, in dem meist noch zusätzlich sprachliche Barrieren bestehen, einer ungewissen Zukunft entgegenblickt, deutet auf einen massiven Abwehrvorgang hin. Einfühlsames Wahrnehmen der Situation der

Flüchtlinge würde voraussetzen, daß man sich mit ähnlichen Erfahrungen aus der eigenen Lebensgeschichte und der damit verbundenen Ängste konfrontieren müßte. Außerdem würde es bedeuten, den willkommenen ›Sündenbock‹ für eigene abgespaltene Wünsche aufgeben zu müssen. Wer legt sich nicht gern einmal in ein gemachtes Bett (im »goldenen Westen«) und läßt sich's gutgehen? Und wer kann schon die ganze Zeit so heroisch sein wie jene von Jörg Haider geschilderten »Eltern und Großeltern im Jahre 1945 nach dem Krieg, ... als die vor dem Trümmerhaufen der Republik gestanden sind« und heldenhaft das in Schutt und Asche gebombte Österreich wieder aufbauten? Wer würde nicht gerne einmal »seine Heimat verlassen«, um sich wenigstens kurzzeitig vor seiner Arbeit zu drücken? Nicht zufällig war lange Zeit das Aussteiger-Lied von STS in der Hitliste in Österreich ganz oben: »Irgendwann geh I dann furt, laß alles liegn und stehn ...«

Während des Zweiten Weltkrieges entstand in Amerika eine klassische Studie über die »Prophets of the Deceit«, amerikanische Agitatoren, denen es in beschränktem Umfang gelang, eine faschistoide Massenbildung in Szene zu setzen. Die Autoren Lowenthal und Gutermann charakterisieren den Fremdenhaß des typischen Agitators so:

> »Nach seinen Enthüllungen sollen Pläne bestehen, daß immer neue Einwanderermassen in das Land kommen. (...) Die gefährlichste Abart des Fremden ist in den Augen des Agitators der Flüchtling. ›Ein Refugee‹ ist ein Angehöriger des männlichen Geschlechts, der hier zu uns in die Vereinigten Staaten kommt, weil er zu sehr auf Hinterlist eingestellt ist, um in Europa wie ein ›rechter Mann‹ zu kämpfen. Hier will er sich eine gute Stellung erschleichen, während die richtigen Männer für seine Freiheit kämpfen dürfen! (...) Schließlich übernimmt der Flüchtling die Rolle, die einstmals die Figur des ›outcast‹ spielen mußte, des von den Göttern verfluchten Mannes, eines Ausgestoßenen, der kein besseres Los verdient.«*

Der Flüchtling hat die bürgerlichen Rechte auf Freiheit und Freizügigkeit in den Augen des Agitators zu ernst genommen.

---

* Leo Lowenthal/Norbert Gutermann: Prophets of Deceit, New York 1949; hier zit. nach der gekürzten Übersetzung, in: Th. W. Adorno, Der autoritäre Charakter, Amsterdam 1969, S. 39/40.

»Der Haß auf den Flüchtling erscheint so als eine Verdrängung der eigenen inneren Freiheitskräfte.«

Durch die Spaltung der Menschen in »gute« und »böse«, die an anderer Stelle noch ausführlicher behandeln wird, und durch die aggressive Verfolgung des »Bösen«, wird es für die Haider-Anhänger unmöglich, die eigenen negativ bewerteten Anteile zuzulassen. Diese tauchen im »Heimatverräter«, »Sozialschmarotzer« oder »Bonzen« wieder auf, werden dort verfolgt und vorübergehend zum Schweigen gebracht.

»Die mit der Geschichte in Konflikt leben ...«

Im folgenden Teil möchten wir uns der Frage zuwenden, wie es Jörg Haider gelingt, die Ausländerthematik mit dem Kärntner Abwehrkampf und den Leistungen der »Aufbaugeneration« nach dem Zweiten Weltkrieg zu verbinden. Wir zitieren einen Ausschnitt der Rede Jörg Haiders bei einer Sonnwendfeier:

> »Wir müssen klarstellen, daß es sicherlich nicht möglich sein wird, daß alle, die vielen Millionen Bürger, die heute das Gefühl haben, daß sie in Polen oder in Rumänien oder in der Tschechoslowakei nicht jene wirtschaftliche Zukunftschance haben, wie wir sie uns in den westeuropäischen Staaten uns erarbeitet haben, daß das der Anlaß sein soll, jetzt aus ihrem Land zu gehen, um im goldenen Westen eine bessere Zukunft zu finden. Das würde eine moderne, nicht verkraftbare Völkerwanderung von Millionen Menschen in Gang setzen, die letztlich aber auch die Probleme in Osteuropa nicht lösen können. Wir müssen daher auch diesen Menschen sagen, wenn wir gemeinsam dieses Europa im Osten und Westen schrittweise zu einer Zone des breiten Wohlstandes gestalten wollen, dann müssen auch jene, die heute noch in wirtschaftlich ärmeren Regionen leben, bereit sein, ihr Land nicht aufzugeben, sondern in ihrer Heimat zu verbleiben und sich so zu verhalten ... (»Bravo«, Applaus) ... wie die Österreicher nach 1945 es getan haben. Auch unsere ältere Generation ist nicht ausgewandert und hat sich der Verantwortung entzogen, sondern sie haben die Heimat aus den Trümmern wieder aufgebaut und haben ein wunderbares Land gemacht, das heute inmitten eines freier gewordenen Europas liegt und das geordnete Zukunftschancen auch für die Jugend eröffnet. Das

muß also die Vision sein für jene, die heute darüber nachdenken, ob sie nicht lieber ihre Heimat verlassen. Heimat verlassen ist niemals eine Alternative, meine lieben Freunde, das wissen gerade die Kärntner ganz deutlich all jenen zu sagen, die auch mit der Geschichte noch immer in Konflikt leben. Heuer jährt es sich zum siebzigsten Mal, daß Kärnten daran denkt, daß im Jahre 1920 hier auf diesem Boden im südlichsten Bundesland Österreichs der erste Akt einer demokratischen Selbstbestimmung eines Volkes nach Ende des Ersten Weltkrieges und nach Verkündung des Rechtes auf Selbstbestimmung durch den amerikanischen Präsidenten Wilson getätigt worden ist ...« (Klopein 21. 06. 90)

In dieser Wahlkampfrede wird deutlich, wie Jörg Haider die (in Kärnten) emotional hoch besetzte Phantasie vom Verrat an der eigenen Heimat den Flüchtlingen zuschreibt. Sie würden »abhauen« und anstatt die Heimat wieder aufzubauen, ließen sie sie im Stich und würden sich im »goldenen Westen« ein bequemes Leben machen. Nicht zufällig folgt auf diese Passage die Thematisierung des Abwehrkampfes und des 10. Oktober 1920. Die Verknüpfung des Abwehrkampfes mit der Ausländerfrage erfolgt dabei vor dem Hintergrund der angeähnelten Feindbilder »Slowene« und »Ausländer«. Das bestätigen auch nachfolgende Interviews. Beide seien Verräter an der eigenen Heimat und würden ständig unrechtmäßige Forderungen stellen und den »Kärntner« (»Österreicher«) in seiner Existenz bedrohen.

»Es gibt natürlich immer Nestbeschmutzer ...«

Ingo (18 Jahre), ein weiterer Interviewpartner (Konzerthaus 19. 09. 90), identifiziert sich mit der Vorgangsweise Jörg Haiders in der Ausländerfrage. Die dauernde Vermischung von »Ausländern« und »Slowenen« zeigt deutlich die Austauschbarkeit dieser Themen, wenn er auch eine Trennung am Ende des Gesprächs dadurch versucht, indem er die Forderungen der Slowenen im Gegensatz zu jenen der Rumänen, die doch mit ihrer Situation in Österreich zufrieden sein sollten, als »irgendwie berechtigt« sieht. Diese Aussage relativiert sich aber dadurch, wenn er jene Slowenen kritisiert, die »nur an die Slowenen denken«. Slowenen, die »sich jetzt so auf ihre Seite stellen«, was als Bekenntnis zu ihrer Kultur und als Widerstand gegen die drohende Assimilierung durch die Mehrheitsbevölkerung interpretiert werden kann, dienen ihm als Beispiel für »Nestbeschmutzer«, die zu wenig stolz seien, »Kärntner« zu sein.

Ingo: ... eben das mit die Ausländer interessiert mich persönlich besonders.

H.K: Warum?

Ingo: Ja, ich find, als Kärntner muß man da schon sehr aufpassen, daß man da nicht so als Brauner verschrien wird, als Nazi oder so ... aber man sollte schon, besonders als Kärntner jetzt wegen Abwehrkampf und so, stolz sein darauf, Kärntner zu sein. Und daß er (Jörg Haider) eben gesagt hat, daß er dagegen war, daß die Titopartisanen die Medaillen kriegen oder so, das finde ich jetzt ganz wichtig. Und Wien hat da viel zu wenig Verständnis für Kärnten.

H. K.: Findest du, daß die Menschen in Kärnten zu wenig stolz sind, Kärntner zu sein?

Ingo: Es gibt solche und solche, aber ... im großen und ganzen kann man schon sagen - es klingt jetzt vielleicht altmodisch, wenn ich sag, ich bin stolz, Kärntner zu sein, aber ich bin's auf jeden Fall, kann ich sagen mit gutem Gewissen.

H. K.: Und wer ist es nicht?

Ingo: Ja, schwer zu sagen ... wer ist es nicht?

H. K.: Du hast gesagt, es gibt solche und solche.

Ingo: Ja, es gibt natürlich immer Nestbeschmutzer, so auf die Art.

H. K.: An wen denkst du da jetzt zum Beispiel?

Ingo: Ich mein, ich kenn so Schulkollegen, die sich eben ... ich mein, ich hab wirklich nichts gegen Slowenen, die sind genauso Kärntner. Aber wenn sie sich jetzt so auf ihre Seite stellen, nicht die unsere auch miteinbeziehen, sondern nur an die Slowenen denken, das, finde ich, ist falsch. Ich mein, es muß schon ein Zusammenleben geben (...).

H. K.: Wie steht Haider dazu?

Ingo: Es wird ihm oft nachg'sagt, daß er ein Nazi ist, aber das kann man wirklich nicht sagen von ihm, weil er macht seine Formulierungen also wirklich so vorsichtig, daß da gar kein falscher Eindruck entstehen kann. Also meiner Meinung nach steht er richtig dazu, also daß jetzt nicht jeder Ausländer in Österreich aufgenommen wird, wie er gesagt hat, also Asylantenland, auch nicht, daß jeder Ausländer herkommt, sonst wird ja in den Ostblockländern nie etwas weitergehen, wenn jetzt alle herkommen zu uns, weil's da besser geht wirtschaftlich.

H. K.: Was würde für dich da passieren, wenn alle herkommen würden?

Ingo: Ja, für mich persönlich wahrscheinlich nicht so viel. Aber jetzt, wenn man an die Ostblockländer denkt: Was soll dort weitergehen, wenn alle herkommen? Da kann ja gar nichts ... also für mich persönlich halt, ja vielleicht, daß sie Arbeitsplätze wegnehmen oder so.

(Für ihn sei dies jedoch kein Problem.)

H. K.: Was könnt für dich da zum Problem werden?

Ingo: Für mich persönlich eigentlich wenig.

H. K.: Trotzdem beschäftigt dich das aber sehr!

Ingo: Ja, es interessiert mich sehr. Ich mein, ich wär auch nicht so froh, wenn es so viele Ausländer gibt in Österreich.

H. K.: Was würde sich da für dich verändern?

Ingo: Für mich persönlich. Ja, wenn ich ... das ist schon schwer zu sagen jetzt. Eben, je mehr kommen, desto mehr fordern sie dann so wie ... das war schon vor zwei, drei Monaten, wo die Rumänen es so gemacht haben, und sie kommen her und dann fordern sie schon, und das geht irgendwie schon nicht. Sie sollen froh sein, daß sie da aufgenommen werden, weil es geht den Ausländern wirklich nicht so schlecht hier, und sie sollen sich schon auch zufrieden geben damit.

H. K.: So wie die Slowenen, die fordern auch zu viel?

Ingo: Nein, bei den Slowenen ist es irgendwie berechtigt, sie gehören ja zu Österreich, eine Minderheit, und das ist im Staatsvertrag geregelt, daß sie ihre Rechte haben.

Obwohl den Gesprächspartner die Ausländerfrage besonders interessierte, wechselt er gleich zu Beginn zu einem anderen Thema. Plötzlich dreht es sich um seine Identität als »Kärntner«, um den Abwehrkampf und die Titopartisanen. Als »Kärntner« fürchtet er doppelte Ausgrenzung: Einerseits müsse er aufpassen, »nicht so als Brauner verschrien zu werden (auch Jörg Haider werde ungerechtfertigt nachgesagt, daß er ein Nazi sei), andererseits fürchtet er, von jenen »Slowenen, die sich jetzt so auf ihre Seite stellen«, nicht miteinbezogen zu werden. Es scheint Unsicherheit seiner Identität als »Kärntner« zu sein, aus der seine wiederholte Bekräftigung resultiert, daß er »auf jeden Fall« stolz sei, Kärntner zu sein.

»Jörg Haider weiß, wie er reden muß, das ist viel wert ...«

Ausgrenzungsängste und Identitätsproblematik bestimmen auch den Inhalt des folgenden Interviews (Jungbürgerfeier, Völkermarkt 27. 05. 90). Der Gesprächspartner, er soll hier den Namen Mirko tragen, saß im Gegensatz zu anderen Jugendlichen bei dieser Feier etwas abseits und gehörte anscheinend keiner Gruppe an. Dieser Eindruck wurde noch dadurch verstärkt, da sich seine Kleidung (Jeans, Jeansjacke) von jener der anderen Teilnehmern abhob, die ›konventionell‹ gekleidet waren. Er unterstrich auch, daß er an dieser Veranstaltung mehr oder weniger unfreiwillig teilnehme, da er mit seiner Schulklasse im Rahmen einer Schulveranstaltung angereist war, und er der Erwartung seines Lehrers entsprechen wolle, um seine bevorstehende Matura nicht zu gefährden.

Im Verlauf des Interviews bezeichnet er sich als »halben Slowenen«, was eine zentrale Bedeutung bei der Analyse dieses Texts spielen wird. Von großem Interesse ist seine zwiespältige Haltung gegenüber Haider, der ihm als Mensch zwar sehr imponiere, dessen Ideologie er aber schärfstens verurteile.

H. K.: Was sagst du zu dieser Veranstaltung?

Mirko: Ja, es sagt jeder ›Jungbürger‹, ich sage immer so: Jeder Jugendliche ist ein Bild seiner Eltern, im Prinzip. Mir wird der nationale Gedanke hier zu stark angesprochen ... Ich kann nicht sagen von der Sprache her, vom Niveau der Sprache, was die ersten zwei Redner g'habt haben, ich meine der Ambrozy ...

H. K.: Den Zernatto meinst du?

Mirko: ... oder Zernatto und der Bürgermeister von Völkermarkt, das hat mir einmal total mißfallen. Ich muß dem Haider lassen, er hat eine gute Wortwahl, obwohl ich nie mit seiner Aussage einverstanden wär' ...

H. K.: Was ist zum Beispiel eine gute Wortwahl von Haider?

Mirko: Wie er ang'sprochen hat, er hat jeden einzelnen ang'sprochen, vom Facharbeiter bis hin, also Kärntner, Österreicher, Europäer, ja, dazu fühl ich mich auch. Ich bin halb Slowene von meiner Abstammung her ... aber wenn er die Volksabstimmung so anspricht, man muß immerhin beachten, daß, weiß ich, wieviel Prozent der Slowenen, es war mehr als die Hälfte, Deutsch gewählt haben bei der Abstimmung, und daß das nie herauskommt, das finde ich wahnsinnig traurig bei solchen Veranstaltungen. Freiwillig wär ich da nie hergegangen, unser Klassenvorstand hat verboten ... also Thema ›Matura‹ und so ... Aber ich finde, Haider seine Wortwahl, das zeigt von seinem Niveau, und was mir an ihm so g'fällt, obwohl ich ihn nie, nie wählen würde, ja, er ist - wie soll ich sagen - ein Querulant, er sorgt für Aufruhr, weil was sich die Großparteien heute leisten, das kann in Österreich nicht so weitergehen.

Mirko beklagt sich über die Skandale der ÖVP und SPÖ, das habe mit Demokratie nichts mehr zu tun, »das ist eine volle Schweinerei, daß wir uns das g'fallen lassen, ich meine, ich bin auch nicht mehr als ein Mitläufer«. Er verwirft noch einmal den nationalen Charakter der Veranstaltung.

Mirko: Das Gedicht, das er zitiert hat, ich meine, in der Literatur, ein bisserl kenn' ich mich aus, auch nicht viel, aber wenn er das so herausbringt: »Heimatboden, Heimaterde, die Wiege auf der Heimaterde« ...

H. K.: Du meinst das Zitat von Perkonig?

Mirko: Ja, das mißfällt mir total, also ich habe von Perkonig einiges gelesen, aber das mißfällt mir von ihm total.

H. K.: Also, dir gefällt der Haider mit seinem Auftreten ...?

Mirko: Er hat eine starke Persönlichkeit, das imponiert mir wahnsinnig ...

H. K.: Kannst du seine Persönlichkeit genauer beschreiben?

Mirko: Man spricht heute viel von Yuppies, also der mit der Swatch, und erfolgreich und so, aber er hat eine sehr starke Persönlichkeit, einen sehr starken Ausdruck. Er weiß, wie er reden muß, daß ist viel wert, obwohl ich mit seiner Aussage, seiner Idee, die er vertritt, nie einverstanden sein werde, aber er imponiert mir als Mensch.

Auf die Frage, was er von der Veranstaltung halte, antwortet Mirko, daß jeder Jugendliche ein Bild seiner Eltern sei, womit er gleich zu Beginn schon das in diesem Interview sehr wichtige Thema seiner Herkunft als wesentliches Bestimmungsmerkmal der Identität angesprochen hat. Dieses Problem drückt sich auch in der Formulierung »halber Slowene« aus. Er ist nur »halb« und deshalb unvollständig, die doppelte Zugehörigkeit wird in seiner Selbsteinschätzung als Mangel und nicht als Bereicherung interpretiert. Die starke Ablehnung des nationalen Charakters der Veranstaltung kann in diesem Sinne als Reaktion auf Ausgrenzungsängste gesehen werden.

Da Sprache ein wesentliches Ausdrucksmittel von Zugehörigkeit und Identität darstellt, wird sie ebenso im Interview gleich zu Beginn thematisiert. Nachdem der nationale Charakter dieser Veranstaltung, was nicht »von der Sprache her« zum Ausdruck gekommen sei, abgelehnt wurde, trifft er nach dem »Niveau der Sprache« eine wichtige Unterscheidung. Haider habe eine »gute Wortwahl«, während seine Vorredner ihm »vom Niveau der Sprache« mißfielen.

Als der Interviewer nach einem Beispiel für eine gute Wortwahl Haiders fragte, antwortete er widersprüchlich, daß Haider »jeden einzelnen ang'sprochen« habe, »also Kärntner, Österreicher, Europäer«. Mirko identifiziert sich mit diesen Gruppen, doch seine Zugehörigkeit scheint dadurch in Frage gestellt, da sie von der öffentlichen Anerkennung der Tatsache abhängig ist, daß die Slowenen mehrheitlich »Deutsch« gewählt hätten, was jedenfalls bei dieser Veranstaltung nicht zum Ausdruck käme.

Die Begeisterung für Haiders »Wortwahl«, seine »starke Persönlichkeit« und seinen »sehr starken Ausdruck« leitet sich für Mirko von dem Ideal einer eindeutigen Identität ab, die Haider verkörpert. In diesem Sinne läßt sich folgende Aussage Mirkos durchaus zweideutig verstehen: Haider »hat eine starke Persönlichkeit ... Er weiß, wie er reden muß, das ist viel wert«.

Mirko möchte dem Spannungsfeld seiner zweideutigen Identität entkommen, indem er sich dem Assimilationsdruck der Mehrheitsbevölkerung unterwirft und von den nationalen Kräften Anerkennung für diesen Schritt erwartet. Er finde es »wahnsinnig traurig«, wenn nicht anerkannt werde, daß mehr als die Hälfte der Slowenen Deutsch gewählt hätten.

Auf die Frage, wie Jörg Haider die Jugendlichen ansprechen könne, kommt Mirko auf die »Mißwirtschaft, in der wir heute leben«, zu sprechen.

H. K.: Und da wird der Haider etwas ändern?
Mirko: Ja, das ist schwer zu sagen, ich glaub', da muß man abwarten, aber er hat sicher schon einiges verändert.
H. K.: Was hat er verändert?

Mirko: Allein nur durch die Sticheleien hat er sicher die Großparteien, so kann man sagen, zum Schwitzen gebracht. Wenn man sieht, früher, was weiß ich wie lang, die SPÖ oder der ganze Kommerz, wie lang das gehalten hat. Ich meine, er bringt den Leuten Angst bei, den Großparteien ...

H. K.: Er bringt ihnen Angst bei?

Mirko: Ja, und ich finde das wunderbar von ihm.

H. K.: Wie meinst du das?

Mirko: Sie schwitzen ja, wenn man jetzt eine Rede ... was weiß ich, eines Ambrozy oder irgendeines anderen hohen Vertreters anhört, sie schwitzen im Gegensatz zu ihm und sie verblassen auch, was man gemerkt hat. Er tritt selbstsicher auf, und ... was ich alleine g'hört habe in der Reaktion von die ganzen Leut, die drinnen waren, es war nur beim Haider, bei seiner Rede war ruhig, überall sonst ist g'redt worden und so ...

H. K.: Du hast gesagt, die Großparteien schwitzen. Hast du da ein konkretes Erlebnis gehabt? Hast du da einen Redner einmal schwitzen gesehen?

Mirko: Wenn er Angst hat, wenn er ... ich weiß nicht, wie ich das sagen soll, alleine von der Wortwahl, vom Niveau von der Sprache, wenn herauskommt, er verliert sich, er versucht die Hochsprache zu sprechen, verliert sich aber voll im Dialekt, er widerspricht sich selbst teilweise, und die Reaktion des Publikums, wenn sie über ein bestimmtes Thema reden, zum Beispiel irgendetwas über Magdalen oder so, allein, er reagiert auf die Reaktion des Publikums und wird unsicher ... das könnt beim Haider, glaub' ich, nie passieren.

Bei der Faszination der Jugendlichen spiele auch das Alter Haiders eine Rolle, obwohl auch ein Älterer die Jugend genauso ansprechen könne, wie es zum Beispiel Thomas Bernhard beweise, der ein fantastischer Mensch gewesen sei.

H. K.: Haider hat aber Thomas Bernhard sehr kritisiert!?

Mirko: Ja, das mißfällt mir an ihm total. Ich bin ein Literaturfreund, ich les' wahnsinnig gern, aber was sie mit ihm aufg'führt haben, ehrlich ... aus so einer Aktion heraus kann ich die ganze Freiheitliche Partei überhaupt nicht leiden. Mir ist der nationale Gedanke dabei viel zu stark, da könnt ich mich nie damit einverstanden erklären, aber als Mensch, wie soll ich sagen, der ist ... gut.

Die Widersprüchlichkeit und die Zerrissenheitsgefühle Mirkos, die sich durch das ganze Interview ziehen, kann man auch in der Gegenüberstellung des »jungen« Jörg Haider und des »alten« Thomas Bernhard, die beide auf ihre Weise den Unmut in der Bevölkerung äußern, wiederfinden. Sowohl Thomas Bernhard als auch Jörg Haider, die sich gegenseitig nicht akzeptieren konnten, verkörpern in gewisser Weise ein Ideal Mirkos. Mirko drückt die Sehnsucht nach einer kohärenten, sicheren Identität aus, die in einer Epoche der Identitätsverunsicherung, in der »Identität« schon zum verbreiteten Schlagwort und Versprechen geworden ist, bei sehr vielen verbreitet sein dürfte.

»Er versucht die Hochsprache, verliert sich aber voll im Dialekt ...«

Die Identitätsverunsicherung drückt sich auch in der Unsicherheit der Sprachwahl und in der Angst aus, sich durch die Sprache zu verraten, daß man nicht dazugehört. Sehr anschaulich findet man diese Angst, entdeckt zu werden, in jener Textpassage wieder, in der sich Mirko deutlich mit dem Aggressor identifiziert und den verunsicherten »Ambrozy«, der die Rolle Mirkos einnimmt, zum Schwitzen bringt.

In dieser Szene wird die Identitätsverunsicherung des vom Publikum entlarvten und der Lächerlichkeit preisgegebenen Redners dargestellt, der durch den Gebrauch der Hochsprache versucht, die Diskrepanz von Dialekt und Hochsprache zu überspringen und somit seine Herkunft zu verleugnen. Die Identifikation mit Haider, der »selbstsicher auftritt« und dem so etwas »nie« passieren könnte, ermöglicht die Abwehr der Angst, selbst Betroffener eines solchen traumatischen Erlebnisses zu werden. Sie erlaubt auch, die eigene angstauslösende Unvollkommenheit, das Gefühl, sich selbst nur »halb« zuordnen zu können, auf eine andere Person zu projizieren und dort lächerlich zu machen.

Die vermutlich in der eigenen Lebensgeschichte Mirkos erfahrene Gewalt, aufgrund seiner zweideutigen Herkunft lächerlich gemacht und ausgegrenzt worden zu sein, taucht in dieser Geschichte wieder auf, in der er die an sich selbst erfahrene und verdrängte Gewalt an einer anderen Person wiederholt.

Entwicklung einer starken, seine doppelte kulturelle Zugehörigkeit integrierenden Identität ist nicht möglich, da die Benennung des Konflikts und damit die Trauerarbeit an der erlebten Gewalterfahrung blockiert ist, und an deren Stelle die Wiederholung am Beispiel des verunsicherten »Ambrozy« tritt. In der konkreten Situation wird die Wiederholung über die Identifikation mit Haider symbolisch ausgeführt.

Erlebte Gewalt wird aber nicht nur aus dem Spannungsfeld zweideutiger kultureller Zugehörigkeit sichtbar. Mirko spricht auch davon, daß er freiwillig nie hergekommen wäre und er sich nur aufgrund der bevorstehenden Matura dieser Forderung unterordnete. Als »Mitläufer« müsse er sich auch die »Skandale der ÖVP und SPÖ« gefallen lassen, wobei er Haider stellvertretend für ihn einen »Querulanten« sein läßt, der für »Aufruhr« sorge.

»Wenn wir richtige Kärntner sind ...«

In dem folgenden Interview mit Herrn Janek, das wir zum Abschluß dieser Thematik noch zitieren möchten, wird die angesprochene Identitätsproblematik aus einer anderen Perspektive angesprochen. Darin werden die aus verschiedenen Kulturen stammenden Elemente unserer kulturellen Eigenart auf das Ideal des »Deutschkärntners« reduziert, der als der »richtige Kärntner« gilt. Den Kärntner Slowenen wird dabei schlicht abgesprochen, »Kärntner« zu sein. Wenn schon nicht sie selbst, so seien wenigstens deren Eltern nicht da geboren. Die Tatsache, daß Jörg Haider selbst nicht in Kärnten zur Welt kam, spielt dabei keine Rolle. Zwischen Ausländern und Slowenen wird keine Unterscheidung mehr getroffen, und ein »richtiger Kärntner« sei eben nur: »Der, was die Eltern da geboren sind, was gewählt haben für den 10. Oktober, aber richtige Deutschkärntner, (die) im gemischtsprachigen Gebiet wohnen.« Am Beginn des Interviews beklagt sich mein Gesprächspartner über die vielen Skandale in Österreich und kommt schließlich auf den Umstand zu sprechen, daß politische Gegner durch Aufkleber (Zecken) die Wahlplakate der FPÖ verunstalten würden.

Janek: Ja, wir lassen uns als Freiheitliche nicht die Zecken raufpicken auf die Plakate. Und wo die Plakatständer zerrissen werden in der eigenen Ortsgruppe. Ich hab fünfundzwanzig Plakatständer g'macht, ich bin volles FPÖ-Mitglied, und bei uns werden sie zerrissen in der Ortsgruppe. Und da kommen Leute, es sind Slowener, die gegen uns einen Haß haben vielleicht oder irgendwas.

H. K.: Wieso wissen Sie, daß das Slowenen sind, die das zerrissen haben?

Janek: Nein, ich weiß es nicht, aber ich vermute es aufgrund ... weiß ich nicht, es können Kommunisten sein, es können die sein oder ... Ich habe bis jetzt noch keinen erwischt.

H. K.: Aber sie vermuten es? Worauf basiert Ihre Vermutung?

Janek: Es kann sein, daß es ein bisserl eine kleine Revolution ist.

H. K.: Gegen was?

Janek: Gegen Jörg Haider. Die hassen ihn.

H. K.: Warum glauben Sie, daß sie ihn hassen?

Janek: Ja, weil er gute Politik betreibt vielleicht.

H. K.: Finden Sie, daß Haider eine schlechte Beziehung zu Slowenen hat?

Janek: Nein, hat er nicht.

H. K.: Und warum hassen sie ihn dann?

Janek: Ja, bestimmte Gesetze gibt es da dazwischen. Die fordern doch, weil sie den Artikel 7 haben und so. Die fordern die Rechte von früher.

H. K.: Sie fordern mehr als ihr Recht ist?

Janek: Wahrscheinlich wollen sie zu viel fordern, und der Haider schafft das halt ab.

H. K.: Er erlaubt das nicht?!

Janek: Nein, das geht nicht, das geht ohne weiteres nicht. Wenn wir richtige Kärntner sind, und wenn sich die Slowenen so viel erlauben, das und das ... und weiter fordern, dann sind wir Kärntner im Unrecht.

H. K.: Die Slowenen sind ja auch Kärntner!

Janek: Nein.

H. K.: Warum sind die Slowenen keine ...?

Janek: Die Slowenen sind Kärntner? Wieso, in welchem Punkt sind sie Kärntner?

H. K.: Weil sie da geboren sind zum Beispiel.

Janek: Die sind da geboren, ja, und die Eltern?

H. K.: ... wahrscheinlich auch da geboren.

Janek: Nein, nein.

Mann: Ja, aber trotzdem, das ist in der Geschichte schon ... da wollen sie weiter und bis zur deutschen Grenze, sind aber keine richtigen ...

Janek: ... Kärntner.

H. K.: Was ist ein »richtiger Kärntner«?

Janek: Ja, der »richtige Kärntner« ist ein Deutschkärntner.

H. K.: Also jemand, der Deutsch spricht oder zweisprachig ist?

Janek: Er kann drei- oder viersprachig sein.

H. K.: Die Slowenen sind ja meist zweisprachig. Die können ja Deutsch ...

Janek: Ja, aber einige wollen auch nicht.

Mann: Ja, aber einige wollen auch nicht.

H. K.: ... und sind trotzdem keine »richtigen Kärntner«?

Mann: Nein.

Janek: Ich bin ein deutschsprechender Kärntner und du bist Student. Und du bist zum Beispiel bei der HAK slowenischer Student (...) und dann bin ich, ich als Deutschkärntner, für dich bin ich der ›Arbeiter‹, und wenn ich nicht Slowenisch sprech, bin ich für dich kein Mann.

H. K.: Sie meinen, daß ich Ihnen dann zum Beispiel keine Stelle gebe?

Janek: Ja, so ungefähr. Ich will nur diesen Artikel 7 ... die haben mehr Rechte als wir.

H. K.: Also Sie fühlen sich im eigenen Land benachteiligt?

Janek: Ja, von diesen slowenischen Organisationen fühle ich mich benachteiligt. (...) In Globasnitz gibt's ehrliche Leut, in Jaunstein ...

Mann: Jaunstein, das ist ein total ...

Janek: Das sind totale Gegner gegen den Deutschkärntner.

H. K.: Und wie wirkt sich das konkret aus?

Janek: Über den Jörg Haider darfst dort überhaupt nichts sagen.

H. K.: Was passiert dann?

Janek: Ja, dann wirst z'sammg'schlagen und alles mögliche, und ich muß verschwinden. Aber wir als Bürger, als Deutsche, wenn wir für'n Jörg Haider halten ... Da bin ich in ein Gasthaus g'angen, hab für'n Jörg Haider ein bisserl eine Werbung g'macht ... nur so g'redet. Dann bin ich halt sehr hart ang'sprochen worden, ich bin eine Nazisau und alles mögliche. Und das, obwohl ich ein Kärntner bin.

H. K.: Und was kann oder wird Haider dabei ändern? Er kann ja die Menschen nicht ändern?

Janek: Die Menschen kann er nicht ändern, aber durch Gesetze vielleicht ... Daß der Bürger, der kleine Bürger mehr Rechte hat als wie die großen Bonzen, was bis jetzt immer dring'sessen sind.

H. K.: Jetzt haben wir von Slowenen geredet und Deutschkärntnern und jetzt von kleinen Bürgern und großen Bonzen. Das versteh ich jetzt nicht!

Janek: Große Bonzen, ja, die immer schon vierzig Jahr in der sozialistischen Regierung dring'sessen sind.

H. K.: Ja Moment, Sie haben gesagt, wenn Sie da in die Ortschaft gehen und für Haider Werbung machen, dann werden Sie hinausgeschmissen. Was kann Haider da ändern?

Janek: Da kann er gar nichts ändern. Wir als kleine Bürger müssen das miterleben, obwohl ich FPÖler bin, ist ja ›wurscht‹, aber ich muß das mitmachen.

H. K.: Aber dann gibt's da noch etwas: die kleinen Bürger und die großen Bonzen. Und da kann er etwas ändern?

Janek: Bei die Großen (...) da kann er vielleicht weiterforschen. Jetzt passieren sehr viele Skandale in Österreich, und das läßt sich der kleine Bürger nicht mehr gefallen. (...) Die großen Bonzen, die vierzig Jahre da in Österreich g'sessen sind in die Ämter und nur die Kinder hineingebracht haben, verstehst? Und was sind Sie damit beschäftigt, sitzen auch Sie drin?

H. K.: Wer, ich?

Janek: Ja.

H. K.: Nein, ich sitze da nicht drinnen.

Janek: Jetzt noch nicht.

H. K.: Nein.

Janek: Sind's ein freier Mensch. Ich mein ja nur, ist nur eine Frage, was Sie für einen Beruf haben.

H. K.: Ich bin Student.

Je stärker die Identifikation mit Jörg Haider und der von ihm vermittelten »eindeutigen Identität« (»ein richtiger Kärntner«) ist, desto »haßerfüllter«, aggressiver und gefährlicher wird das »Fremde« in Person des »Slowenen« oder »Kommunisten« erlebt. Obwohl er noch keinen erwischt habe, sei er sich sicher, daß Slowenen oder Kommunisten seine Plakatständer zerstört hätten. Die Slowenen würden den Jörg Haider hassen und seien »totale Gegner gegen den Deutschkärntner«. Besonders bedrohlich scheint die Haltung jener Slowenen zu sein, die bewußt an ihrer kulturellen Eigenständigkeit festhalten und dies dadurch dokumentieren, indem sie in der Öffentlichkeit bewußt die slowenische Sprache gegenüber der deutschen vorziehen (H. K.: »Die können ja Deutsch ...« Herr Janek und ein Mann: »Ja, aber einige wollen auch nicht«). Dieser demonstrative Widerstand gegen die drohende Assimilierung der Minderheit, der Ängste auslöst, da er die geschaffene Identität des »richtigen Kärntners« in Frage stellt, begegnete uns bereits an anderer Stelle, wo jene Slowenen, die »sich jetzt so auf ihre Seite stellen«, als »Nestbeschmutzer« bezeichnet wurden.

Dieser Ausschluß der Slowenen aus der Gruppe der »richtigen Kärntner« resultiert aus der Verleugnung jener Anteile der eigenen Identität, die vom »Slowenen« verkörpert werden und die Identität des »richtigen Kärntners«, die die gewünschte Zugehörigkeit ermöglicht, in Frage stellt. Weiters entspricht diese Ausgrenzung des »Slowenen«, der nicht da geboren sei, der Umkehrung der eigenen Angst, aufgrund bestehender Zweifel an der geschaffenen Identität des »Deutschkärntners«, selbst Betroffener eines Ausgrenzungsvorganges zu werden.*

Diese Zugehörigkeitswünsche und Ausgrenzungsängste werden von Herrn Janek auch an anderern Stellen des Interviews thematisiert. So spricht er etwa davon, daß er sich von den »slowenischen Organisationen« benachteiligt fühle und ihm Arbeitslosigkeit drohe (»... wenn ich nicht slowenisch sprech, bin ich für dich kein Mann.«). Als »kleiner Bürger« ist er aber auch von den Privilegien der »großen Bonzen« ausgeschlossen, »die immer schon vierzig Jahr in der sozialistischen Regierung dring'sessen sind«. Sind es zuerst die »slowenischen Organisationen«, so ist es jetzt die »sozialistische Regierung«, die so etwas wie einen großen familienartigen Zusammenschluß der Privilegierten (»die großen Bonzen, die g'sessen sind in die Ämter und nur die Kinder hineingebracht haben«) darstellt, von dem Herr Janek und sein Begleiter ausgeschlossen sind. Das Bild von den Bonzen, die »drinsitzen« und die nur ihre Kinder hineinbrächten, soll aber auch die eigene Position, die aufgrund der im Alltag erlebten Ausgrenzung jedoch unbefriedigend bleibt, aufwerten, was am Ende des Interviews zum Ausdruck kommt. Dort verneinte der Interviewer seine Frage, ob er da auch »drinsitze«, was Herr Janek mit der Bemerkung

---

* Das entspricht den Forschungsergebnissen über die »Kärntner Urangst« bei: E. Englert/Gertraud Migsch/Jutta Rainer: Vergangenheitsbewältigung und Volksgruppenkonflikt in Kärnten. In: W. Graf/K. Ottomeyer/ÖIF (Hg.), Szenen der Gewalt (siehe Anhang).

versieht, daß dieser dann »ein freier Mensch« sei. Über dieses positiv bewertete Gefühl des »Frei-seins« soll eigentlich nur die erlebte Ohnmacht gegenüber der Ausgrenzung, des »Nicht-Drinsitzens« kompensiert werden.

Die an den »Artikel 7« geknüpfte Wahrnehmung der Benachteiligung (»Die haben mehr Rechte als wir ...«) bekommt in der Vermischung der Gegensätze von »Deutschkärntnern« und »Slowenen« bzw. »kleinen Bürgern« und »großen Bonzen« eine neue Bedeutung. In der Aussage, als Deutschkärntner sei man für die bevorzugten Slowenen der »Arbeiter«, zeigt deutlich, daß hier ein auf die Minderheit verschobener Klassengegensatz angesprochen wird:

Janek: Ich bin ein deutschsprechender Kärntner und du bist Student. Und du bist zum Beispiel bei der HAK slowenischer Student (...) und dann bin ich, ich als Deutschkärntner, für dich bin ich der Arbeiter, und wenn ich nicht slowenisch sprech, bin ich für dich kein Mann.

H. K.: Sie meinen, daß ich Ihnen dann zum Beispiel keine Stelle gebe?

Janek: Ja, so ungefähr. Ich will nur diesen Artikel 7 ... die haben mehr Rechte als wir.

H. K.: Also Sie fühlen sich im eigenen Land benachteiligt?

Janek: Ja, von diesen slowenischen Organisationen fühle ich mich benachteiligt.

Ebenso dienen die Begriffe »slowenisch« und »sozialistisch«, die oft fließend ineinander überzugehen scheinen, als Angriffsfläche für diffuse Erfahrungen von Benachteiligung, Ausbeutung und Ausgrenzung.

Die Vermischung dieser beiden Themen unterstreicht die eingangs aufgestellte These, daß die nationale Identitätspolitik für das am ›freien Arbeitsmarkt‹ den Bedingungen der optimalen Verwertung unterworfene Individuum eine problematische Stützfunktion hat. Das aus dem Geflecht traditioneller sozialer Beziehungen herausgelöste und im Arbeitsprozeß entfremdete Individuum sucht seinen Verlust in der Teilhabe an einer fiktiven Gemeinschaft zu kompensieren. Die im täglichen Leben nur schwer greifbaren anonymen Kräfte der Unterdrückung können am Bild der privilegierten »slowenischen Organisationen«, für die man selbst nur der »Arbeiter« ist, oder den immerzu fordernden »Ausländern«, die noch dazu vor dem Gesetz privilegiert sind, festgemacht werden. Das bereits bekannte Bild des »Bonzen« (»Volksbestehlung«) taucht hier im kriminellen, arbeitsscheuen und privilegierten »Ausländer«, erweitert um den nationalen Aspekt, wieder auf.

Die Sehnsucht nach Zugehörigkeit zu einer starken Gruppe, die das Erlebnis der Benachteiligung und Ausgrenzung kompensieren soll, kann auch Herrn Janeks Mitgliedschaft in der FPÖ (»Ich hab fünfundzwanzig Plakatständer g'macht, ich bin volles FPÖ-Mitglied ...«) nur teilweise erfüllen (»Wir als ›kleine Bürger‹ müssen das miterleben, obwohl ich FPÖler bin, ist ja ›wurscht‹, aber ich muß das mitmachen.«). Und selbst die so wichtige Zugehörigkeit bei den »richtigen Kärntnern« schützt ihn nicht vor Verleumdung und Ausgrenzung. So kommt die Angst, als Nazi verschrien zu werden, die bereits in einem vorangegangenen Interview auftauchte, auch hier wieder zum Vorschein (»Dann bin ich halt sehr hart ang'sprochen worden, ich bin eine Nazisau und alles mögliche. Und das, obwohl ich ein Kärntner bin.«).

HAIDER ALS REALPOLITIKER IN KÄRNTEN

Erfolge und Erfolgszurechnung

Haider ist als Redner und Politstar erfolgreich und hat dem Publikum bei Zunahme seiner Macht einen radikalen Wandel versprochen. Der bekannte österreichische Journalist Viktor Reimann hat ein Buch mit dem Titel »Fünf ungewöhnliche Gespräche« geschrieben, das (im Spätsommer 1991 erschienen) Haider als österreichischen Fortschrittsmotor und greifbare Identitätsfigur in eine Reihe mit Bruno Kreisky stellt.

Nach Haiders Wahl zum Landeshauptmann in Kärnten hätten sich alle Befürchtungen hinsichtlich einer intoleranten Kulturpolitik oder national-sozialistischer Töne als grundlos erwiesen (das Buch wurde offenbar unmittelbar vor dem Landtagsskandal und der Abwahl Haiders in Druck gegeben). Es habe sich politisch einiges geändert:

> »Nichts von alledem traf ein, wohl aber änderte sich politisch einiges. So schuf Haider ein von Parteien unabhängiges Büro, das die eingegangenen Bewerber und Bewerbungen für Posten oder Bauvorhaben nach objektiven Merkmalen prüft und nach der Qualität reiht. Auch in der Schulpolitik geht er neue Wege und gibt dem Lehrkörper und den Eltern mehr Mitspracherecht bei der Ernennung von Direktoren. Die Auflösung von Großgemeinden nimmt er ohne Vorbehalt vor, wenn in Volksbefragungen dafür entschieden wurde. Haider gründete eine Handelsakademie für die Bauern und richtete ein Agrarmarketing ein, das allein den Bauern zugute kommt; hier haben weder Raiffeisen noch der Bauernbund etwas zu reden. Als Agrarreferent tritt Haider für die Bauern besonders ein und hat bereits einige Reformmaßnahmen durchgesetzt. Die Bergbauern erhielten 30 Millionen zur Förderung ihrer landschaftsschützenden Tätigkeit. Jungbauern wurde der Kauf von Milchkontingenten ermöglicht. In der Landesregierung setzte er einen Ombudsmann für die Belange der Bauern ein, und erstmals kam es in Kärnten zu einer aktiven Grenzlandförderung.

In Völkermarkt wurde ein Industriepark errichtet, der innerhalb von acht Jahren dreizehnhundert Arbeitsplätze schaffen soll. Mit den Schulen führte Haider die Umweltaktion ›Müllvermeidung‹ durch. Er stoppte die Sondermüllverbrennung in Kärntens Industriebetrieben und stellte den Gletscher der Kleinfragant unter Naturschutz. Er beendete die Einflußnahme der Politiker bei der Vergabe von Geldern an Vereine und Kultureinrichtungen. Statt über Politiker, fließt das Geld direkt den betreffenden Einrichtungen zu. Auch an die Verwaltungsreform macht er sich heran. So schaffte er die Amtstitel ab, um dem Bürger die Angst vor der Behörde zu nehmen. Und der als Slowenenhasser hingestellte Haider betreibt eine aktive Nachbarschaftspolitik, veranstaltet unter anderem ein Volksgruppenseminar und versucht mit dem neuen slowenischen Ministerpräsidenten Peterle ein freundschaftliches Verhältnis herzustellen.« (Fünf ungewöhnliche Gespräche, Wien 1991, S. 228/229)

Der Schwerpunkt unserer Studie liegt auf den sozialpsychologischen Mechanismen in der Haider-Inszenierung; aber um die Inszenierung in ihrem Bühnencharakter besser zu verstehen und zu bewerten, müssen wir zumindest in Ansätzen auf ihr Verhältnis zur Realpolitik eingehen. Handelt es sich um reines Illusionstheater oder um einen Beitrag zur Veränderung veralteter gesellschaftlicher Strukturen? - Wie steht es mit der Liste der Erfolge, die Reimann (sicherlich nachdem er sich von Haider und der FPÖ hat informieren lassen) in seinem Buch vorlegt? Rechtfertigen diese nicht manche extreme Formulierung und die emotionalen Ausrutscher, die dem jugendlichen Politiker angekreidet werden können?

Das erste Problem bei der Beantwortung dieser Frage besteht in der Erfolgszurechnung. Die Erfolgszurechnung ist bereits eine Inszenierungsfrage. Haider stand während seiner Amtszeit als Kärntner Landeshauptmann aufgrund der Kärntner Verfassungsgegebenheiten (»Konzentrationsregierung«) und aufgrund der Kräfteverhältnisse der drei Regierungsparteien eine Bühne für eine höchst flexible Inszenierung zur Verfügung. Er war zwar Landeshauptmann, konnte sich aber bei Mißerfolgen und Schwierigkeiten leicht als Minderheit in der Regierung darstellen. Er konnte sich, wie es gerade opportun war, entweder als Robin Hood oder als endlich zur Macht gekommener Richard Löwenherz darstellen. Zudem war es immer möglich, auf die »frühere sozialistische Mißwirtschaft« hinzuweisen, die »Kärnten zu einer verlängerten Werkbank der internationalen Konzerne« gemacht habe (Wiener 22. 02. 1991). Und noch am 1. 03. 1991 erklärte Haider der Kronen-Zeitung: »Der SPÖ geht es nicht mehr um die Arbeit, sondern um die Verhinderung. Regierungs- und Landtagsbeschlüsse werden einfach nicht vollzogen.« Teilweise konnte auch der Koalitionspartner ÖVP für Mißerfolge mitverantwortlich gemacht werden, während die Erfolge von gemeinsamen Initativen einseitig dem FPÖ- und Haider-Konto gutgeschrieben wurden. Bei der von Reimann vorgelegten Erfolgsliste handelt es sich um eine Mischung von politischen Änderungen auf Haider-Iniative hin und solchen, an denen die anderen Parteien sowie Initiativen aus der Bevölkerung beteiligt waren. Ein Beispiel für die letztgenannte Art von Erfolg ist die Rettung des Naturschutzgebietes der Kleinfragant, die auf eine breite Bürger-Bewegung unter Beteiligung von Vertretern auch der anderen Parteien zurückging und auf welche Haider erst sehr spät aufgesprungen ist. Ein Beispiel für eine wirklich auf Haider zurückzuführende Maßnahme ist die Abschaffung der Hofratstitel in Kärnten, die als eine symbolische Entfeudalisierung anzusehen ist. Ob das freilich ein Teil der fälligen »Verwaltungsreform« ist, wie Reimann schreibt, ist zu hinterfragen.

Vom vielzitierten Industriepark, der »in Völkermarkt errichtet wurde«, gibt es in Wirklichkeit bislang nur Pläne bzw. ein großes Ankündigungsschild neben der Bundesstraße. Noch nicht einmal der notwendige Grundstückstausch mit dem Bundesheer war im August 1991 vollzogen. SPÖ-Politiker erinnern daran, daß die aktive Grenzlandförderung, in deren Zusammenhang der Industriepark steht, noch eine Idee ihres Landespolitikers Frühbauer war.

Die »Auflösung von Großgemeinden«, die Haider laut Reimann »ohne Zögern vornimmt« (vermutlich unter Bezug auf den Fall Deutsch-Griffen), schreiben sich auch andere Parteienvertreter zu, z. B. der Gemeindereferent der Landesregierung Ambrozy. Es gab in dieser Sache nur eine Regierungsvorlage, keinen Antrag der FPÖ.

Die Handelsakademie für die Bauern ist tatsächlich von Haider eingerichtet worden, war aber wohl, wie auch die

Bergbauernförderung mit 30 Millionen Schilling, ein Anliegen breiter Kreise. Der Bauern-Ombudsmann in der Landesregierung ist von Haider ohne das von ihm selbst so geforderte Objektivierungsverfahren eingesetzt worden (vgl. unten). Davon, daß Haider die »Einflußnahme der Politiker bei der Vergabe von Geldern an Vereine und Kultureinrichtungen« beendete, kann wohl kaum die Rede sein. Der Politikerspielraum ist insofern vergrößert worden, als nach neuen Vergaberichtlinien die drei Parteivorsitzenden von FPÖ, SPÖ und ÖVP jeder um die 10 Millionen zur freien Verfügung haben (Mitteilung eines Landtagsabgeordneten). Ansonsten entscheidet, wie in früheren Jahren, der Landtag mit Hilfe eines Systems von Beiräten und Fonds.

Reimann lobt die Schulpolitik von Haider und seine Versöhnungsgesten gegenüber den Slowenen. Die umstrittene Frage der zweisprachigen Schulen in Kärnten, bei der Haider weitgehend die Trennungspositionen des »Kärntner Heimatdienstes« übernimmt, erwähnt Reimann erst gar nicht. Seine Beiträge zur »Nachbarschaftspolitik« zwischen den Volksgruppen innerhalb Kärntens konnten jedenfalls die Organisationen der slowenischen Volksgruppe nicht überzeugen.

Es ist sicher Haiders Verdienst, die Objektivierungsdiskussion bei der Stellenvergabe im öffentlichen Dienst intensiviert zu haben. Aber er hat selbst mehrere Posten ohne Objektivierung vergeben. Das gilt für den Bauernombudsmann, dessen Einsetzung Reimann lobt, für den Behindertenombudsmann, den Junglehrerombudsmann und für den Volksgruppenbeauftragten bzw. dessen Mitarbeiter. Auch zeigen die vom EX-FPÖ-Chef Steger kürzlich im Profil veröffentlichten Unterlagen, daß Haider als Postenbeschaffer für politische Freunde (jedenfalls bis Mitte der 80er Jahre) höchst aktiv war. Die Objektivierungsinitative ist von Haider nicht erfunden worden. Auf Bundesebene gibt es bereits ein Objektivierungsgesetz. Bis zum Sommer 1991 und dem Ende der Haiderschen Landeshauptmannschaft gab es auf Landesebene kein Objektivierungsgesetz. Haider hatte lediglich in seiner Eigenschaft als Personalreferent ein privates Personalberatungsbüro mit der Überprüfung der Bewerber beauftragt. – Die österreichische und Kärntner Praxis der »Freunderlwirtschaft« im Bereich der Vergabe von Posten im öffentlichen Dienst war in den letzten Jahren wohl allen Parteien zu heiß geworden. Infolge der wirtschaftlich bedingten, dauerhaft hohen Arbeitslosenraten war auch, im Gegensatz zu früheren Zeiten, der Andrang auf die (im Vergleich zur Privatwirtschaft nur mäßig bezahlten) öffentlichen Stellen sehr hoch geworden. Das bedeutete, daß ein Mächtiger selbst innerhalb des Kreises seiner Parteifreunde mehrere Leute brüskieren mußte, wenn er einen bevorzugte. »Du schaffst Dir einen Freund, aber fünf Feinde« erklärte uns ein Abgeordneter des Kärntner Landtages. Das Zwischenschalten von Verfahren und Kommissionen entlastet von Vorwürfen. Von daher hat Haider allenfalls einen breiter angelegten Umdenkprozeß unterstützt, ihn keinesfalls erfunden.

Haider als »trickreicher Unternehmer«, Arbeits- und Sozialpolitiker

Haider zeichnet ein Bild vom Staat, in dem dieser korrupt, ineffizient und strukturlos ist. Seine Hauptfunktion scheint die Versorgung von Protektionskindern zu sein. Modernisierung der (feudalen) Strukturen besteht vor allem in der Privatisierung von staatlichen Aufgaben: die »Objektivierung« wird einer Firma übertragen, die Wirtschaftsförderung einer Gesellschaft, die Landesverwaltung soll von einer privaten Firma (statt vom Rechnungshof) überprüft werden, die Landesspitäler sollen in Richtung auf einen eigenen Wirtschaftskörper umgewandelt werden und die Landeshypothekenbank ist bereits zur Gänze privatisiert. Das »Abenteuer Wirschaft« beginnt nun in Bereichen, aus denen es vorher ferngehalten wurde.

Bei alldem ist klar, daß das Bild eines Privatunternehmers Leitidee ist, welcher den »Vater Staat« schwächen darf. Bloß keinen Schilling Abgabe zuviel. Haider, der für seinen »arisierten«, vom Onkel Webhofer übernommenen Bärental-Besitz 196 Schilling Schenkungssteuer und 14 Schilling Vermögenssteuer bezahlt hat (Profil 06. 02.1989), ist natürlich kein »Privilegienritter« mit »fürstlichem« Einkommen, sondern ein unabhängiger Unternehmer:

»›Ich bin auch stolz darauf, ein Politiker zu sein, der auch finanziell nicht von der Politik abhängig ist. Gerade in der heutigen Zeit ist damit gewährleistet, daß ich weder bestechlich noch korrumpierbar bin‹. Und zum Vorwurf der unmoralischen Steuerersparnis sagt Haider: ›Eine legale Ausnutzung steuerlicher Bestimmungen. Ich bin das Opfer einer politischen Aktion. Statt daß man die Gauner einsperrt, will man die Ehrlichen madig machen‹.« (Zit. n. Profil, 6. 2. 1989)

Auch Haiders Gegner, die »Privilegienritter« und »Bonzen« im öffentlichen Dienst, in den Kammern und Parteien sind zu ihren hohen Einkommen in den allermeisten Fällen nicht durch Betrug, sondern über die »legale Ausnutzung« gesetzlicher Bestimmungen (über Abfindungen, Spesenregelungen etc.) gekommen. Für die Privatunternehmer gelten die Haiderschen Korruptionsvorwürfe einfach nicht. Der egoistisch wirtschaftende, sein Handeln manchmal noch zynisch kommentierende Unternehmer soll letztlich den Lebensentwurf, das Normbild für alle darstellen.

Aus zahlreichen Interviews wissen wir, daß Haider mit dem Argument seiner Unternehmer-Autonomie Anhänger gewinnt. Die Steuertricks werden ihm nicht verübelt. Hier ein Ausschnitt aus einem Interview, das Harald Goldmann mit einem Jugendlichen (»B«) gemacht hat, der gelegentlich Haider-Kontakt hatte, aber durchaus noch nicht als »Fan« anzusehen ist.

H. G.: Ich möcht jetzt ein bisserl weitergehn zur Person vom Jörg Haider. Mich würde interessieren, was dir so einfällt zu seiner Person. Was verbindest du mit ihm?

B.: Ja, in manche Sachn ist es als Hobby, das fasziniert mich, daß er das als Hobby macht.

H. G.: Was macht er als Hobby?

B.: Ja, das als Landeshauptmann.

H. G.: Aha.

B.: Das macht er ja nur als Hobby?

H. G.: Mmh. Wieso? Das versteh ich jetzt nicht ganz.

B.: Das macht er nur so als Hobby, denk ich mir halt. Wenn einer so reich, also Grund hat daheim, dann braucht er nicht arbeiten gehn.

H. G.: Ah, du meinst, daß er's nicht notwendig hat.

B.: Ja, der hats nicht notwendig.

H. G.: Was glaubst, warum? Du sagst als Hobby, weil ihm langweilig ist?

B.: Ja. Ich glaub schon, daß ihm langweilig ist.

H. G.: Was glaubst, was er für ein Motiv hat? Also, reine Langeweile, oder was meinst?

B.: Also, reine Langeweile.

H. G.: Ja, was stellst dir vor, was könnt er für Motive haben?

B.: Ja, er schaut auf sein Land. Das will er halt, er will auf sein Land schaun.

Der konsequente Unternehmer- und Leistungsstandpunkt zeigt sich dort, wo Haider sich zu Problemen der Arbeitspolitik äußert. Es geht immer um die Ermöglichung einer Extra- und Spitzenleistung, die zu honorieren ist, nicht um die Sicherung des Grundverdienstes bei erträglichen Arbeitsbedingungen. Auszüge aus einem Leserbrief Haiders zur Situation im Gastgewerbe (Kleine Zeitung 06. 04. 1991):

> »Die Einführung der 5-Tage-Woche im Fremdenverkehr ist ohne flankierende Maßnahmen ein absoluter Unsinn für Betrieb und Mitarbeiter. Für die Mitarbeiter im Tourismus steht der gute Verdienst während der Saison im Vordergrund. Nicht weniger arbeiten, sondern mehr verdienen, heißt die Devise. Bei einer 5-Tage-Woche wird es zwangsläufig mehr Überstunden geben, weil nicht ausreichend zusätzliches Personal verfügbar ist. Warum soll aber ein Mitarbeiter auch noch Überstunden machen, wenn er vom Finanzminister dafür auch noch bestraft wird, weil die Überstunden voll zu versteuern sind? Ohne Entsteuerung der Überstunden keine 5-Tage-Woche ...
> ... Die Vertreter der Gewerkschaft sollen sich die Frage stellen, warum gerade im Fremdenverkehr so wenige gewerkschaftlich organisiert sind. Dies deshalb, weil der große Teil der Mitarbeiter leistungsorientiert ist und in der Saison gut verdienen will, während die Gewerkschaft Vorschläge macht, damit die Mitarbeiter weniger arbeiten dürfen! ...
> ... Warum setzt sich die Gewerkschaft im Tourismus nicht dafür ein, daß endlich die Trinkgeldbesteuerung für die Mitarbeiter fällt? Wenn es um die Sicherung der Leistungslöhne geht, sind die Schreibtischvertreter seltsam schweigsam.«

Hier ist wieder der Staat der eigentliche Ausbeuter. Ihm stehen gewissermaßen zwei Arten von Unternehmern gegenüber: Die Besitzer der Betriebe und die leistungsorientierten Mitarbeiter, die ihr »Humankapital« Arbeitskraft so einsetzen möchten, daß möglichst viel (unversteuerte) Überstunden und Trinkgelder dabei herausspringen. Die Gewerkschaft tritt in diesem Szenario als Nebenfeind auf. Haider stellt die Gewerkschaft immer wieder als ausbeuterisch und privilegiert dar; sie will die Arbeiter nicht fleißig sehen bzw. gut verdienen lassen. Der Unternehmer als historischer Konfliktpartner verschwindet ganz.

Die Verschiebung des Geldinteresses auf die Trinkgeldproblematik findet sich bei Haider öfters: »Ohne Leibesvisitation ist es nicht möglich, die genaue Höhe für die Besteuerung des Trinkgeldes festzustellen.« (Kleine Zeitung 18. 03. 1990). Hier wird eine rationale Diskussion sehr schwierig, weil das Trinkgeld als ein feudales Relikt, das an die Ungleichheit der Menschen erinnert (und manchmal sogar beleidigen kann), eine eher schambesetzte Angelegenheit ist. Es wird schnell weggesteckt, kaum einer wird stehenbleiben und nachzählen, wie es bei jeder anderen Geldsumme, die wir einnehmen, üblich ist. Es handelt sich um ein »Geschenk« für Extraleistung.

Haider verbündet sich mit dem »ganz normalen« kleinen Steuerbetrüger in uns, der alljährlich seiner »Leibesvisitation« durch den Staat mehr oder weniger geschickt ausweicht und alle »legalen Bestimmungen ausnutzt«. Der Staat ist es, der Extraleistung und den besonderen Fleiß der Leistungswilligen nicht honoriert. Der Finanzminister wird zur strafenden Figur, gegen die wir uns wehren müssen.

Auch in der Sozialpolitik geht es vor allem um die Förderung des Leistungswillens. Haider ist besonders stolz auf das »No-Problem-Orchestra« unter dem Musikpädagogen Schörkmayr, das er während seiner Kärntner Amtszeit gefördert hat. In der Verteidigungsrede, die ein FPÖ-Abgeordneter in der denkwürdigen Nationalratssitzung hielt, bei der Ende Juni 1991 Haiders Rücktritt gefordert wurde, wurde das Kärntner Behindertenorchester dann auch als besonderes Verdienst aufgeführt. Ein ÖVP-Abgeordneter hatte darauf geantwortet, daß die Nazis in den Konzentrationslagern auch Häftlingsorchester unterhalten hätten - was wir als einen etwas unpassenden historischen Vergleich ansehen. Aber in Kärnten selbst gab es in den Monaten davor eine Debatte über die mögliche Alibifunktion des sehr medienwirksam präsentierten Orchesters, wobei kaum jemand in Abrede stellte, daß das Orchester für seine Mitglieder (und deren Familien) eine nützliche und unterhaltsame Sache ist. Ein Nervenarzt, Dr. Kilzer, hatte in einem Artikel auf die ansonsten in Kärnten eher unzureichende Versorgungs- und Betreuungssituation von geistig und psychisch Behinderten hingewiesen. Haider nahm in einem ausführlichen Leserbrief Stellung, aus dem wir zitieren:

> »Integration findet nämlich erst dann statt, wenn der Nicht-Behinderte seinem geistig behinderten Mitmenschen mit Ehrfurcht und echt empfundener Anerkennung gegenübertritt, was jedoch erst dann geschehen kann, wenn der Behinderte eine Leistung bringt, die nicht als selbstverständlich für diesen Personenkreis angesehen wird oder etwas besser kann als ein Nicht-Behinderter.«

Und Haider hebt hervor:

> »..., daß es in Kärnten seit rund eineinhalb Jahren eine Art der Betreuung von geistig behinderten Menschen gibt, welche weltweit einzigartig und mittlerweile auch weltweit anerkannt ist. Es handelt sich dabei um das No-Problem-Musiktherapiezentrum Kärntens, in welchem geistig- und geistig körperlich schwerstbehinderte Kinder, Jugendliche und Erwachsene mittels einer völlig neuartigen Musiktherapie zu professionellen Musikern ausgebildet werden, um ihnen auf diesem Weg den Einstieg in das Sozialgefüge zu ermöglichen.« (Kleine Zeitung 06. 06. 1991)

In der Formulierung des ersten Satzes ist die »Ehrfurcht und Anerkennung« des geistig Behinderten eindeutig an die Bedingung geknüpft, daß dieser eine »Leistung bringt« und zwar nicht irgendeine, sondern eine, »die nicht als selbstverständlich für diesen Personenkreis angesehen wird« oder eine solche, die zeigt, »daß er etwas besser kann als ein Nicht-Behinderter«. Haiders Wunsch nach vorzeigbaren Spitzenleistungen zeigt sich auch noch in dem Nachsatz über Kärnten und sein Musiktherapiezentrum, das um das »No-Problem-Orchester« entstanden ist. Die Betreuung ist »weltweit einzigartig«, »weltweit anerkannt«, »völlig neuartig«.

Es ist völlig unbestritten, daß es für die Identitätsentwicklung von Menschen sehr wichtig ist, sich künstlerisch, musikalisch, praktisch zu vergegenständlichen und darüber Anerkennung zu finden, und daß entsprechende Angebote in jeder Rehabilitations- und Integrationsarbeit unabdingbar sind (freilich in den »totalen Institutionen« immer noch fehlen). Aber das ist etwas anderes als das »Bringen von Leistung« oder das Erbringen von besonders auffallenden Leistungen. Werden Ehrfurcht und Anerkennung erst dann gewährt, wenn Leistung oder Spitzenleistung vorhanden ist, dann fallen große Gruppen von behinderten Personen und Leidenszuständen aus dem Kreis der Anerkennungsberechtigten heraus. Hat Haider hier nur schlampig formuliert, einfach etwas nicht zu Ende gedacht? - Immerhin hat er es schriftlich formuliert, und es ist anzunehmen, daß er sich zumindest 10 Minuten oder eine Viertelstunde auf das Problem konzentrieren konnte. Psychologisch handelt es sich wohl um eine Projektion des um Überraschungseffekte und Spitzenleistung kreisenden narzißtischen Anerkennungsdramas, das für Haider und seine Fans typisch ist, auf die Gruppe der Behinderten. Gesellschaftspolitisch steht die Äußerung in einer Tradition, die den Menschen auf die Rolle des »Produktionsnützlings« (Ernst Klee) reduziert und unter den Behinderten Einteilungen nach ihrer Verwertbarkeit für diese Rolle vornimmt. Ein solches Denken liegt zum Beispiel der Aufteilung von Psychiatriepatienten in Heilanstalten einerseits und Pflegeanstalten andererseits (in Kärnten z. T. auch »Außenpflegestellen«) zugrunde. Die ersten sind noch potentielle Leistungserbringer, die zweiten nicht mehr. Es handelt sich hier um die Übertragung einer privat-unternehmerischen Leistungsideologie auf den Bereich der Sozialpolitik. Der sozialdarwinistische Standpunkt, der Anerkennung an Leistung und Fitness knüpft, und unter dieser Perspektive zur Sortierung von Menschen führt, ist am konsequentesten von den Nazis verwirklicht worden.

Die starke Betonung der Leistung bzw. Sonderleistung, der fast reflexartige Schutz der Unternehmerinteressen und die Kritik an den Arbeitnehmerorganisationen durch Haider gehen möglicherweise auch vielen aufgeklärten Unternehmern und Managern zu weit. Jedenfalls haben sie nicht dazu geführt, daß Kärnten sich während der Haider-Landeshauptmannschaft in ein bevorzugtes Gebiet für Investoren verwandelt hätte. Im Frühjahr 1991 zeigte sich, daß sich so gut wie alle Indikatoren für die wirtschaftliche Entwicklung in Kärnten zum Negativen entwickelt hatten. Derzeit ist das emotionale Einschwören der Menschen auf den Unternehmerstandpunkt, einen bornierten Leistungswillen, verbunden mit der lustvollen Ausgrenzung des Fremden und Schwachen nicht das, was die großen Wirtschaftsunternehmen vorrangig brauchen. In Zeiten einer fortgeschrittenen Krise der Industrialisierung kann sich das aber rasch ändern.

EROTISIERUNG DER POLITIK, MASSENPSYCHOLOGIE UND DEPRESSIONSABWEHR

Politiker mit Liebhaberqualität

Wir haben gesehen, daß Mitte 1991, als Jörg Haider noch Landeshauptmann in Kärnten war, die Erfolgsbilanz nicht gerade eindrucksvoll war. Von einem »Aufschwung«, von grundlegenden Problemlösungen war nichts zu sehen. Wie kommt es, daß trotzdem bei vielen Leuten ein Gefühl des Aufschwungs, eines Aufstiegs, einer seltsamen Vitalisierung entstand und noch entsteht, wenn sie nur an Haider denken?

Die Antwort ist die, daß die Menschen über die Person Haiders mit verschütteten sinnlichen und erotischen Regungen in Kontakt gekommen sind. Jeder Mann und jede Frau weiß, daß sich z. B. im Falle der Verliebtheit sehr unabhängig von den äußeren Weltzuständen, Wirtschaftsdaten und Zukunftsprognosen ein Gefühl der Vitalisierung oder Revitalisierung einstellt. Man »fühlt sich wie neugeboren«.

Wir haben die Erotisierung durch die Haider-Inszenierung bisher nicht ausdrücklich behandelt. Dieser Aspekt oder Unterton ist aber bei allen bisherigen Kapiteln mitzudenken. Er macht die Faszination der Figur aus. Obwohl der Aspekt der Erotisierung auf der Hand liegt, ist es schwer, anders darüber zu reden als in einem witzelnden oder (pseudo-)ironischen Ton, den z. B. bereits Haider selbst nahelegt, wenn er sich als »Gewinner jeder Schönheitskonkurrenz« mit seinen politischen Gegnern vorstellt. - Die Kärntner SPÖ hat sich eher blind und unpolitisch auf die erotische Provokation durch Haider eingelassen, als sie im Frühjahr 1991 ihren bestaussehenden Kandidaten Michael Ausserwinkler mit dem einfachen Slogan »Ich liebe dich, Klagenfurt« unter seinem farbigen Fotoportrait in die Schlacht um die Klagenfurter Rathaussessel schickte. Und der langjährige ÖVP-Platzhalter in Klagenfurt, Bürgermeister Guggenberger wehrte sich in der Bedrängnis zwischen Ausserwinkler und dem zunächst noch forsch auftretenden FPÖ-Kandidaten Candussi mit Sätzen wie: »Ihr behauptet ja, ich bin impotent - ich kann aber noch.« Er konnte dann tatsächlich, aber nur mit der Rückenstärkung seines jungen Freundes Jörg Haider von der anderen Partei, der ihn (beim Stichwahlkampf gegen Ausserwinkler) auf Wahlkampfveranstaltungen begleitete. Den letzten Beweis, daß es im Umfeld von Haider um die nur leicht verhüllte Zur-Schau-Stellung und Anbetung männlicher Potenz geht, lieferte uns dieser selbst, als er nach der ausgebliebenen Unterstützung Waldheims im Skandal um die NS-Äußerungen den Bundespräsidenten als »feige, rückgratlos und lendenlahm« einstufte. Die zahlreichen Äußerungen über Politiker, die es sich im Gegensatz zu Haider nicht leisten können, mit nacktem Oberkörper fotografiert zu werden (im Anschluß an die »Wienerin-Reportage«), »welche die Hosen nicht mehr zukriegen« usw. gehen in dieselbe Richtung. Die Erotisierung der Politik hat Haider nicht erfunden - er ist in dieser Dimension nur besonders erfolgreich und aggressiv. In ihrer gegenwärtigen Form kommt sie aus Amerika, wo führende Politiker mit dem Aussehen eines Sinowatz oder Churchill, völlig ungeachtet ihrer sonstigen fachlichen und politischen Qualifikationen, inzwischen undenkbar, weil nicht TV-wirksam sind. Einmal gewählt, müssen Politiker dann auch noch im fortgeschrittenen Alter immer erneut ihre männliche Fitness unter Beweis stellen - wobei, wie Beispiele zeigen, das öffentliche Jogging dann auch ein böses Ende nehmen kann. Der amerikanische Soziologe Neil Postman hat in seinem Bestseller »Wir amüsieren uns zu Tode«* diese Tendenzen, die mit einem Verlust der argumentierenden Rede verbunden sind, ausführlich behandelt. Statt der argumentierten Rede sind tendenziell nur noch werbewirksame »Sprüche« zur Untermalung der schönen Bilder zugelassen. Und sein Kollege Richard Sennet hat ein Buch über die »Tyrannei der Intimität«** geschrieben, in dem er u. a. zeigt, daß die neuen Politiker, im Gegensatz zu früheren Zeiten, dem Publikum stän-

---

* Neil Postman: Wir amüsieren uns zu Tode, Frankfurt 1985.

** Richard Sennet: Verfall und Ende des öffentlichen Lebens. Die Tyrannei der Intimität, Frankfurt 1983.

dig Teileinblicke in ihr Privat- und Gefühlsleben gewähren müssen, damit sie »authentisch«, beeindruckend und glaubhaft wirken.

Haider hat sich bislang gehütet, den Medien intimeren Einblick in sein Familienleben zu gewähren. Aber seine private Existenz als männlicher Sportler und Autofahrer wird immer wieder gerne vorgeführt. Das Büro des Landeshauptmanns soll mit Klettervorrichtungen ausgestattet gewesen sein. Haider bevorzugt Yuppie-Sportarten wie z. B. Joggen, Klettern, Squash (altertümliche Mannschaftssportarten wie Fußball kommen in seiner Selbstdarstellung eher nicht vor - dafür läßt sich der SPÖ-Chef Ambrozy in Werbespots mit Eishockey-Szenen assoziieren). Der Gummiseil-Sprung von der Jauntalbrücke ist allgemein bekannt. Die Inszenierung läuft immer auf die individuelle Darstellung von Fitness und Unzerstörbarkeit hinaus. Noch nach Haiders Sturz als Landeshauptmann hat die FPÖ Tennisbekleidung und Zubehör herausgebracht, das die Aufschrift »Jörg« trägt und von den Fans als Ausdruck ihrer Begeisterung und Identifizierung gekauft werden kann. Haiders Vorliebe für schnelle Autos, sein werbewirksames Posieren mit einem attraktiven Porsche, die Bedeutung der repräsentativen Dienstautos usw. haben wir oben, im Abschnitt über den Narzißmus schon angesprochen.

Massenpsychologie und Verliebtheit

Die Verliebtheit als Bindemittel in der Massenbildung hat als erster Freud in seiner berühmten Studie »Massenpsychologie und Ich-Analyse« behandelt. Wichtig ist, daß die erotischen Regungen der Anhänger zwar stimuliert werden, aber nicht zum Zuge kommen. Ein Sex-Skandal, ein Fan, der den Star für alle sichtbar ins Bett bekommt - und die ganze Konstruktion bricht zusammen. (Derlei Inszenierungen zur Zerstörung politischer Gegner sind z. B. aus den USA gut bekannt.) Es ist auch praktisch, wenn die Lebenspartnerin des Führers entweder gar nicht bekannt ist, oder aber in ihrer eher mütterlichen Auftretensweise nicht als erotische Konkurrentin wirkt. Die Zielhemmung der erotischen Bestrebungen ist für das Gleichheits- und Verbundenheitsgefühl in der

Fan-Gemeinde von größter Bedeutung; die normale Eifersucht und Rivalität der Menschen scheint völlig verschwunden; die erotische Verbundenheit ist auch ein Aspekt des schon diskutierten »Wirtshaussozialismus«.

> »Man denke an die Schar von schwärmerisch verliebten Frauen und Mädchen, die den Sänger oder Pianisten nach seiner Produktion umdrängen. Gewiß läge es jeder von ihnen nahe, auf die andere eifersüchtig zu sein, allein angesichts ihrer Anzahl und der damit verbundenen Unmöglichkeit, das Ziel ihrer Verliebtheit zu erreichen, verzichtet sie darauf, und anstatt sich gegenseitig die Haare auszuraufen, handeln sie wie eine einheitliche Masse, huldigen dem Gefeierten in gemeinsamen Aktionen und wären etwa froh, sich in seinen Lokkenschmuck zu teilen. Sie haben sich, ursprünglich Rivalinnen, durch die gleiche Liebe zu dem nämlichen Objekt miteinander identifizieren können. Wenn eine Triebsituation, wie ja gewöhnlich, verschiedener Ausgänge fähig ist, so werden wir uns nicht verwundern, daß jener Ausgang zustande kommt, mit dem die Möglichkeit einer gewissen Befriedigung verbunden ist, während ein anderer, selbst ein näherliegender, unterbleibt, weil die realen Verhältnisse ihm die Erreichung dieses Zieles versagen.«*

In der Verliebtheit kommt es dazu, daß das geliebte Objekt kaum noch kritisiert werden kann:

> »Im Rahmen dieser Verliebtheit ist uns von Anfang an das Phänomen der Sexualüberschätzung aufgefallen, die Tatsache, daß das geliebte Objekt eine gewisse Freiheit von der Kritik genießt, daß alle seine Eigenschaften höher eingeschätzt werden als die ungeliebter Personen oder als zu einer Zeit, da es nicht geliebt wurde. Bei einigermaßen wirksamer Verdrängung oder Zurücksetzung der sinnlichen Strebungen kommt die Täuschung zustande, daß das Objekt seiner seelischen Vorzüge wegen auch sinnlich geliebt wird, während umgekehrt erst das sinnliche Wohlgefallen ihm diese Vorzüge verliehen haben mag.
> Das Bestreben, welches hier das Urteil fälscht, ist das der Idealisierung. Damit ist uns aber die Orientierung erleichtert; wir erkennen, daß das Objekt so behandelt wird wie das eigene Ich, daß also in der Verliebtheit ein größeres Maß narzißtischer Libido auf das Objekt überfließt. Bei manchen Formen der

* S. Freud: Massenpsychologie und Ich-Analyse. In: Studienausg. Bd. IX, Frankfurt 1969, S. 112.

Liebeswahl wird es selbst augenfällig, daß das Objekt dazu dient, ein eigenes, nicht erreichtes Ichideal zu ersetzen. Man liebt es wegen der Vollkommenheit, die man fürs eigene Ich angestrebt hat und die man sich nun auf diesem Umweg zur Befriedigung seines Narzißmus verschaffen möchte.«*

Hier schließt sich der Kreis zu unserer These, daß Haider ein narzißtisches »Selbstobjekt« ist. Seine Anhänger und Anhängerinnen sind auf eine narzißtische, zielgehemmte und kollektiv-schwärmerische Weise verliebt. Haider baut sich zu einem solchen Objekt auf. Die Anhänger beißen an. Lassen wir zwei weibliche Fans zu Worte kommen, mit denen Hannes Krall gesprochen hat:

H. K.: Welche Eindrücke haben Sie von der heutigen Veranstaltung?
Anna: Ja, daß er die Wahrheit redt.
H. K.: Über welche Themen?
Anna: Alles fast, alles.
H. K.: Stimmt das alles, was er sagt?
Anna: Ja, weil das habe ich schon in Wien g'hört, daß das schon stimmt.

Eine andere Frau kommt hinzu:

Karin: Er sagt das, wie's wirklich wahr ist.
Anna: Man könnt ihn die ganze Nacht hören.
Karin: Ja ...
Anna: Da wirst nicht müde.

Anna hat heute ein Bild von Jörg Haider bekommen, weil sie »ihn anschauen möcht«. Leopold Wagner sei im Vergleich viel hochnäsiger gewesen.

Anna: ... aber der Haider, wirklich. Eine Sonnwendfeier waren wir auch schauen. Zwei Stunden haben wir auf ihn g'wartet. Da hab ich nicht einmal auf meinen Mann so lange g'wartet (lachen). Na, haben wir g'wartet.
H. K.: Und wie war's dann?
Anna: Ja, super, schön!
H. K.: Hat er eine Rede gehalten?
Anna: Ja, Rede, und was da Leut waren ... zwei volle Stunden, dann ist er gekommen ...

Kärnten gleicht manchmal noch einer Art Sozialmuseum oder einem Kapitel aus einem psychoanalytischen Lehrbuch, in

---

* Ebenda, S. 105.

dem die Menschen noch fast unverhüllt und unverdorben vom popularisierten psychoanalytischen Wissen ihr Unbewußtes sprechen lassen. Man braucht die obigen Zeilen nur langsam zu lesen und auf sich wirken lassen.

Die Spiegelung narzißtischer Wünsche durch Jörg Haider ist ein wesentliches Merkmal der Verliebtheit seiner Anhänger, die in zahlreichen Karikaturen abgehandelt wird. Beliebteste Variante ist jene, in denen die Anhänger Jörg Haiders wie in einem Spiegel seine Gesichtszüge annehmen und sich einander zulächeln.

Der Führer wird zum Ich-Ideal

Die Verliebtheitsspiele wären an sich harmlos, wenn sie auf die Welt der Popstars und Sportidole beschränkt blieben und wenn es dabei nicht zu einer systematischen Schwächung der autonomen Gewissens- und Vorbildfunktionen käme. Auch Hitler hat virtuos mit den zielgehemmten erotischen Bedürfnissen von Frauen und Männern gespielt, während gleichzeitig die gröberen sexuellen Interessen der Menschen aneinander in bösartiger Weise auf die verderblichen Juden projiziert und dort verfolgt wurden.* Freud hat beschrieben, wie der Führer als »Ich-Ideal« in die Psyche der Massenindividuen einwandert. Normalerweise haben wir eine dem Ich selbstbeobachtend und kritisch gegenüberstehende Instanz, die uns sagt, wie wir sein sollen, verbunden mit der Mitteilung darüber, wie wir nicht sein sollen. Das erste ist das »Ich-Ideal«, das zweite das »Über-Ich«. Freud faßt in »Massenpsychologie und Ich-Analyse« noch beide Aspekte unter den Begriff »Ich-Ideal«. In der massenpsychologischen Verliebtheit, wie auch in Fällen der »normalen« Verliebtheit

> »versagen die dem Ichideal zugeteilten Funktionen gänzlich. Es schweigt die Kritik, die von dieser Instanz ausgeübt wird; alles, was das Objekt tut und fordert, ist recht und untadelhaft.

---

* Ausführlich dargestellt z. B. bei Wilhelm Reich: Massenpsychologie des Faschismus, Kopenhagen/Prag/Zürich 1933.

> Das Gewissen findet keine Anwendung auf alles, was zugunsten des Objektes geschieht; in der Liebesverblendung wird man reuelos zum Verbrecher. Die ganze Situation läßt sich restlos in eine Formel zusammenfassen: Das Objekt hat sich an die Stelle des Ichideals gesetzt.«*

Haider-Fans sind unbelehrbar, solange Haider »in ihnen sitzt«. Sie kommen einem vor »wie in Trance« und teilweise ohne inhaltliche Erinnerung an die Haider-Aussagen, z. B. wenn man sie kurz nach einer begeisternden Haider-Veranstaltung interviewt. Freud hat die Verliebtheit und die Massenbindung mit der Hypnose in Beziehung gesetzt. »Dieselbe demütige Unterwerfung, Gefügigkeit, Kritiklosigkeit gegen den Hypnotiseur wie gegen das geliebte Objekt.«** Die hypnotische Beziehung ist eine »Massenbildung zu zweien«.

Der Hypnotiseur kommuniziert mit den Hypnotisierten ohne Dialog. Diese geraten in die Rolle eines Kindes, das gegenüber der elterlichen Autorität noch keine festen Ich-Grenzen hat, sich ihren »Sprüchen« gewissermaßen mit offenem Mund und glänzenden Augen ausliefert. Diese Sprüche »gehen unter die Haut« und wirken dort größtenteils unbewußt. Die Umwandlung einer argumentierenden und dialogischen politischen Kultur in eine solche der »Sprüche«, welche von Haider am eindrucksvollsten verkörpert wird, ist kein bloßer Verfall, sondern ein grundlegendes Mittel einer quasi-hypnotischen Massensteuerung. Ein Werbepsychologe könnte einem vermutlich mehr über die Wirksamkeit der »Sprüche« im modernen Ringen um die »Massenseele« verraten.

Homoerotische Interessen

Es ist klar, daß Frauen und Männer von Haider erotisch fasziniert sind. Bloß können die letzteren noch schwerer darüber reden. Meist verstummt das anerkennende Gemurmel über den »feschen Bua« oder das »begabte Bürscherl« schon nach

---

* S. Freud: Massenpsychologie. a. a. O., S. 106.

** Ebenda, S. 107.

ein paar Sekunden, um einer eher vernünftigen politischen Erörterung Platz zu machen. So ungebrochen wie unsere weiblichen Gesprächspartnerinnen dürfen Männer nicht schwärmen, weil das Homosexualitäts-Tabu in unserer Gesellschaft immer noch massiv wirkt. Die »Wienerin« hat mit ihrer bekannten Haider-Reportage (vgl. das Kapitel über »Haider als Gemeinschafts-Magier und narzißtisches Wunschbild«) dieses Tabu unterlaufen. Freud, der die Bisexualität als unser aller Ausgangspunkt entdeckt hatte, war der Meinung, es habe »kaum einen Sinn zu fragen, ob die Libido, welche die Massen zusammenhält, homosexueller oder heterosexueller Natur ist, denn sie ist nicht nach den Geschlechtern differenziert und sieht insbesondere von den Zielen der Genitalorganisation der Libido völlig ab«.*
Andererseits stellt er fest:

> »Es scheint gesichert, daß sich die homosexuelle Liebe mit den Massenbindungen weit besser verträgt, auch wo sie als ungehemmte Sexualstrebung auftritt; eine merkwürdige Tatsache, deren Aufklärung weit führen dürfte.« Und: »In den großen, künstlichen Massen, Kirche und Heer, ist für das Weib als Sexualobjekt kein Platz. Die Liebesbeziehung zwischen Mann und Weib bleibt außerhalb dieser Organisationen.«**

Das stimmt vielleicht nicht mehr ganz. In der modernisierten Dramaturgie der kämpferischen Männerbünde, etwa in der US-Army und dem Piloten-Film »Top-Gun« treten inzwischen einzelne Frauen, teilweise als Mittel der Erotisierung, durchaus auf. Das ändert aber wenig an der grundsätzlichen Macht der Männerbünde und am Charakter ihres libidinösen Zusammenhalts. Dieser ist inzwischen von der Sozialpsychologie und der politischen Psychologie ausführlich untersucht worden.***

Wohin mit den erotischen Regungen, die bei der Konfrontation mit Haider aufkommen können? Diese kümmern sich zunächst auch herzlich wenig um die bewußte politische Zugehörigkeit und eine eventuelle moralische Gegnerschaft derer, in denen sie aufkommen. Sex-Appeal ist gewissermaßen vormoralisch.

---

* Ebenda, S. 131/132.

** Ebenda, S. 131/132.

*** Vgl. z. B.: K. Theweleit: Männerphantasien, Bd. I und II, Reinbek 1980.

Eine Möglichkeit ist die, die Regungen in einem Kampfgetümmel unter Männern zu verstecken. Das ist die Variante der (für Frauen ja eher faden) Western-Filme, wo die attraktiven harten Männer ja auch die Möglichkeit haben, sich beständig die Waffen zu zeigen, Projektile in den Leib zu jagen und im Nahkampf miteinander im Staub zu wälzen.* Manche Gegner, z. B. der Sheriff, der den widerständigen Gefangenen zum fernen Gerichtsort bringen will, sind darüber zu den »besten Freunden« geworden. Erst kämpfen sie erbittert, dann müssen sie sich gegenseitig retten und merken, daß sie sich gegenseitig brauchen. - In unserer Forschungsgruppe, die ja auch ein kleiner Männerbund war, sind wir bei uns selbst auf diesen Aspekt und die vitalisierende Wirkung des Duells mit dem attraktiven Gegner gestoßen. Einer von uns hatte zu einer Zeit, wo er analysierend über einer Haider-Rede saß, öfters das Gefühl, daß der Gegner, sobald man seine Aussagen nur aufschreibt, sie auf Papier abbildet, eigentlich schon flach am Boden liegt. Das Analysieren kam ihm vor, wie wenn man auf einen Liegenden noch einmal eintritt, irgendwie ziemlich unfair. - In einer Nacht hatte er einen Traum folgenden Inhalts:

> »Ich bin mit einigen Kameraden in einer Stadt im Wilden Westen, um einen gefährlichen Bösewicht zu erledigen. Ich sondere mich aber von den anderen ab, um es alleine zu schaffen. Bei der Verfolgung des Unholds, auf den ich bald stoße, fahren er und ich in einer Art Rollstuhl, die wir mit den Händen antreiben müssen. Außerhalb der Stadt gelingt es mir auf einem Platz, der eine Mülldeponie mit Stoffetzen, Bettzeug usw. ist, den Gegner zu stellen. Mit einer mächtigen Keule schlage ich auf ihn ein. Er weicht aber immer wieder blitzschnell aus und lugt bösartig grinsend unter einem Kissen oder Laken hervor. Als ich das Gefühl habe, ihn vernichtet zu haben, richtet er sich plötzlich wie ein Monster aus einem Gruselfilm auf und nähert sich .. an dieser Stelle bin ich aufgewacht.«

Der Träumer hat den Traum in einer unserer Projekt-Sitzungen mit unserem psychoanalytischen Supervisor erzählt und gleich selbst einige Deutungen darangeknüpft. Er hatte sich

---

* Vgl. G. Vinnai: Das Elend der Männlichkeit, Reinbek 1977, S. 96 ff.

an Rivalitätskämpfe mit seinem Bruder erinnert; das Interesse an der für die Männeridentität so wichtigen, offenen Rivalität habe er erst in der letzten Zeit und im Zusammenhang mit dem Haider-Forschungsprojekt wiederentdeckt. Der Psychoanalytiker machte auf das Rollstuhlfahrerbild zu Beginn des Traumes aufmerksam: »Sie werden durch die homoerotischen Seiten in der Beziehung zum Gegner behindert. Sie wollen ihm eigentlich nichts tun, ihn nicht vernichten. Der Kampf sieht wie eine Kissenschlacht aus.« Dem Projektmitarbeiter fielen sehr frühe und lustvolle Kissenschlachten mit dem Bruder ein, die seinerzeit regelmäßig im Anschluß an das gemeinsame »Kuscheln« im mütterlichen Bett veranstaltet wurden. - Nach dieser Sitzung konnten wir über die homoerotischen Anteile in unserem Forschungsinteresse und auch den Beziehungen miteinander offener reden; auch haben wir gespürt, daß es sich hier eigentlich um eine ziemlich natürliche und wichtige Energiequelle handelt, die nur unter bestimmten Bedingungen verdummend und bösartig wirkt. Und wir kamen zu der Annahme, daß in Österreich sehr viel mehr Leute als es zunächst scheint, nämlich auch viele Kritiker und Beobachter, mit Haider unterirdisch verbandelt sind, ihn auf eigentümliche Art lieben und brauchen.

Eine andere Möglichkeit, die homoerotischen Regungen ohne Gefährdung des ordentlich-männlichen Selbstbildes unterzubringen, besteht wahrscheinlich darin, daß sie in eine Verstärkung der Verfolgungsenergie umgelenkt werden. Fast schon im gleichen Moment, wo Haider auf der Bildfläche erscheint und beim Gegenüber eigentümlich-angeregte, schwärmerische Gefühle auftreten, die dazu führen könnten, daß man sich »schlecht«, »verdorben«, moralisch korrumptiert vorkommt, wird ihm die Teilhabe an der Jagd auf dunkle Elemente außerhalb angeboten, die nicht nur im gemachten Bett liegen, sondern auch noch alle unter einer Decke stecken. Die eventuell aufblitzenden »schmutzigen Gefühle« verstärken die Saubermanndynamik.

Ein Aspekt ist noch hervorzuheben. Nämlich die von Haider aufgenommene und mißbrauchte Utopie eines erotischeren Umgangs der Menschen miteinander, welche auch in den massenpsychologischen Mechanismen steckt. Ebenso wie es ihm gelingt (unter Ausblendung der Arbeitswelt), an die nicht eingelösten Versprechen einer sozialistischen Kultur anzuknüpfen, knüpft er auf der ästhetischen Ebene an, den nicht eingelösten Versprechen der 68er-Bewegung: sinnliche Befreiung, lockere Haartracht, Kult der jungen Körper, offene Verteilung von (blauen) Präservativen. Eine »weiße Tina Turner« huschte im Auftrag der FPÖ mit herausfordernden Sprüchen durch die Kärntner Disco-Welt. Daß dies mit der Teilinszenierung im braunen Kärntnergewand, etwa auf dem Ulrichsberg, oder mit den Ideen der Haider-»Ziehmutter« Kriemhild Trattnig im Kontrast steht, tut nichts zur Sache, ist nur ein Zeichen für die Haidersche Flexibilität. Die Beziehung der Menschen zu ihrer Sexualität und Körperlichkeit ist in den letzten Jahren, nicht zuletzt infolge der AIDS-Problematik, wieder schwieriger geworden. Zahlreiche Industriezweige leben davon. Die Chancen für politische Bewegungen, in denen eine »zielgehemmte« und narzißtische Erotik anstelle einleuchtender Argumente angeboten wird, sind von daher steigend.

Ein »begabter Bursche« als Anti-Depressivum

Haider wird (oder wurde) auch von kritischen Beobachtern immer wieder als »begabt« oder »hochbegabt« beschrieben. Kreisky sprach von einem »begabten Bürscherl«. Es bleibt recht unklar, worauf sich dieses Stereotyp bezieht. Mit der Realpolitik kann es nicht viel zu tun haben; hier hat Haider kaum ein Problem lösen können. Aber Haider hat es zweifellos geschafft, die österreichische politische Kultur aus der Langeweile zu erlösen. Er ist ein begabter Unterhalter. Langeweile ist eine Vorform oder verdeckte Form der Depression. Die Kultur der westlichen Industriegesellschaften hat in einer Situation der selbstverbauten Zukunft, der wachsenden Armutsmillionen vor den Türen der »Festung Europa«, der immer sichtbarer werdenden Naturzerstörung eigentlich viele Gründe zur Depression. Und Haider wirkt auf die im europäischen Vergleich besonders stark depressions-(und suizid-) gefährdeten Österreicher wie ein Antidepressionsmittel. Als solches wird (oder wurde) er von Anhängern wie Kritikern benötigt und bewundert. Die Depression hat es mit der Nach-

Innen-Wendung von Aggression, mit mehr oder weniger penetrant wiederholten Selbst-Vorwürfen zu tun, welche nach psychoanalytischer Auffassung eigentlich verlorenen, enttäuschenden äußeren Objekten gelten. Der wirkliche Verlust darf nicht benannt, ins Auge gefaßt werden. Die teils sympathische, teils realitätsverzerrende und lähmende Neigung zur Selbstherabsetzung (die die Depression von der Trauer unterscheidet), ist ein Merkmal der österreichischen Kultur; es zeigte sich zum Beispiel Anfang August 1991 in dem großen Erstaunen der Öffentlichkeit darüber, daß die EG auf das Beitrittsansuchen Österreichs mit einem »positiven Avis« geantwortet hat. »Daß uns überhaupt noch jemand will ...«. In einem Klima der Unterordnung, der Selbstzerknirschung, - der sehr indirekten Aggression und damit der Langeweile wirkt die »Frechheit« eines Jörg Haider, seine direkte, laute Aggressivität und Aktivität, auch wenn sie inhaltlich oft genug mit völlig unqualifizierten Äußerungen verbunden ist, zunächst als Befreiung. Haider hat die Begabung, zu spüren, was die Menschen brauchen. Insofern ist Erwin Ringel, der Experte für die »Österreichische Seele« und anerkannter Spezialist für den Kampf gegen suizidale Tendenzen, den Haider in Reden herabsetzend beschimpft (»... der sich im Kreise ringelt«), sein natürlicher Konkurrent.

Ende der 70er Jahre erschien ein Bestseller von Alice Miller mit dem Titel »Das Drama des begabten Kindes«,* der (auf nicht unumstrittene Weise) die Ergebnisse der Narzißmusforschung für den deutschen Sprachraum popularisierte. Alice Miller hat das »begabte Kind« als eines beschrieben, daß ein besonders feines, permanent wirksames Gespür für die Erwartungen seiner Mutter entwickelt, die selbst von Entwertungsängsten, Leere- und Isolationsgefühlen heimgesucht wird. Das Kind wird eingeengt auf eine Rolle als Muttertröster. Wenn die Aktion, die Aufführung des Kindes die Bedürfnisse der Mutter richtig »trifft«, zeigt sich das am vielzitierten »Glanz in den Augen der Mutter«. Wichtig ist, daß die Bedürfnisse, Erwartungen des Erwachsenen unausgesprochen, latent sind; er traut sich selten, sie

* A. Miller: Das Drama des begabten Kindes, Frankfurt 1979.

direkt zu sagen. Das »begabte Kind« muß sie aus feinen Anzeichen erraten. Die sich leer fühlenden, selbst narzißtisch bedürftigen Erwachsenen züchten sich ein Kind heran, das seinen Selbstwert fast nur noch über jene gelingenden Spiegelerlebnisse aufbaut, das den Auftrag hat, ihre eigenen unterdrückten Affekte und Größenphantasien darzustellen. Das heißt, das Kind ist, auch wenn es sich wild und groß aufführt, eigentlich ein braves Kind. Es sorgt für die Großen. Es kommt aus den Aufträgen und der Abhängigkeit von den entzückten Gesichtern nicht heraus. Wenn die bestätigende Spiegelung nicht mehr überwiegt, droht das Selbst seine Kohärenz zu verlieren - was manchmal für Sekunden an den Gesichtszügen abzulesen ist, die beobachtbar »zerfallen«. Diese Art der Verhaltensregulation ist eine andere, als die durch ein stabil verinnerlichtes Gewissen, ein Über-Ich, welches auch über längere Strecken des Nicht-Gefallens, des ausbleibenden Applauses dem Ich Zusammenhalt und Orientierung verleiht. Alice Miller meint auch, daß die Rolle des »begabten Kindes« vor allem von den Nachkriegskindern gelernt wurde, die die Eltern über schwere Verluste hinwegzutrösten hatten.

Diese Betrachtungsweise mag etwas vereinfachend sein; die Entwicklung des Narzißmus ist noch von mehr Einflußfaktoren abhängig. Aber, daß Haider mit seinem Publikum auf einer Schiene kommuniziert, die der beschriebenen Mutter-Kind-Beziehung sehr ähnelt, scheint uns unumstritten. So wie die Mutter mit glänzenden Augen auf ihren kleinen Unterhaltungsstar schaut, schaut das Publikum voll Faszination mit seinen tausend Augend, Kameras und Apparaten auf das, was Jörg uns »heute wieder bietet«. Ein Indikator für die stützend-unterhaltsame Kindesrolle, die Haider für viele übernommen hat, ist es, wenn Damen und Herren zwischen 30 und 80 ihn auch sprachlich unbedingt im Buben-Status festhalten wollen und ihn für noch nicht ganz verantwortlich erklären. Beides ist zunächst angesichts eines Vierzigjährigen, der sich entschieden hat, das höchste Amt in einem österreichischen Bundesland auszufüllen, einigermaßen merkwürdig.

Haider betätigt sich auch als Beschäftigungstherapeut bei seinen depressionsgefährdeten österreichischen Klienten. Der Arbeitszwang, den er mit seiner Äußerung zur national-sozialistischen Beschäftigungspolitik empfohlen hatte, und seine unternehmerfreundliche Abscheu vor jeder Reduktion von Arbeitszeit dient u. a. auch der Depressionsabwehr. Margarete und Alexander Mitscherlich haben in ihrem Buch »Die Unfähigkeit zu trauern« für Deutschland gezeigt, daß der Nachkriegsaufbau, das »Wirtschaftswunder« psychodynamisch die Funktion hatten, vom Verlust der nationalsozialistischen Liebesobjekte, der Ideale, des Größenselbst abzulenken. Die verhinderte Trauer droht als depressive Stimmung, diffuses Sinnlosigkeitsgefühl zurückzukehren, und gegen diese vermag eine nochmals gesteigerte Portion Arbeit, das rastlose Ärmelaufkrempeln zu helfen. Wir haben in der Analyse der »Ulrichsbergrede« gesehen, wie Haider die »Aufbauleistung« der Nachkriegsgeneration glorifiziert, um rückwirkend die Schuldfrage, man könnte auch sagen: den traumatischen Verlust von Unschuld, für nicht-existent zu erklären. - Vergleichbare Fragen nach unserer Verstrickung in Unheil und Schuld gibt es auch heute. Sind wir nicht Mitspieler, Mittäter in einem weltweiten Zerstörungs- und Hungerdrama, dessen katastrophische Höhepunkte noch bevorstehen und, wenn nicht mehr von uns, dann sicher von unseren Kindern erlebt werden? - Sollten etwa die Ziele und Dinge, für die wir ein Leben lang gearbeitet haben - z. B. das Automobil - sinnlos und gefährlich sein? - Schon die Frage destabilisiert unser Gleichgewicht, den mühsam verinnerlichten Arbeitszwang und muß mit einem »more of the same«, vielleicht den Arbeitseinsatz für den Zweitwagen oder Porsche überspielt werden. Die seelische Ökonomie wird auf diese Weise kurzfristig stabilisiert; die globale Ökonomie und Ökologie treibt auf diesem Wege wohl eher der Krise entgegen. Im Haß auf die angeblich Arbeitsunwilligen aus dem In- und Ausland können die eigenen gefährlichen Wünsche nach einer Ruhe- und Nachdenkpause in bezug auf den Sinn von Arbeit abgewehrt und bekämpft werden.

SCHLUSSBEMERKUNGEN: IDENTITÄT UND GESELLSCHAFT

Ordnung für Chamäleons

Die Identität ist in einer Krise. Das kann man schon daran erkennen, daß sie uns auf den Märkten der Waren und der Politik beständig angeboten und versprochen wird, ohne daß irgend jemand genau sagen könnte, was dieses begehrte Gut eigentlich ist. Ein Begriff, der vor zehn Jahren allenfalls im Fachjargon von Sozialwissenschaftlern und Psychologen gängig war, ist jetzt in aller Munde und bereichert die Sonntagsreden und Programme der Politiker.

Identität, vorläufig zu bestimmen als die psychische Funktion (»Ich-Funktion«) der Bildung eines mehr oder weniger kohärenten Selbstgefühls und Selbstbewußtseins in der anregend-verwirrenden Fülle unserer Lebensäußerungen, ist bereits im Alltag der westlich-kapitalistischen Gesellschaften ein schwieriges Geschäft.* Wo die erwartete Kohärenz oder das »Durchhaltevermögen« nicht aufgebracht werden, drohen die Psychiatrie (dort heißt die Verweigerung der sichtbaren Ordnungsfunktion z. B. »Schizophrenie«), der Randgruppen-, Frührentner- oder Sandlerstatus. Wer im Alltag der kapitalistischen Ökonomie mithalten oder aufsteigen will, muß sich »auf geordnete Weise spalten«: Er muß den Arbeitszwang verinnerlicht haben, zugleich eifersüchtiger Arbeitsplatzbesitzer bzw. Karrierist und zuverlässiger Kooperationspartner sein; er muß auf dem Markt ein zugleich egoistisch-isolierter und listig-einfühlsamer Warenkäufer und -verkäufer sein; und er muß im völligen Kontrast zur Arbeits- und Marktwelt dann im Privat- und Familienbereich Sinn, Wärme, absolute

---

* Vgl. ausführlicher: K. Ottomeyer: Gesellschaftstheorien in der Sozialisationsforschung. In: K. Hurrelmann/H. Ulich (Hg.), Neues Handbuch der Sozialisationsforschung, Weinheim/Basel 1991.

Geborgenheit und vor allem Erholung suchen, damit die Kraft für das Wiedereintauchen in die Entfremdung bis zum nächsten Werktagmorgen wieder angesammelt ist. Verwechslungen sind gefährlich; Vertrauensseligkeit unter Marktteilnehmern kann zum Ruin führen; Wärmesuche am Arbeitsplatz oder die Fortführung der sonst funktionalen Leistungsorientierung im Liebesleben ebenfalls. Wer die falsche Teilidentität am falschen Ort zeigt, ist existenzgefährdet. Die sozialen »Freßfeinde« schlagen sofort zu - so wie bei einem Chamäleon, das aufgrund einer Fehlfunktion am falschen Ort die falsche Farbe zeigt. Dazu kommt noch das biographische Problem von ziemlich abrupten Identitätswechseln: Vom mehr oder weniger dicht umhegten Familienkind zum teilanonymisierten Schulkind; Brüche in der Ausbildung, Schock-Erlebnisse beim Übergang von der Ausbildung in den Beruf, Arbeitslosigkeit, Umschulung, Pensionierung, Partnerwechsel, Weggang der Kinder usw.

Überzähligkeitsangst, Normenverwirrung und neuer Ethnozentrismus

Der Identitätsstreß der Bevölkerungsteile, die über ein oder mehrere berufstätige Familienmitglieder in den alltäglichen und biographischen Zyklus (oder die »Tretmühle«) der kapitalistischen Wirtschaft integriert sind, ist zwar schon beträchtlich. Sie werden aber umlagert von Bevölkerungen, die nicht - nicht mehr oder noch nicht - den Zugang zum »normalen« kapitalistischen Wirtschaftszyklus haben und die zusätzlich zu materieller Not die Identitätssituation von Menschen erleiden, die wie abhängige Kinder um ihre Existenzvoraussetzungen bitten und ansuchen müssen. Beide Teilpopulationen, die Integrierten, und die Nicht-Integrierten, bekommen im Zuge der Duchsetzung der modernen Marktwirtschaft (und der Computerisierung der Produktion) immer wieder eine *Überzähligkeitsangst* (J. P. Sartre), die man leicht mit Einzigartigkeits- und Erwähltheitsphantasien kompensieren kann. Hier springen nationalistische Bewegungen und Agitatoren ein. Nationen »brauchen jeden Mann«, manchmal auch erhöhte Geburtenraten; auch wenn die Welt ansonsten übervoll mit Menschen ist.

Im Dunstkreis des Schmarotzervorwurfs ein positives Selbstgefühl und Selbstbewußtsein zu erhalten, kommt einem selten gelingenden Kunststück gleich. Obwohl die Sockelarbeitslosigkeit seit längerem gleichbleibt und der sozioökonomische Zerfall in den ehemaligen Ostblockländern bekannt ist, wird das Problem der überzähligen Populationen in der öffentlichen Diskussion immer mehr auf Verhaltenseigenschaften der Betroffenen zurückgeführt, konsequent personalisiert. Diese sind faul und wollen nur auf unsere Kosten in einer Hängematte liegen. Haider ist einer der ganz großen Personalisierer politisch-ökonomischer Probleme. Das sichert die kollektive Identität derer, die »drinnen« sind. Die personalisierende Konstruktion entlastet von Schuldgefühlen sowie den Versuchungen einer grundlegenden Gesellschaftskritik und hält den Normalbürger, der tagtäglich seinen Drahtseilakt einer anstrengenden, widerspruchsintegrierenden Aufrechterhaltung von Erwerbstätigenidentität vollziehen muß, davon ab, sich in das unter dem Drahtseil mehr oder weniger gut gespannte Netz fallen zu lassen.

Die Identitätskrise hat sich dadurch verschärft, daß in den letzten Jahrzehnten bestimmte kulturelle Muster, die vorher noch eine gewisse Orientierung gegeben haben, zerfallen sind: zum Beispiel die verinnerlichte Arbeitsmoral, die von der konsumistischen Seite der modernen Ökonomie her unglaubwürdig gemacht, systematisch unterminiert wurde. Zum Beispiel die scheinbar so klaren Geschlechtsrollen, die den Mann eher zum Kapitän durch die Klippen der ökonomischen Konkurrenz und die Härten des Arbeitslebens stilisierten, während die Frau für die »weichen«, reproduktiven, kompensatorischen und nachwuchssichernden Seiten der Identitätserhaltung zuständig ist. Hinter dieser Normenrelativierung, die sich u. a. in Fragen der Sexualität abbildet und die Menschen sehr beunruhigt, stehen ökonomische und gesellschaftliche Strukturveränderungen, die nicht wieder rückgängig zu machen sind. Es geistern aber immer wieder massive Wünsche herum, erneut eine ganz einfache, nicht relativistische Identität zu erlangen, eine sichere Orientierung, an welche die nationalistische Propaganda anknüpft. Die suggestivtherapeutischen Formeln hören sich dann an wie: »Wir sind eben Deutsche« oder »Wir sind ganz einfach Kärntner und damit hat sichs.«

Der Gesprächspartner Mirko aus unserem Kapitel über Ethnopolitik, der »halber Slowene« ist, ist, obwohl er Haider inhaltlich ablehnt, von der sicheren Identität, die dieser Politiker vorführt, völlig fasziniert. Er steht in gewisser Hinsicht für viele, die das Gefühl haben, daß ihre Identität »zusammengestückelt« ist, die darunter leiden und es sich anders wünschen. Insbesondere für die männlichen Individuen und »Identitätsbesitzer« dürfte das Gefühl, nur »halb« zu sein oder aus mehreren Stücken zu bestehen, sich mit ihren lebensgeschichtlichen Kastrationsängsten verbinden. Man muß doch ein »ganzer Mann« sein. Wie Haider es schafft, die gewissermaßen an den Nerv der Identität gehenden Kastrations- und Zerstückelungsängste der Menschen im Zusammenhang mit den Kriegserinnerungen zu mobilisieren und dann zu beruhigen, war ja schon in unserem Ulrichsberg-Kapitel gezeigt worden.

Angesichts der vielfältigen Zerstückelungs-, Auflösungs- und Orientierungsängste, die der moderne Gesellschaftsprozeß hervorbringt, kann es entlastend sein, sich wenigstens einer Region, ihrer Tracht und ihren Gebräuchen klar zuzuordnen. Die dadurch gewonnene Authentizität und Einheitlichkeit ist aber angesichts der fortgeschrittenen Menschenmischung und Vermarktung der Lebenszusammenhänge ungefähr so natürlich und ungezwungen wie der Trachtenanzug von Karl Moik und seines Begleiters Hias im »Musikantenstadl«. Hier ein Zeitungsausschnitt als kleines Beispiel für Identitätsbildung im heraufkommenden, durchmodernisierten »Europa der Regionen«:

> »Die Tracht für Moik und Hias«
> Zu einem ›vertraulichen Gespräch auf bayerischem Boden‹ trafen einander Programmintendant Ernst-Wolfram Marboe und der Münchner Medienmanager Hans R. Beierlein. Ergebnis der Besprechung: Der Musikantenstadl wird ein zweites Standbein erhalten!
> Experte Beierlein hat mit dem ORF ein Abkommen (laut Ernst-Wolfram Marboe ist er ›eine Art Konsulent‹), das ihm die Verwertungsrechte auf dem volkstümlichen Sektor sichert.

›Zunächst einmal‹, so Marboe, ›haben wir über den Musikantenstadl gesprochen und wie man ihn wieder volkstümlicher machen könnte. Wir beide sind der Ansicht, daß er kein zweites Musik ist Trumpf mit Musical- und Schlagermusik werden sollte. Dazu gehört auch, daß Karl Moik den Smoking aus- und den Trachtenanzug wieder anzieht. Alles andere wäre eine Täuschung des Publikums‹. Das zweite Bein soll eine zusätzliche Sendung mit volkstümlicher Unterhaltungsmusik werden: ›Die Frage ist das Wie?‹
Hans R. Beierlein wurde von Dr. Wolf Feller, dem Direktor des Bayerischen Fernsehens, und mir beauftragt, ein Konzept zu erarbeiten. Vielleicht geht es in Richtung ›Hüttenzauber‹, doch fix ist nix. Beierlein hat uns versprochen, sich so schnell wie möglich dahinterzuklemmen!« (Kleine Zeitung 06. 08. 1991)

Der »Musikantenstadl« hatte in den letzten Jahren eine Art von »Ethnopluralismus« entwickelt. Nachdem die »Original Oberkrainer« aus Slowenien dank täuschender Ähnlichkeit mit einer deutschsprachig-alpenländischen Blaskapelle schon länger auftreten dürfen, kamen mit der Öffnung Osteuropas russische, slowakische, ostdeutsche, auch einmal Country-Musiker aus den USA in die Sendung, nur eben immer ordentlich sichtbar und abgegrenzt. Dabei scheint doch soviel an weltbürgerlicher Gesinnung in den Musikantenstadl eingedrungen zu sein, daß Moik und Hias ans Bodenständige erinnert werden müssen. Daß die bayrische Kulturpolitik derjenigen der FPÖ ziemlich nahesteht, ist spätestens seit dem so befriedigenden Haider Besuch in Bayern im Frühjahr 1991 anzunehmen. Kommt das Musikantenstadl-Europa? - Die »ethnopluralistische« Inszenierung als striktes Gegenbild zur multikulturellen (»durchmischten«) Gesellschaft ist einerseits faszinierend und angstreduzierend, wird aber andrerseits auch von ihren Anhängern halbbewußt als grotesk und unlebbar empfunden. Nicht umsonst ist der Moderator im Musikantenstadl aufgespalten in den Teil eines orientierungsspendenden repräsentativen Mannsbildes namens Moik und den Teil des hinterwäldlerischen »Urviehs« namens Hias, an dem das Publikum seine eigenen in der industriellen Modernisierung nicht ganz mitgekommenen und unwilligen Anteile belachen darf.

Patchwork-Identität und zweiter Individualisierungsschub

Die Flexibilisierung und Vervielfältigung unserer Teil-Identitäten, welche sich bei Moik, Hias, Haider und uns allen unter anderem in der Notwendigkeit des raschen Kleiderwechsels zeigt, und auf welche die neue Volkstümelei mit einem Vereinfachungs- und Rückwendungsprogramm (»Die Tracht für Moik und Hias!«) antwortet, ist im modernen Gesellschaftsprozeß tief verankert. Der Sozialpsychologe Heiner Keupp spricht vom Trend zur »patchwork-Identität«.* Die alltäglichen und lebensgeschichtlichen Brüche und Farbwechsel im Identitätsmanagement sind eine sinnvolle Anpassung an objektive Konflikte, Widersprüche, aufgesplitterte Bühnen der Selbsterhaltung. Der Entwurf, das Identitätsmodell von einem Individuum (wohl vor allem männlichen Geschlechts) »aus einem Guß« ist überholt, eigentlich unlebbar, bzw. nur um den Preis einer massiven Selbsttäuschung möglich. Haider bietet hier einen interessanten Lebensentwurf, der oberflächlich die Widersprüche und Selbstzweifel beruhigt und auch deutlich abweicht vom alten Einfach-Modell des »autoritären Charakters«, welches jetzt nur als eine (allerdings wichtige) Figur in seiner flexiblen Gesamtinszenierung vorkommt. Haider führt (oder führte) die Teil-Identitäten des Alt-Nazis, des loyalen Sohnes, des wilden Rebellen, des Volkstribunen, des antifeudalen Bonzenbekämpfers, gefährlichen Diktators und zuverlässig-jovialen Freundes, des Landesvaters und des Oppositionellen, des Sexidols und Saubermannes in einer solchen Geschwindigkeit und scheinbaren Bruchlosigkeit vor, daß er für viele die Hoffnung auf eine endlich vereinheitlichte Identität verkörpert. Dies gilt insbesondere für viele Männer, die solches schon nicht mehr für möglich gehalten hatten und für viele Frauen, deren Wunschbild von einem allseitig integrierten, immer starken Mann schon längst zerbrochen schien. Über sein Identifi-

---

* Heiner Keupp: Auf der Suche nach der verlorenen Identität. In: H. Keupp/H. Bilden (Hg.), Verunsicherungen. Das Subjekt im gesellschaftlichen Wandel, Göttingen/Toronto/Zürich 1989.

kationsangebot ermöglicht Haider gewissermaßen Charakter-Gefühle für Chamäleons.

Daß das Bild von der Omnipräsenz und Beziehungsfähigkeit des Identitätsdarstellers nur um den Preis der hinter den Bühnen schon wartenden Beschleunigungsmaschinen (Hubschrauber und schnelle Autos) und der Projektion der negativen Identitätsanteile auf »Beiwagen«, dümmlich-blasse Sekretärsgestalten usw. möglich ist, tut dabei wenig zur Sache. Das Bild bleibt faszinierend. Das Fiktive, Abgrundverleugnende der oberflächlich integrierten Identitätsdarstellung dürfte von einigen Fans (vielleicht auch vom Zauberkünstler selbst) bereits beim Gummiseilspringen von der Jauntalbrükke erahnt und nach der ruinösen Landtags-Aussage über die positive Beschäftigungspolitik der Nazis schockartig ins Bewußtsein gedrungen sein.

Wie kann man der modernen fragmentierten Identität doch noch so etwas wie Konsistenz, Rückgrat und Charakter verleihen, wie ist in der Heterogenität der patchwort-Elemente doch noch ein zusammenhängendes Selbstgefühl und Selbstbewußtsein möglich? Der Neo-Nationalismus und der Dennoch-Regionalismus sind eine Teilantwort. Eine andere Antwort ist die Betonung der Körperbasis von Identität. Ein sicheres, positives Körpergefühl(insbesondere die lustvolle Besetzung der Körperperipherie) ist die Basis, auf der sich unsere kindliche Frühform der Identität herausgebildet hat. In der Krise von Identität liegt eine sekundäre, narzißtische Besetzung des Körpers als beruhigende Antwort besonders nahe. Und wir können seit etwa 15 Jahren beobachten, wie die Kultur- und Sportindustrie diesen Trend vermarkten und verankern. Fitness-Center everywhere, der Ramboismus als Psychotherapie für den verunsicherten Mann, Figurella und Aerobic-Angebote für die Frauen, Hunderte von Diät-Programmen für beide und so fort. Die elegante Verbindung von Neo-Nationalismus und Körperkult springen bei Haider ins Auge, sie sind aber nicht ganz so modern, wie sie ausschauen. In der Identitätspolitik der Nationalsozialisten, mit welcher diese auf die Identitätskrise, Geschlechtsrollen - und Normenauflösung der 20er und 30er Jahre antworteten, taucht die Verbindung auch schon auf. Sie zeigt sich u. a. in der Ästhetik eines Arno Breker.

Die Idee der »Fitness« gibt sich modern, ist aber mindestens so alt wie das »survival of the fittest«, welches als Verherrlichung eines Lebens in der freigesetzten Konkurrenz die kapitalistische Industrialisierung seit Mitte des 19. Jahrhunderts begleitet. Die Individuen beziehen sich narzißtisch auf ihren leistungsfähigen Körper, die Nationen auf sich selbst als bewundernswerten »Volkskörper« und grenzen sich ab; beide ziehen sich gewissermaßen zusammen und verhärten sich, um konkurrenzfähige Einheiten zu bilden.

Dieses Programm ist ziemlich alt; aber die Lebens- und Konkurrenzstile haben sich in den letzten Jahrzehnten auch sehr gewandelt. Der Soziologe Ulrich Beck hat von einem »zweiten Individualisierungsschub« gesprochen.

Die neue Fitness wird nicht zufällig vor allem im individuellen Besuch der entsprechenden Zentren, nach persönlichen Plänen und Zeitrhythmen erworben, statt etwa im Arbeitersportverein oder in der betrieblichen Fußballmannschaft.

Der »erste Individualisierungsschub« bestand in der »doppelten Freiheit« des modernen Arbeiters, erstens seiner Freisetzung vom Land und von den Produktionsmitteln und zweitens seiner Freiheit, seine Arbeitskraft jenseits aller persönlichen Hörigkeitsverhältnisse zu verkaufen, an wen er möchte. (Daß der erste Individualisierungsschub, die Entfeudalisierung der Abhängigkeitsbeziehungen in Österreich und Kärnten noch nicht zu Ende geführt ist, haben wir als eine Basis des Haider-Erfolges schon erwähnt.) Um der kapitalistischen Entwurzelung entgegenzuwirken, haben sich im 19. Jahrhundert Zusammenschlüsse, Subkulturen, Normen herausgebildet, die für die Identität, das Selbstgefühl und Selbstbewußtsein der Individuen einige Jahrzehnte lang grundlegend waren. Es waren im Rahmen der industrialisierten Arbeits- und Familienbeziehungen, wie Beck es nennt, »ständische« Bindungen entstanden, die zusätzlich zu den alten ständischen Gemeinschaften aus der vorkapitalistischen Tradition den Individuen Orientierung und Halt gaben. Im »zweiten Individualiserungsschub« lösen sich auch diese ständischen Bindungen auf. Die Anpassung an die modernen Marktkräfte erfordert eine hochindividuelle Flexibilität: kaum eine Bildungskarriere gleicht der anderen. Die Individuen –

Männer und zunehmend auch Frauen - navigieren im gesteigerten Egotrip durch die Wogen und Klippen des modernen Wirtschaftslebens. Der Yuppie wie der Absteiger erfahren sich als »ihres eigenen Glückes Schmied«. Soziale Klassen und Stände lösen sich in einer Individualisierung der Gruppenerfahrung auf.

> »Die Arbeiterbewegung ist sozusagen durch die Verrechtlichung von der Straße in die Gänge der Ämter verlegt worden und findet hier als Warten, Sitzen, Antrag-Ausfüllen und dann als Beratungsgespräch mit dem (teil- bzw. nicht-) zuständigen Beamten statt, der das ehemalige Klassenschicksal in den individualisierenden Rechtskategorien des Einzelfalles bearbeitet und/oder weiterleitet«.*

Kein Wunder, daß diese Beamten dann oftmals als neue Klassenfeinde erscheinen.

Haider setzt hier sozusagen »noch eins drauf«. Arbeitslosigkeit ist tendenziell auf eine Ansammlung individueller Drückeberger zurückzuführen. Haider schwimmt auf der Welle des zweiten Individualisierungsschubes, indem er die Erosion der ständischen Gruppierungen und Organisationen, der Kammern, Gewerkschaften, »Zwangsverbände«, jedenfalls auf der Seite der lohnabhängigen Bevölkerungsteile, der kleinen Leute, noch beschleunigt und einseitig das Zwangselement in der Bindung hervorhebt. Alle werden befreit, »privatisiert«, die Lohnabhängigen wie die Unternehmen und öffentlichen Dienstleistungen. Die alten Verbände erscheinen als »Bremser« des privaten Leistungswillens, z. B. die Gewerkschaften, wenn sie arbeitskraftschonende und arbeitszeitbegrenzende Kollektivverträge verlangen, statt die Überstundenbesteuerung zu bekämpfen. Auch die Arbeiter und Angestellten werden zu einer Art von individuell wirtschaftenden Privatunternehmern stilisiert.

Der Aufruf zur Privatisierung löst auf der psychologischen Ebene wahrscheinlich vor allem eine Art »Angstlust« aus, die dem Lebensgefühl von losgelösten Gipfelstürmern ähnelt. Haider verkörpert als Parteikarrierist, rücksichtsloser Partei-Führer und auch als Privatunternehmer im Forstbereich die

---

* Ulrich Beck: Die Risikogesellschaft. Auf dem Weg in eine andere Moderne, Frankfurt 1986, S. 40.

Lustseite, die gelingende Angstbewältigung im »zweiten Individualisierungsschub«. Der Brückensprung am Gummiseil war ein Höhepunkt in einer allgemeinen Angstlust-Inszenierung. So ähnlich sollen sich die neuen Einzelkämpfer-Individuen in das »Abenteuer Arbeit« (österreichische Fernsehwerbung für Industriemontage-Arbeitsplätze) oder in das »Abenteuer Wirtschaft« stürzen. Vertrauen in die eigene Fitness und Narzißmus gehören dazu. Altertümliche Gruppenbindungen, Freundschaftsbande, berufliche Ethik sind aufzugeben. Sie stören die Karriere. Der soziale Wärmebedarf wird über Selbstbetätschelung und die möglichst nahtlose Aneinanderreihung von Starerlebnissen befriedigt. Auch der Nationalismus ist ein Ersatz für die wirklich-alltägliche Verbundenheit und Solidarität. Diese wird nur noch in der Abgrenzung gegen das Fremde, im kollektiven Wegbeißen konkurrierender Volksgruppen erfahren, auf die man zuvor die eigene Habgier projiziert hat. In diesem Zusammenhang sind die verharmlosenden Äußerungen über die Beschäftigungspolitik der Nazis kein Ausrutscher oder Schönheitsfehler. Im Umgang mit der alten Extremvariante des Sozialdarwinismus, welcher die Leistungsfähigen verherrlicht und die Schwachen verachtet, probiert der neue Sozialdarwinismus aus, wieweit er gehen kann. Die Kälte und Skrupellosigkeit, die wir für das neue konkurrenztüchtige Persönlichkeitsmodell brauchen, wird unter anderem in der verbalen Freiheit und Frechheit gegenüber den Opfern der Vergangenheit eingeübt.

ANHANG

Anmerkungen zum »Szenischen Verstehen«

Wir zitieren aus einer umfangreichen Vorarbeit für unsere Studie:

»Der Begriff des ›szenischen Verstehens‹ ist vom Psychoanalytiker Alfred Lorenzer in die psychoanalytische und sozialwissenschaftliche Diskussion eingebracht worden. Der Psychoanalytiker befindet sich mit dem Patienten in einem praktisch-sinnlichen Zusammenspiel, in dem der Patient lebensgeschichtliche-konflikthafte Entwürfe, die zunächst nur teilweise bewußt sind, aktualisiert bzw. reaktualisiert. Der Analytiker, der ebenfalls seine Entwürfe in das Zusammenspiel hineinträgt - die vielleicht etwas reflektierter, ›kontrollierter‹ sind, aber momentan auch aus dem Unbewußten aufsteigen -, versucht, das Zusammenspiel zu verstehen. Auf der Grundlage des ›logischen Verstehens‹, d. h. der Rekonstruktion dessen, was gesagt wurde, der Herstellung verbalsprachlicher Konsistenz (u. a. durch einfache Verständnisfragen) und auf der Grundlage des eingeschobenen ›psychologischen Verstehens‹, das heißt der Einfühlung in die Emotions-, Affekt- und Beziehungsqualität einer Lebensäußerung (z. B. Freude, Trauer, Wut in bezug auf ein Gegenüber) kommt es zum ›szenischen Verstehen‹, zum Herausheben, Herausarbeiten eines szenischen Musters, das die Interaktion prägt. Die vordem noch isolierten, zufällig erscheinenden Lebensäußerungen schließen sich im szenischen Verstehensakt zu einem mehr oder weniger konsistenten, zwingenden Muster, einem zusammenhängenden Bild, einer dramatischen Einheit zusammen.

Wenn das szenische Verstehen zuvor unbewußte Wünsche und Ängste zwischen den Interagierenden zutage fördert, geht es über in tiefenhermeneutisches Verstehen. Das tiefenhermeneutische Verstehen, in der Psychoanalyse und anderen ›aufdeckenden‹ Therapieverfahren, manchmal auch in unserer Alltagskommunikation, ist meist mit charakteristischen Gefühlen der Verwirrung, der Scham, des vorübergehenden

Fassungsverlusts (im Lachen oder Weinen), der Verrückung der Perspektive verbunden. Lorenzers Begriff des szenischen Verstehens, (...) wurde zunächst am klassischen psychoanalytischen Setting entwickelt, aber bald von Ute Volmerg, Birgit Volmerg und Thomas Leithäuser für die sozialpsychologische Kleingruppenforschung und Textanalyse weiterentwickelt. Lorenzer selbst und viele seiner Schüler haben in den letzten Jahren das ›szenische Verstehen‹ immer mehr auf den außerklinischen Bereich der Kulturanalyse ausgedehnt. Das Psychodrama, eine sozusagen schon vom Begriff her szenisch verstehende, gruppenpsychotherapeutische Methode (im Anschluß an J. L. Moreno), in der unsere Projektmitarbeiter ausgebildet waren, fügt sich mit dem psychoanalytisch-sozialwissenschaftlichen Konzept des szenischen Verstehens eher zwanglos zusammen. Fast alle Psychodramatiker denken heute psychoanalytisch.

Szenisches Verstehen ist nicht das mehr oder weniger einordnende, schubladisierende Anwenden psychoanalytischer Begriffe (der ›Metapsychologie‹) auf Lebensäußerungen, denen wir gegenüberstehen; es ist vielmehr das immer irritierende, oft riskante Mitspielen, Sich-Einlassen auf einen zunächst fremd erscheinenden Lebensentwurf, egal ob dieser sich nun in einer dyadischen Begegnung, einem Gruppenprozeß, einem Text, einem Filmereignis, einem Sportskandal, einer politischen Inszenierung zeigt. Hier wird der Begriff der ›Gegenübertragung‹ wichtig. Gegenübertragung bezeichnet in der Psychoanalyse die (zunächst weitgehend unbewußte) emotionale Antwortreaktion des Analytikers auf die Inszenierung des Patienten. In der ›Gegenübertragung‹ steckt einerseits immer ein Teil, der die Rolle oder den Entwurf des Patienten gewissermaßen typisch und stimmig komplettiert, und andererseits - als ›Übertragung in der Gegenübertragung‹ - auch ein Teil spezifischer Konfliktgeschichte, ein sehr persönliches, mehr oder minder ›restneurotisches‹ biographisch-dramatisches Muster des Analytikers. Die Nachspürbewegung in bezug auf die eigene Gegenübertragung (in der auch der privatneurotische Anteil reflektiert werden kann) ist für den analytisch orientierten Praktiker der wichtigste Weg zum Verstehen der gemeinsam mit dem Patienten produzierten Szene, d. h. auch des fremden Inszenierungsanteils. Leichter ist psychologische Objektivität unter lebendig interagierenden Menschen kaum zu haben. Georges Devereux hat vor etwa 20 Jahren für die sozialwisssenschaftliche Forschung gefordert, ähnlich der psychoanalytischen Praxis, die Gegenübertragungsanalyse zum zentralen Instrument der Forschung zu machen, statt immer mehr methodische Filter, pseudoobjektive Meßinstrumente zwischen den Forscher und die verwirrenden, angstmachenden menschlichen Objekte zu schieben. ›Glücklicherweise werden die sogenannten ›Störungen‹, die durch die Existenz und das Agieren des Beobachters entstehen, wenn sie entsprechend ausgewertet werden, zu Ecksteinen einer wissenschaftlichen Erforschung des Verhaltens und bleiben nicht, wie man gemeinhin glaubt, bedauerliche Malheurs, die man am besten eilends unter den Teppich kehrt.‹ (Devereux) (...) Die Gegenübertragung und das szenische Muster der Interaktion mit dem Gegenüber verdichtet sich oft in bildhaften, ›präsentativen‹ Symbolisierungen, in welchen anders als in den ›diskursiven‹ Symbolisierungen der rational-verbalen Sprache, eine Szene, die in einer Vorstellung, einer sprachlichen Metapher, Träumen, Phantasien, manchmal auch auf dem Papier erscheint, für eine andere steht. Die Szenenmuster erläutern ihre Bedeutungen gegenseitig.

Die bildhaft-präsentativen Symbolisierungen der Lebensprozesse - auch im Bereich der Politik - sind oft szenisch aufschlußreicher und näher am Unbewußten als das diskursive ›Reden über‹. Wissenschaft, jedenfalls Sozialpsychologie, sollte sich, so denken wir, in beiden Bereichen der menschlichen Symbolbildung ›einlassend‹ bewegen können: im ›präsentativen‹ wie im ›diskursiven‹ Bereich. Die eigentümliche definitorische Unschärfe, die der präsentativen Symbolisierung anhaftet, ist korrigierbar, wenn die szenischen Beschreibungen der Lebensprozesse - im Sinne des Begriffs von Clifford Geertz - ausreichend ›dicht‹, d. h. teilweise redundant und wechselseitig bedeutungserhellend sind, und wenn wir den eher intuitiven Verstehensprozessen ein ›begreifendes Erkennen‹ folgen lassen. (Letzten Endes geht es um ›begreifendes Verstehen‹.) Die diskursiven Symbolisierungen, denen sich unsere Wissenschaft bisher ganz einseitig verschrieben hat, produzieren für sich genommen hinsichtlich des menschlichen Erlebens und der menschlichen Interaktion, in denen immer auch Unbewußtes, vage Ahnungen, Ängste, Hoffnungen auf neue Lebensentwürfe aufscheinen, nur eine Präzisionsillusion. In gewisser Weise sind die präsentativen Symbolisierungen - die wir so rasch als Kunst oder Fiktion abtun - von einer größeren Genauigkeit.«

(Wilfried Graf/Klaus Ottomeyer: Identität und Gewalt. Ein Überblick. Einleitung zu: W. Graf/K. Ottomeyer, Österr. Institut für Friedensforschung (Hg.): Szenen der Gewalt in Alltagsleben Kulturindustrie und Politik, Wien 1989, S. 4-6).

Biographien der Autoren

Klaus Ottomeyer

wurde 1949 in Frankfurt am Main geboren, ist seit 1983 Ordentlicher Universitätsprofessor für Sozialpsychologie an der Universität Klagenfurt und arbeitet als Psychotherapeut mit der Methode des Psychodrama. Zahlreiche Veröffentlichungen, u. a. Lebensdrama und Gesellschaft. Wien 1987, und im Drava Verlag Ein Brief an Sieglinde Tschabuschnig: Kriegsfolgen, Vergangenheitsbewältigung und Minderheitenkonflikt am Beispiel Kärnten. Klagenfurt/Celovec 1988.

Harald Goldmann

wurde 1960 in Linz geboren, ist Diplom-Sozialarbeiter, psychotherapeutisch tätig, Psychodrama-Assistent und Spielpädagoge.

Er arbeitet derzeit beim Verein »Pro Mente Infirmis«, der mit der Psychiatrie-Reform in Kärnten befaßt ist und hat hier den Schwerpunkt:

Rehabilitation und berufliche Integration für Menschen mit psychischen Schwierigkeiten.

Hannes Krall

wurde 1963 in Wolfsberg (Kärnten) geboren, ist Lehrer und hat Pädagogik und Psychologie an der Universität Klagenfurt studiert. Er arbeitet derzeit u. a. an einer Studie über soziale Netzwerke von psychisch Kranken und ist in psychodramatischer Ausbildung. Veröffentlichung im Drava Verlag und in den Klagenfurter Beiträgen zur bildungswissenschaftlichen Forschung Nr. 23: Das Automobil oder »Die Rache des kleinen Mannes«, Klagenfurt/Celovec 1991.

Dissertationen und Abhandlungen
Disertacije in razprave

1 Vida Obid:
Die slowenische Literatur in Kärnten seit 1945
1979, 64 Seiten/strani (dt.), vergriffen/razprodano

2 Fran Zwitter:
Die Kärntner Frage
1979, 64 Seiten/strani (dt.), öS 60.–

3 Avguštin Malle:
Die slowenische Presse in Kärnten 1848–1900
1979, 240 Seiten/strani (dt.), öS 140.–

4 Mirko Messner:
Prežihov Voranc und die Bauern
1980, 224 Seiten/strani (dt.), öS 140.–

5 Janko Pleterski:
Elemente und Charakter der plebiszitären Entscheidung 1920 in Kärnten
1980, 92 Seiten/strani (dt.), öS 90.–

6 Rudolf Vouk:
Popis koroških utrakvističnih šol do leta 1918 / Bestandsaufnahme der Kärntner utraquistischen Schulen bis 1918
1980, 88 Seiten/strani (slow./dt.), öS 90.–

7 Franc Merkač / Marija Jurič:
O vaškem vsakdanu – Dob
1984, 112 Seiten/strani (slow. mit dt. Zusammenfassung), öS 85.–
ISBN 3-85435-022-8

8 Urban Jarnik:
Andeutungen über Kärntens Germanisierung / Pripombe o germanizaciji Koroške
1984, 156 Seiten/strani (dt./slow.), öS 120.–,
ISBN 3-85435-035-X

9 P. Gstettner / D. Larcher:
Zwei Kulturen, zwei Sprachen, eine Schule
1985, 168 Seiten/strani (dt.), öS 130.–, 2. Auflage, ISBN 3-85435-060-0

10 **Die zweisprachige Schule in Kärnten / Dvojezična šola na Koroškem**
(in Vorbereitung) (dt./slow.), ISBN 3-85435-038-0

11 Albert F. Reiterer:
Doktor und Bauer
1986, 184 Seiten/strani (dt.), öS 198.–, ISBN 3-85435-063-5

12 Peter Gstettner:
Zwanghaft Deutsch?
Über falschen Abwehrkampf und verkehrten Heimatdienst. Ein friedenspädagogisches Handbuch für interkulturelle Praxis im »Grenzland«
1988, 240 Seiten/strani, (dt.) öS 195.–, 2. Auflage, ISBN 3-85435-104-6

13 Helge Stromberger:
Die Ärzte, die Schwestern, die SS und der Tod
Die Region Kärnten und das produzierte Sterben in der NS-Periode
1988, 120 Seiten/strani (dt.), öS 168.–, 2. Auflage 1989, ISBN 3-85435-106-2

14 Klaus Ottomeyer:
Ein Brief an Sieglinde Tschabuschnig
Kriegsfolgen, Vergangenheitsbewältigung und Minderheitenkonflikte am Beispiel Kärnten
1988, 152 Seiten/strani (dt.), öS 178.–, ISBN 3-85435-108-9

15 Albert F. Reiterer:
Wohnen und Bauen in Südkärnten
Siedlungswesen und sozialer Wandel im ländlichen Bereich
1988, 352 Seiten/strani (dt.), öS 268.–, ISBN 3-85435-109-7

16 Klaus Börge-Boeckmann / Karl-Michael Brunner / Mariola Egger / Georg Gombos / Marija Jurič / Dietmar Larcher:
Zweisprachigkeit und Identität
1988, 248 Seiten/strani (dt.), öS 198.–, ISBN 3-85435-111-9

17 Avguštin Malle:
Stets und nur in deutscher Sprache. Die utraquistische Schule in Kärnten
(in Vorbereitung), (dt./slow.), ISBN 3-85435-107-0

18 Vekoslav Grmič:
Christentum und Sozialismus
Beiträge zu einer weltverantwortlichen Theologie unter besonderer Berücksichtigung der Situation in Slowenien
1988, 188 Seiten/strani (dt.), öS 198.–, ISBN 3-85435-110-0

19 Avguštin Malle / Valentin Sima (Hrsg./Izd.):
Der »Anschluß« und die Minderheiten in Österreich / »Anšlus« in manjšine v Avstriji
Referateband / Zbornik predavanj1989, 304 Seiten/strani (slow./dt.), öS 195.–, ISBN 3-85435-113-5

20 Florian Menz / Johanna Lalouschek / Wolfgang U. Dressler:
»Der Kampf geht weiter«.
Der publizistische Abwehrkampf

in Kärntner Zeitungen seit 1918. Eine sprachwissenschaftliche Analyse von Vorurteilen und Feindbildern
1989, 240 Seiten/strani (dt.), öS 218,–, ISBN 3-85435-116-X

21 Bernhard Perchinig:
»Wir sind Kärntner und damit hat sich's ...«
Deutschnationalismus und politische Kultur in Kärnten
1989, 312 Seiten/strani (dt.), öS 195,–, ISBN 3-85435-114-3

22 Martin Fritzl:
Der Kärntner Heimatdienst.
Ideologie, Ziele und Strategien einer nationalistischen Organisation
1990, 160 Seiten/strani (dt.), öS 178,–, ISBN 3-85435-117-8

23 Reinhold W. Oblak:
Machtpolitik macht Schule.
Ausgrenzung und Ghettoisierung der slowenischen Volksgruppe am Beispiel der zweisprachigen Volksschule in Kärnten (1984–1988)
1990, 336 Seiten/strani (dt.), öS 218,–, ISBN 3-85435-118-6

24 Ruth Wodak / Florian Menz (Hg.):
Sprache in der Politik – Politik in der Sprache
Analysen zum öffentlichen Sprachgebrauch
1990, 248 Seiten/strani (dt.), öS 248,–, ISBN 3-85435-121-6

25 Albert F. Reiterer / Kurt Traar / Ernst Gehmacher / Franz Wedenig:
Ein gemeinsames Haus
Die ARGE Alpen-Adria: Entwicklungen und Perspektiven
1991, 144 Seiten/strani (dt.), öS 168,–, ISBN 3-85435-137-2

26 Hannes Krall:
Das Automobil oder »Die Rache des kleinen Mannes«
Verborgene Bedeutungen des Internationalen Golf-GTI-Treffens in Maria Wörth / Kärnten
1991, 176 Seiten/strani (dt.), öS 178,–, ISBN 3-85435-138-0

27 Dietmar Larcher:
Fremde in der Heimat
Interkulturelle Bildung und Erziehung – im zweisprachigen Kärnten, im dreisprachigen Südtirol, im vielsprachigen Österreich
1991, 288 Seiten/strani (dt.), öS 248,–, ISBN 3-85435-189-5

**Erhältlich im Buchhandel
oder direkt beim DRAVA Verlag:
9020 Klagenfurt/Celovec,
Paulitschgasse 5–7, Tel. 0463/55464**

Mit Beiträgen von Anton Pelinka, Ruth Wodak,
Klaus Amann, Gero Fischer, Helmut Gruber,
Peter Gstettner, Dietmar Larcher u. a.

Drava 1990, 2. Auflage 1991
144 S., öS 168,- / DM 24,-, ISBN 3-85435-119-4

* * *

»... in dem zahlreiche Sprüche Jörg Haiders und seiner Parteifreunde aufgelistet werden. Einzeln vielleicht zu übersehen, sprechen sie, aneinandergereiht, eine mehr als deutliche Sprache in Richtung ›rechtes Eck‹.«
Kärntner Tageszeitung, 22. 12. 1990, S. 19.

»... ›Am Kärntner Wesen könnte diese Republik genesen‹ heißt eine präzise Fallstudie, die am Beispiel Kärntens die größte Gefahr für ein europäisches Haus beschreibt: Nationalismus und Intoleranz.«
Deutsches allgemeines Sonntagsblatt (Hamburg), 22. 2. 1991, S. 2.

ZALOŽBA
DRAVA
VERLAG

Paulitschgasse 5-7
A-9020 Klagenfurt/
Celovec
Tel. 0 46 3/55 4 64
Fax 0463/55464-22

Auslieferung an den Buchhandel

ÖSTERREICH
MOHR MORAWA
Sulzengasse 2
A-1232 Wien
✆ 0 22 2/68 46 14-0
Vertretung:
Elisabeth Hirt
Radetzkystraße 6
A-1030 Wien
✆ 0 22 2/752 42 45

DEUTSCHLAND
Verlagsauslieferung
Dr. Peter Glas
Tegernseer Landstr. 161
D-8000 München 90
✆ 0 89/691 29 17,
691 29 50
PR und Pressearbeit:
Barbara Hackländer
Rüdigerstraße 73
D-5300 Bonn 2
✆ 0 22 8/34 19 67